Bettina Schliephake-Burchardt

Betty's Sugar Dreams
Motivtorten
BASICS

Tortendekoration & Co.
für Anfänger & Fortgeschrittene

tintho: media

Torten- | Cupcake-
Kekse-Design | Rezepte: © Bettina Schliephake-Burchardt
Buchkonzept: Christine Sperl
Texte | Layout | Fotos
Gesamtherstellung: tintho:media gmbh
5. Auflage: © 2014 tintho:media gmbh

ISBN 978-3-9813292-0-9

Gesamtherstellung in Deutschland

Besuchen Sie Betty's Motivtorten BASICS auch im Internet:
www. motivtorten-basics.de

Für Jan, Julius, Mum & Dad

Vorwort

Es hat schon etwas Magisches, wenn aus Mehl, Eiern und Zucker „ein Etwas“ entsteht, das Augen zum Glänzen und Gesichter zum Strahlen bringt. Dann noch festzustellen, wie lange dieses „Etwas“ in positiver Erinnerung bleibt, erfüllt jeden mit großer Freude! Dabei sind die so entstandenen Motivtorten überhaupt keine Hexerei. Schon vor Jahrhunderten verzauberten Zuckerbäcker mit ihrem Können die Gesellschaft, und noch heute ist eine dekorierte Torte der Höhepunkt einer Feier.

Gutes Material, sorgfältige Planung, ein wenig Geschicklichkeit sowie das berühmte „Gewusst wie!“ werden Sie zu Schöpfern süßer Kostbarkeiten machen. Und wenn dann noch Spaß und Freude hinzukommen ...

Dieses Buch wird Ihnen nicht nur das Wissen und Können für Ihre Arbeit vermitteln, sondern vor allem das praktische „Gewusst wie!“ im Detail zeigen und erklären. So werden sich auch Ihre Motivtorten zu kleinen Kunstwerken entwickeln.

Ich wünsche mir, dass dieses Buch für Sie ein ständiger Wegbegleiter wird und Ihnen als Standardwerk und Ideengeber hilft, Ihre Tortenträume wahr werden zu lassen.

Ihre

Betty

Inhalt

TORTENÜBERSICHT & BASICS

Betty's Tipps

SO VERWENDEN SIE DIESES BUCH:

Das Material
... für das gesamte Buch kostet nicht mehr als 150 Euro, wenn Sie die komplette Ausstattung kaufen möchten, um *alle* Torten herstellen zu können. Wir geben Ihnen aber darüber hinaus Alternativen, um eine Technik erst einmal mit herkömmlichen Haushaltsmaterialien umsetzen zu können, sofern das möglich ist.

Techniken
Mit jeder Torte lernen Sie eine neue Technik, eine neue Figur oder gleich beides. Deshalb finden Sie im Inhaltsverzeichnis eine Übersicht der Dinge, die Sie bei der entsprechenden Torte lernen können. Damit können auch Profis schnell einmal nachschlagen, wenn sie ihre eigenen Tortenideen umsetzen.

Alle Basics lesen
Manches haben wir nur in den Basics erwähnt, da sich diese Infos wiederholen und für alle Torten gelten. Lesen Sie dieses Kapitel also zuerst sehr aufmerksam durch, bevor Sie mit dem Nachbacken einer Torte beginnen!

Tortenanleitungen
Auch bei den Anleitungen ist es wichtig, zunächst alle Schritte im Kopf durchzuspielen, bevor man ein Projekt in die Tat umsetzt. Denn manchmal fällt in der Beschreibung etwas auf, das Sie so nicht in Ihrer Zeitplanung berücksichtigt hätten. Darüber hinaus sollten Sie sich Ihren eigenen Zeitplan aus dem Gelesenen erstellen. In den Beispielen wird Betty's Produktionsreihenfolge gezeigt. Es ist möglich, dass Sie entscheiden, eine andere zu wählen.

Zeiteinheiten
... suchen Sie in diesem Buch, außer bei den Backzeiten, vergeblich. Denn jeder hat sein eigenes Tempo. Planen Sie auch immer genügend Zeit für eine Dekoration ein, bei der Sie eine neue Technik umsetzen. Eine schnell umgesetzte Torte sieht auch dementsprechend aus, wenn sie nicht täglich auf gleiche Weise hergestellt wird.

Übung macht den Meister
Spielen Sie zunächst mit dem Fondant ein wenig. Jedes neue Material muss man zunächst kennen lernen. Wie verhält es sich, wenn man es antrocknen lässt? Wie klebt das Material? Was kann man damit überhaupt alles herstellen? Hätte man von Anfang an zu hohe Erwartungen, würde man den Zeitpunkt verpassen, an dem es Klick macht. Manchmal braucht man sogar zwei Anläufe, bis man eine Beschreibung verstanden hat oder den Handgriff umsetzen kann. Das ist normal, obwohl wir uns sehr bemüht haben, alles sehr detailliert zu erklären. Just try again!

Variabel
Mit Vorgaben können Sie recht schnell die eigenen Tortenträume umsetzen. Beginnen Sie zunächst damit, die Beispiele zu mischen und andere Farben einzusetzen. Wenn Sie zum Beispiel die Schleife von der Tagträumer-Torte bei der Shopping-Queen einsetzen, wirkt diese Torte noch etwas romantischer und auch damenhafter.

DIE 7 REGELN FÜR DAS GESTALTEN VON MOTIVTORTEN:

Auch wenn man gerade angefangen hat, Torten zu dekorieren, kommt sehr schnell der Wunsch auf, eine Torte nach eigenen Vorstellungen zu gestalten. Diese Liste soll helfen, an die wichtigsten Punkte zu denken und die eigene Tortengeschichte zu kreieren.

1. Anlass und Person
Überlegen Sie zunächst: Für wen ist die Torte, zu welchem Anlass wird sie serviert? Einen Blumenstrauß würde man ja auch immer an die beschenkte Dame anpassen.

2. Stil
Diese Frage sollte man sich sehr früh stellen, denn sie beeinflusst das ganze Tortendesign. Soll die Torte modern, klassisch oder witzig werden? Beziehen Sie in diese Überlegung natürlich auch wieder den Beschenkten mit ein.

3. Eye Catcher
Das Hauptmotiv (Blumen, Figuren, Muster) sollte immer der „Hingucker" auf der Torte sein und die Blicke anziehen.

4. Sauberer Abschluss
Eine Torte, die keinen Abschluss zur Tortenplatte hat, sieht immer unfertig aus. Passende Randgarnierung aus Bändern, Tupfen, Perlen oder Ähnlichem bewirken Wunder.

5. Unterlage
Farblich passende Tortenteller, Holzbrett mit Folie oder eine feste Unterlage, mit Fondant/Eiweißspritzglasur überzogen, werten die Torte auf. Man würde ja auch keine Hochzeitstorte auf einem Plastikteller präsentieren.

6. Farbkombination
Überlegen Sie sich im Voraus, welche Farben verwendet werden sollen und ob diese zusammenpassen.

7. Inspirationen
Ganz schnell werden Sie sich wahrscheinlich einen Ordner für all Ihre Tortenideen anlegen. Schauen Sie ihn vor der Erstellung Ihres nächsten Produktes durch. Bestimmt finden Sie noch ein tolles Detail, das sich für das aktuelle Projekt optimal eignet.

ZUTATEN WERKZEUGE FARBEN IDEEN WICHTIG

HERSTELLUNGS-CHECKLISTE

Da man vor lauter Vorfreude schnell den Überblick verlieren kann, hier eine kleine Checkliste, die für Sie mitdenkt:

Verzehrdatum

Vorhandene Herstellungszeit

Motiv

Farben

Verwendete Techniken
Tipp: Noch zu üben oder schon sehr sicher? Lieber nur eine neue Technik pro Torte versuchen, dann fühlt man sich sicherer.

Benötigtes Werkzeug

Benötigte Zutaten

Skizze erstellen

Welche Dinge kann / muss man vorbereiten?

Welchen Tortenteller kann man verwenden?

IHR PERSÖNLICHER ZEITPLAN

Torte/Biskuit backen (mindestens 3 Tage vorher)

Füllung herstellen (mindestens 3 Tage vorher)

Torte füllen (mindestens 2 Tage vorher)

Dekorationen herstellen, die trocknen müssen (mindestens 2 Tage vorher)

Torte überziehen (mindestens 1 Tag vorher)

Torte dekorieren (mindestens 1 Tag vorher)

Missgeschicke einplanen

Ein kleiner Unfall passiert immer wieder. Aber wenn man darauf vorbereitet ist, verliert er seinen Schrecken. Also tief durchatmen und los geht's: Kann man den Riss evtl. mit einer Drapierung verdecken, indem man ein paar mehr Blumen drauflegt? Die Schrift auf einem zusätzlichen Schild unterbringen etc. ... Es findet sich meistens ein Weg und man sollte dafür immer noch genug Material zuhause haben ;) Auch wenn man nicht alle Bläschen, Risse wegbekommt oder die Torte nicht so meisterlich aussieht wie in unserem Kopf: Die Beschenkten wissen davon nichts! Freuen wir uns also über das Lob und die Begeisterung und planen die nächste Torte!

Torte immer gut gekühlt dekorieren. Bei Arbeitspausen immer in den Kühlschrank zurück, da sonst die Creme absacken kann.

Torten entwickeln ein „Eigenleben": Nicht unbedingt an der Vorstellung festhalten, sich lieber von der Torte leiten lassen. Es entstehen dabei super Sachen!

Den Biskuit am besten drei Tage vor dem Zusammensetzen backen, damit er sich besser verarbeiten lässt. Man kann ihn auch prima auf Vorrat backen und einfrieren.

Werkzeuge & Materialien

Gutes Werkzeug ist die Basis für gute Arbeit. So ist es auch beim Modellieren mit Fondant, weil das Material seine Eigenheiten hat. Dies sollten Sie wissen, falls das Arbeiten einmal schwierig erscheint. Im Folgenden finden Sie deshalb eine kleine Einführung zu den wichtigsten Arbeitshilfen und notwendigen Zutaten.

Diese Materialien müssen Sie unbedingt anschaffen, wenn Sie eine Torte unter optimalen Grundbedingungen herstellen möchten. HAUSHALTSBEDARF wie Messer, Schere, Pinsel oder Zahnstocher werden als vorhandene „Werkzeuge" vorausgesetzt. Die Anschaffung von speziellem FONDANT-WERKZEUG aus Kunststoff (hinten rechts) und die Investition in zwei Tortenglätter schafft Ihnen allerdings die notwendige Basis für das Modellieren mit Fondant. Außerdem benötigen Sie unbedingt CMC oder Tragant (Glossar Seite 170), da Sie sonst keinen Modellierfondant herstellen können. Bei BEDARF können Sie Paletten und einen Lebensmittelstift ergänzen.

AUSSTECHER sind bei der Herstellung von Blüten und feinen Details besonders wichtig, weil diese die exakte Blattgröße vorgeben und die Arbeit enorm erleichtern. Außerdem haben viele Ausstecher bereits einen Stempel eingearbeitet, der die Blattstruktur mitliefert. Das Rosenausstecher-Set gibt Betty's Figuren das Lachen. Schauen Sie aber auch, welche Ausstecher Sie noch in Ihrer Weihnachtsbäckerei haben. Diese können Sie hier auch benutzen. FLORISTENBAND wird immer dann eingesetzt, wenn Drähte miteinander verbunden werden sollen. BLÜTENDRAHT ist mit Papier ummantelt und wird in verschiedenen Längen, Stärken und Farben angeboten. Das SCHAUMSTOFF-PAD wird zum Ausdünnen der Blüten verwendet. Man legt die Blüten darauf und fährt mit einem Werkzeug am Fondant entlang.

ROLLSTÄBE gibt es auch strukturiert, um dem ausgerollten Fondant ein schönes Muster zu verleihen. Mit der SUGARCRAFT GUN kann man ebenmäßige Stränge verschiedener Formen erstellen. Die PERLENFORM ist notwendig, um gleichmäßige Kugeln herzustellen. Der RÜSCHENAUSSTECHER wird als Basis für herrliche Rüschen benötigt. PATCHWORKCUTTER gibt es in unendlich vielen Mustern, Motiven und Schriften. Sie sind ein wenig heimtückisch, aber wenn man sie einmal bezwungen hat, sind sie einfach gigantisch, um feine Formen herzustellen. Ein DOPPEL-ROLLSCHNEIDER spart das mühsame Ausmessen von Bordüren und Streifen jeglicher Art.

MODELLIERBRETT Dieses sollten Sie sich unbedingt anschaffen, da es nicht nur die Herstellung angedrahteter Objekte ermöglicht. Außerdem bietet es die optimale Unterlage für alle Modellierungen, weil seine Oberfläche so glatt ist. Ein ROLLSTAB ermöglicht ein Ausrollen des Fondants ohne anzukleben. Deshalb gehört er ebenfalls zu den Standard-Materialien. LOLLYSTÄBE werden in verschiedenen Längen hergestellt. Sie bilden das Rückgrat vieler Figuren, befestigen hohe Elemente und können auch in Kekse eingebacken werden. SCHLEIFENBAND darf eigentlich um kein Cake-Board fehlen, da es den Stil der Torte noch einmal aufnimmt und ergänzt. Man steckt es mit Nadeln am Cake-Board fest oder klebt es um das Cake-Board herum einfach mit Alleskleber fest.

PASTENFARBEN werden benötigt, um Fondant einzufärben. Mit handelsüblichen Lebensmittelfarben wird man zu keinem guten Ergebnis kommen. Allerdings sollten Sie beachten, dass intensive Pastenfarben im Fondant oder der Eiweißspritzglasur erst nach einigen Stunden ihre volle Farbintensität entwickeln. Anschließend können Sie die Farbe kontrollieren und eventuell nachfärben.

PULVERFARBEN sind sehr vielfältig in der Coloration des Fondants einsetzbar. Sie dienen zum bemalen oder bepudern der Fondantoberfläche. Als Malmittel wird 50%iger Alkohol verwendet, der sich nach kurzer Zeit auflöst und somit für Kinder unbedenklich ist, wenn diese eine mit Pulverfarbe bemalte Torte zum Geburtstag erhalten.

SPRITZTÜLLEN kann man nicht nur zum Aufspritzen von Ornamenten und Schrift verwenden. Mit ihnen kann man auch ganz hervorragend modellieren und ausstechen. In diesem Buch werden zum Modellieren und Spritzen der Eiweißspritzglasur grundsätzlich Lochtüllen eingesetzt. Lediglich bei den Cupcakes wurde eine Sterntülle zum Aufspritzen der Creme verwendet.

Weitere Tipps und Infos zu den Materialien finden Sie im Glossar auf Seite 170.

Basics

Rechts finden Sie ein paar generelle Tipps. Unten erhalten Sie die Mengenangaben für Betty's Torten. Alle Angaben beziehen sich auf eine Tortenhöhe von 10 cm. Denken Sie daran, den Fondantanteil für das Eindecken der Torte zu der Mengenangabe in der Anleitung zu addieren. Dort beinhalten die Angaben lediglich die Dekoration. Das Cake-Board wird mit dem überschüssigen Material vom Eindecken überzogen.

1. Sahnetorten eignen sich generell nicht für das Verzieren mit Fondant, da die Feuchtigkeit den Zucker auflöst.
2. Nach 10 cm Tortenhöhe müssen Sie immer eine Kappaplatte und Stützen einarbeiten, damit der Kuchen nicht einsackt.
3. Wenn Sie die Böden mit Cocktail- oder Kaffee-Sirup tränken, werden sie saftiger.
4. Bevorzugen Sie immer Ihren Lieblingskuchen! Welcher Kuchen unter der Fondantdecke steckt ist egal. Wichtig ist, dass er Ihnen schmeckt!
5. Die Böden ganz einfach in einer Springform backen. Niemals das doppelte Rezept in eine hohe Backform füllen, da der Kuchen nicht ausreichend durchbacken würde.

Durchmesser	Fondant	Tortenstücke	Biskuit	Creme	Rest für Cake-Board	Cake-Board Größe
18 cm	900 g	16 Stück	1 Rezept	1 Rezept	300 – 400 g	26 cm
26 cm	1250 g	28 – 30 Stück	2 Rezepte	2 Rezepte	400 – 500 g	35 cm
24 x 24 cm	1200 g	28 – 30 Stück	2 Rezepte	2 Rezepte	300 – 400 g	30 x 30 cm
Herz (ca. 26 cm)	1200 g	28 – 30 Stück	2 Rezepte	2 Rezepte	400 – 500 g	35 cm

Betty's 1-2-3-Prinzip

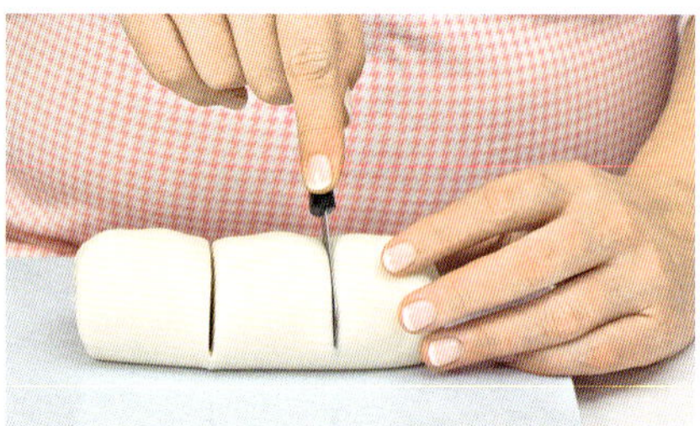

Betty's Figuren werden alle, mit Ausnahme der „Menschen", nach dem gleichen Mengenprinzip aufgebaut. Deshalb kann man sie auch ganz leicht vergrößern oder verkleinern. Sie müssen lediglich den Anteil des Modellierfondants verändern und schon können Hund, Katze oder Frosch nach der Grundanleitung bei der jeweiligen Torte hergestellt werden.

Dies sind die Grundschritte:
a) Modellierfondant geschmeidig kneten und daraus eine Kugel rollen.
b) Anschließend einen Strang formen, der gedrittelt wird. Die Einschnitte benötigen Sie allerdings für die weitere Aufteilung. Zwei Drittel werden direkt wieder eingepackt.

Teil 1: Dies ist der Körper. Rollen Sie ihn zur Kugel und dann zur gewünschten Form.

Teil 2: Davon die Hälfte abnehmen und diese wiederum halbieren. Dies werden die Beine. Sie werden jeweils zur Kugel und dann meistens zu einem konisch zulaufenden Strang geformt. Je nach Tier werden die Beine weiter ausgeformt. Jetzt folgen die Arme nach dem gleichen Prinzip, indem die verbleibende Hälfte in zwei Stücke geteilt wird. Eine Hälfte davon wird wiederum geteilt. Aus diesen Stücken werden zwei Kugeln geformt, die ebenfalls wieder zu einem konischen Strang geformt werden, der für das jeweilige Tier ausgeformt wird. Der Rest des zweiten Drittels dient für Nase, Ohren, Schwanz etc.

Teil 3: Dieses Stück wird der Kopf. Er wird ebenfalls zuerst zur Kugel geformt und dann je nach Tier angepasst. Jetzt noch Nase, Ohren, Schwanz oder Ähnliches ansetzen und schon ist die Form des Tieres fertig!

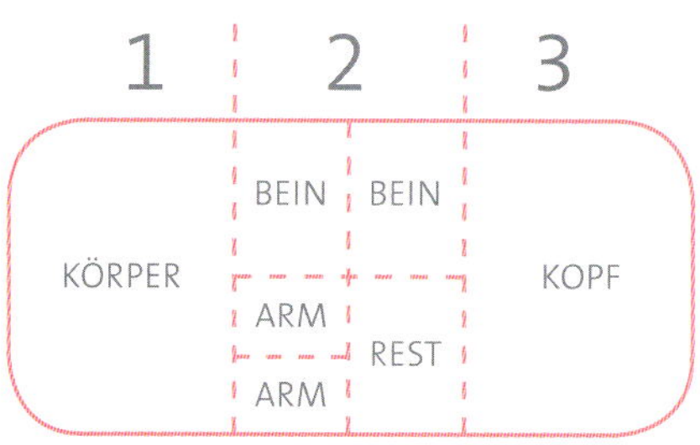

Ein Objekt, dessen Form sich nicht mehr verändern darf, sollte mindestens einen Tag im Voraus erstellt werden.

Figuren können Sie auch schrittweise herstellen. Wenn der Körper etwas angetrocknet ist, kann er nicht mehr einsacken. Dann aber auf jeden Fall schon einen Lollystiel einstecken, um später den Kopf befestigen zu können.

Den für die Figur vorgesehenen Fondant auf die Torte halten, um zu schauen, ob die Menge ausreichend groß, zu groß oder zu klein ist.
Ebenso Proportionen ausprobieren: Extremitäten immer zuerst an den Körper halten. Selbst wenn die richtige Menge Fondant verwendet wurde, kann es passieren, dass ein Kegel, ein Strang oder ein Tropfen zu lang oder zu kurz für die Figur ist.

EINFETTEN

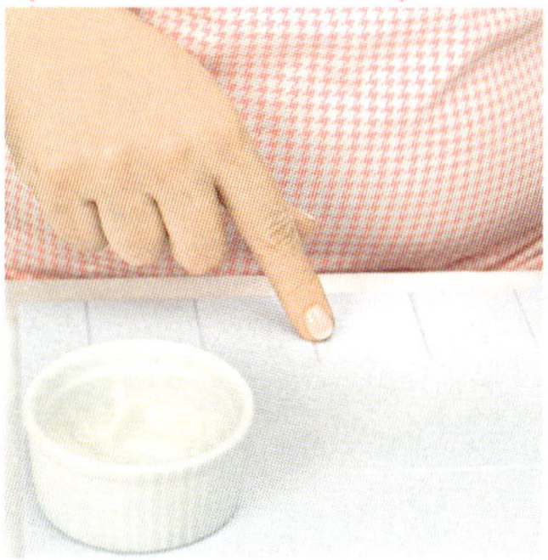

Arbeitsflächen und Hände vor jedem Arbeitsschritt mit Kokosfett gut einfetten. Wenn Sie merken, dass der Fondant klebt, einfach die Hände wieder einfetten.

Rezept Kleber
100 ml abgekochtes Wasser mit 1/2 TL CMC vermischen und etwas quellen lassen.
Im Kühlschrank hält der Kleber 6 Monate.

KLEBEN

Einzelteile, die zusammenhalten sollen, müssen immer geklebt werden. Am besten füllen Sie etwas Kleber in kleine Döschen ab, damit die Grundmasse nicht verunreinigt wird. Kleber trägt man am besten mit einem Pinsel auf.

VERBINDEN

Lollystäbe, Spaghetti, Zahnstocher oder Schaschlikspieße dienen als Verstärkung oder Verbindung von zwei Fondantteilen wie zum Beispiel Körper und Kopf. Die Stäbe immer vor dem Einstecken in Kleber tauchen.

FÄRBEN

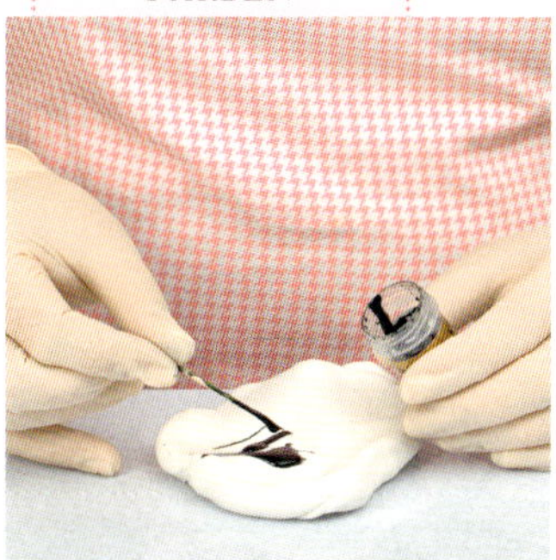

Die Pastenfarbe mit einem Zahnstocher aus dem Töpfchen entnehmen und auf den Fondant streichen.
Tipp: Pastenfarben immer an einem kleinen Stück ausprobieren, da sich jede Farbe anders verhält.

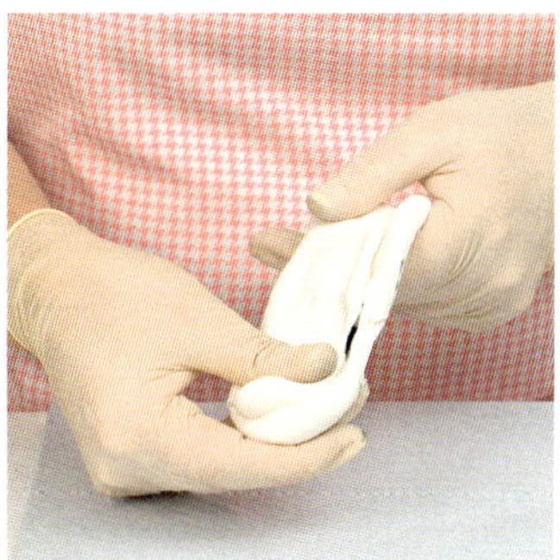

Dann den Fondant zusammenklappen und wieder auseinanderziehen. Diese Handbewegung immer wieder in alle Himmelsrichtungen wiederholen, damit die Farbe sich möglichst überall verteilt.

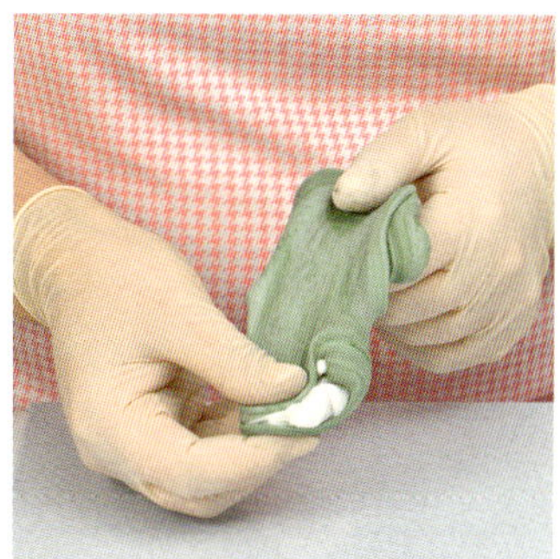

Sinnvoll ist, diese Arbeit mit Handschuhen auszuführen, da sonst anschließend nicht nur der Fondant, sondern auch die Hände gefärbt sind.

Beachten Sie, dass intensive Pastenfarben im Fondant erst nach einigen Stunden ihre volle Farbintensität entwickeln. Bei schwarzer Farbe erhält man oft zunächst Anthrazit und erst am nächsten Tag ist die Masse schwarz.

AUFBEWAHREN

Den Fondant IMMER – auch während des Arbeitens – in Frischhaltefolie eng einwickeln, damit er nicht austrocknet. Gewöhnen Sie sich am besten an, überschüssigen Fondant immer wieder umgehend wegzupacken.

Die in Frischhaltefolie eingewickelten Kugeln anschließend in Zipper-Beuteln aufbewahren.
Wichtig: Einmal getrockneten Fondant kann man nicht mehr geschmeidig kneten!

AUSROLLEN

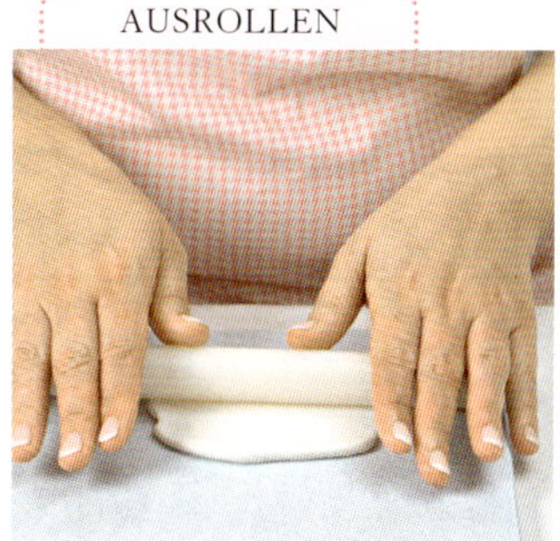

Die Arbeitsfläche immer sorgfältig einfetten. Danach einen Strang in gewünschter Breite rollen, etwas flach drücken und dann mit dem Rollstab flach rollen. Dabei immer wieder hochnehmen. So verhindert man ein Ankleben auf der Unterlage. Fondant beim Ausrollen niemals wenden.

LUFTBLASEN

Sollte sich beim Ausrollen eine Luftblase zeigen, einfach mit einem Zahnstocher schräg hineinstechen, die Luft herausdrücken und den Einstich verstreichen.

KUGEL FORMEN

Bevor man ein Objekt aus Fondant formt, muss man diesen IMMER zuerst kneten. Hierzu zunächst die Hände mit Kokosfett einreiben. Die Masse mit der ganzen Körperkraft eindrücken und dann einschlagen, als wäre es Hefeteig. Dabei jedoch keine Luft einarbeiten.

Beim Kneten wird der Fondant auf Körpertemperatur erwärmt und somit geschmeidiger. Es entsteht eine Kugel, die an einer Seite bereits faltenfrei ist. Die restlichen Falten gilt es jetzt noch zu eliminieren.

Zu Beginn mit beiden Händen die Kugel rollen und dabei Druck auf die Masse ausüben. Die Kugel wird also beim Rollen zusammengedrückt. Dann erhöhen Sie die Geschwindigkeit, sodass die Kugel zu keinem Zeitpunkt ruht und sich so auch nicht verformen kann.

Die linke Hand ist die Schwunghand, die die Kugel dreht. Die rechte Hand rundet die Kugel.
Bei jedem Objekt, sei es noch so klein, dient die Kugel als Ausgangspunkt.

HOLZSTRUKTUR

Die Farben auf die gleiche Länge ausrollen.

Die Stränge dann zusammenlegen und festdrücken. Die Stränge nun rollen.

Jetzt das Ergebnis immer wieder zusammenklappen, zum Strang rollen und wieder zusammenklappen, bis die gewünschte Maserung erreicht wird.

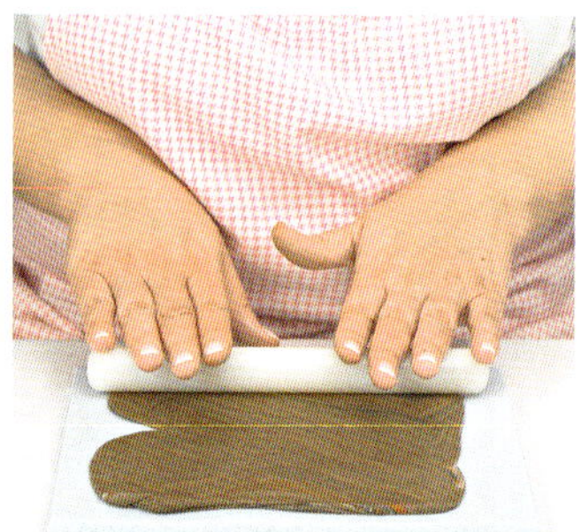

Beim Ausrollen sollten die einzelnen Fasern noch zu sehen sein.

MARMORIEREN

Um eine Marmorstruktur zu erstellen, die gewünschten Farben in einzelne Stücke reißen und auf einem Modellierbrett verteilen. Dabei darauf achten, dass nicht zu viel dunkler Anteil hinzugefügt wird.

Danach die Masse noch einmal gut durchmischen.

Jetzt die komplette Masse etwas zusammendrücken und wieder auseinanderziehen, bis die gewünschte Struktur erreicht wird.

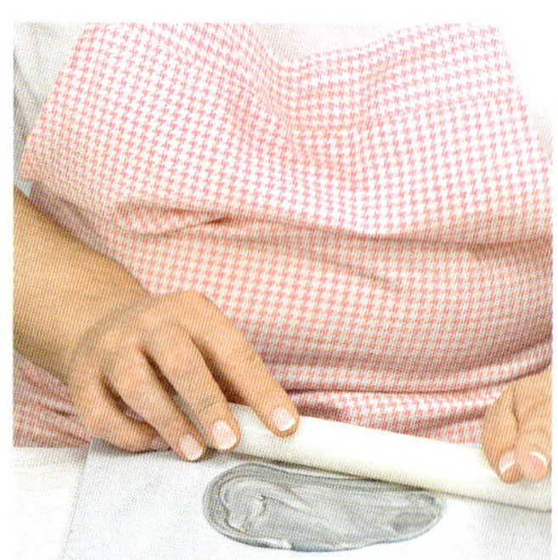

Anschließend sucht man sich die schönste Seite aus und beginnt, die Masse auszurollen. Wenn man in verschiedene Richtungen rollt, ändert sich das Muster.

FARBE MISCHEN

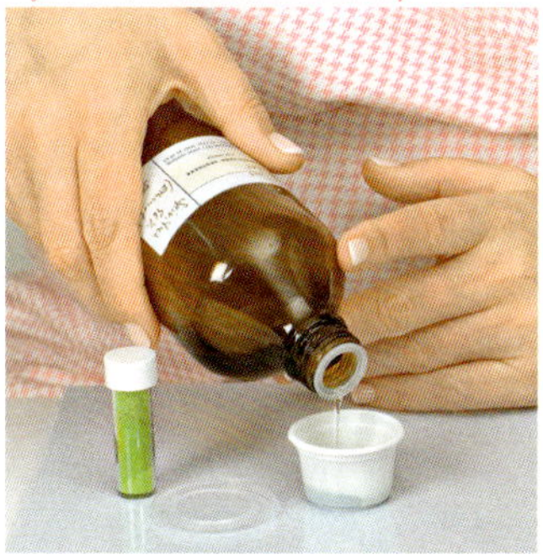

Pulverfarbe mit Wodka oder anderem klaren Alkohol (50%ig) vermischen. Es ist nicht nötig, Alkohol aus der Apotheke zu verwenden. Den Alkohol in ein Töpfchen geben. Mit einem Pinsel etwas Farbe aufnehmen und im Alkohol verrühren.

Die Farbe sollte eine milchige Konsistenz erhalten. Es bietet sich an, die Farbe in kleinen Soßentöpfchen anzurühren und aufzubewahren. Wenn der Alkohol verflogen ist, bleibt das Pulver zurück und kann wieder neu angerührt werden.

FARBE TESTEN

Die angerührte Farbe auf einem Taschentuch testen, um eine Vorstellung davon zu erhalten, wie die Farbe aussehen wird. Optimal ist, wenn man die Farbe zuvor ziehen lässt, damit sich alle Pigmente lösen können.

ABPUDERN

Puder mit dem Pinsel aufnehmen und diesen dann auf einem Taschentuch leicht auftupfen, damit sich beim Malen nicht zu viel Farbe auf dem Pinsel befindet.

Tipp: Mit Pulverfarbe angemalte Objekte bleiben essbar, egal ob diese trocken oder feucht bemalt wurden.

TROCKENRING

Wenn Sie Fondant zum Trocknen in eine bestimmte Form drücken, behält er seine Form, wenn er hart ist. Damit die Stücke entweder geschützt, unterstützt oder geformt werden, benötigt man Trockenringe. Diese kann man auch prima immer wieder verwenden.

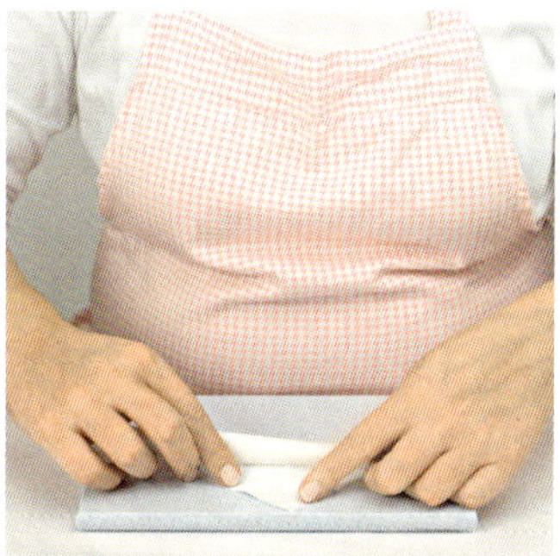

Hierfür ein Taschentuch oder Kosmetiktuch diagonal falten. Dann von der langen Seite beginnend aufrollen.

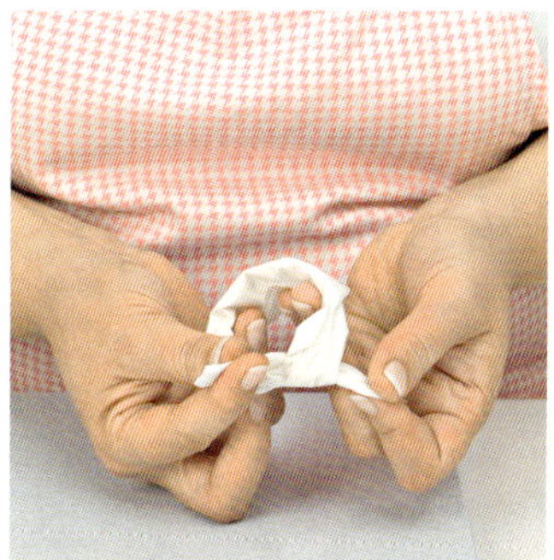

Jetzt den entstandenen Strang wie ein Halstuch knoten.

Den Ring jetzt noch in die gewünschte Form bringen.

Fondant-Tipps

1. Wenn der Fondant zu fest ist, einfach ein wenig Kokosfett unterkneten.
2. Fondantmenge vom Gebinde immer mit dem Messer abschneiden. Das Entnehmen mit der Hand ist sehr schwierig.
3. Zum Eindecken NIEMALS Modellierfondant verwenden.
4. Die Schwierigkeit beim Modellieren mit Fondant liegt darin, dass man nichts aneinandersetzen kann. Die Teile, die als Gesamtheit wirken sollen, müssen deswegen aus einem Stück geformt werden. Deshalb muss man schon zu Beginn der Arbeit wissen, wie das fertige Teil aussehen soll.
5. Tropfen formen Sie immer mit der Unterseite der Hand. Einen konisch zulaufenden Strang formen Sie am besten mit den Handaußenseiten.
6. Fertige Fondantmodellierungen nie in einer Plastikschüssel aufbewahren, da sie dort Feuchtigkeit ziehen würden. Legen Sie die Teile in einen Schuhkarton und polstern sie mit Taschentüchern. Der Karton sollte in einem nicht zu feuchten Raum gelagert werden.
7. Große Einschnitte macht man mit einer Schere, Flächen schneidet man mit einem Rollschneider. Alternativ könnte man auch ein Messer verwenden. Dieses würde jedoch auf Dauer das Modellierbrett zerstören.
8. Sollten Sie kein großes Modellierbrett haben, können Sie große Stücke auch auf der gut gefetteten Arbeitsplatte ausrollen.
9. Rollt man Fondantmasse zum Eindecken aus, sollte der Puderzucker zuvor mit Stärke gemischt werden.

STEP-BY-STEP: *Torten füllen*

1

Den fertigen Biskuit auf eine Kappaplatte legen.

2

Mit einem Bleistift den Umriss des Kuchens nachzeichnen.

3

Die Markierung mit einem Skalpell ausschneiden.

4

Diese Platte erleichtert später das Hochnehmen und Stapeln der Torten.

5

Boden vorbereiten, indem die oberste Schicht abgeschnitten wird. Brotmesser an der Seite ansetzen und leicht hoch und runter bewegen. Dann die Platte drehen.

6

Das Messer wird dabei gerade gehalten und nicht von der Stelle bewegt. Die Platte fortwährend drehen, bis der Schnitt komplett durch die Torte geht.

7

Aus einem Biskuit werden auf diese Weise drei Böden geschnitten. Verfahren Sie mit dem zweiten Biskuit genau so.

8

Einen Spritzbeutel mit Tüllenbefestigung versehen und mit Creme füllen. Dann einen kleinen Klecks Creme auf die Kappaplatte spritzen.

9

Den ersten Boden auflegen.
Tipp: Optional können Sie die Böden jetzt auch mit Cocktail- oder Kaffee-Sirup tränken. Das macht die Böden noch saftiger und ergänzt die Geschmacksrichtung.

10

Außen beginnend einen Kranz spritzen. Dann spiralförmig die Creme nach innen aufspritzen. Wenn Sie etwas Platz frei lassen, können Sie jetzt auch einen Fruchtspiegel in der Mitte ergänzen.

11

Durch die Tüllenbefestigung hat man eine gute Führung des Beutels beim Spritzen. Allerdings ist es nicht notwendig, eine Spritztülle aufzusetzen, auch wenn dies vielleicht komisch aussehen mag.

12

Die Böden festdrücken und dabei noch ein wenig ausrichten. Beim Übereinanderstapeln darauf achten, dass von Anfang an gerade gearbeitet wird. Sonst kann die Torte nie gerade werden.

13

Die Böden bis zu einer Höhe von 10 cm stapeln. Jetzt kommt die Torte 2–3 Stunden in den Kühlschrank, damit die Creme fest wird. Das sofortige Weiterverarbeiten der Torte ergibt kein gutes Ergebnis.

14

Buttercreme auf der gesamten Torte verteilen und mit einer Palette in schwingenden Bewegungen glatt streichen. Die Palette dabei immer gerade halten und lediglich in sich leicht kippen.

15

An der Seite genauso vorgehen. Nachdem die Seiten gerade sind, noch einmal von außen nach innen über die Oberseite gehen.

16

Jetzt überschüssige Creme abnehmen und die Torte dabei noch glatter streichen. Anschließend die Torte erneut in den Kühlschrank stellen, am besten über Nacht.

17

Jetzt wird die Torte noch einmal mit Creme bestrichen, da diese jetzt als Kleber zwischen Torte und Fondant dienen soll.

18

Wieder die Torte glatt streichen. Die Kanten von außen nach innen sorgfältig glatt streichen.

19

Jetzt die Torte auf einen sauberen Teller übertragen, damit überschüssiger Fondant nicht mit Buttercreme verschmiert wird.

20

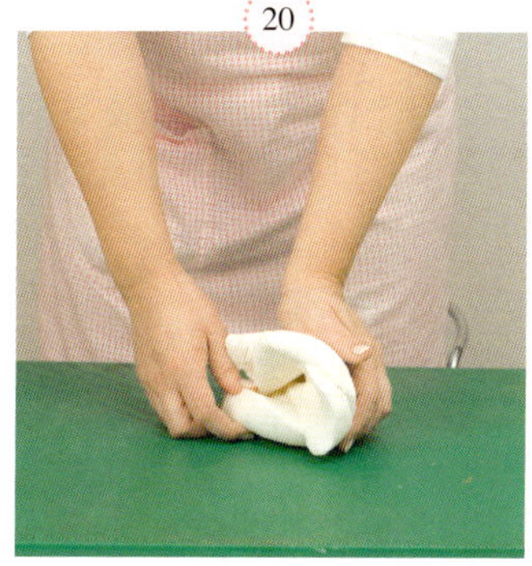

Die Torte vor dem Überziehen nicht mehr kühlen! Die benötigte Fondantmenge abschneiden und weichkneten.

21

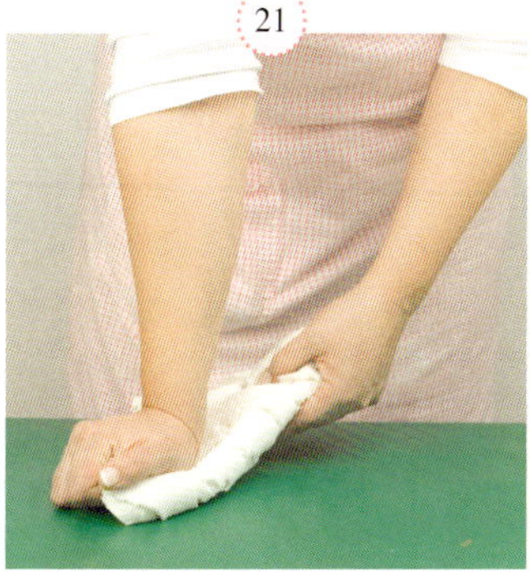

Hierfür den Fondant zusammenfalten und wieder auseinanderziehen. Nicht zu viel kneten, damit keine Luftblasen eingearbeitet werden.

22

Der Fondant sollte gut beweglich und schön glatt sein. Dann den Fondant einmal zusammenfalten, damit die Außenseite komplett glatt ist.

23

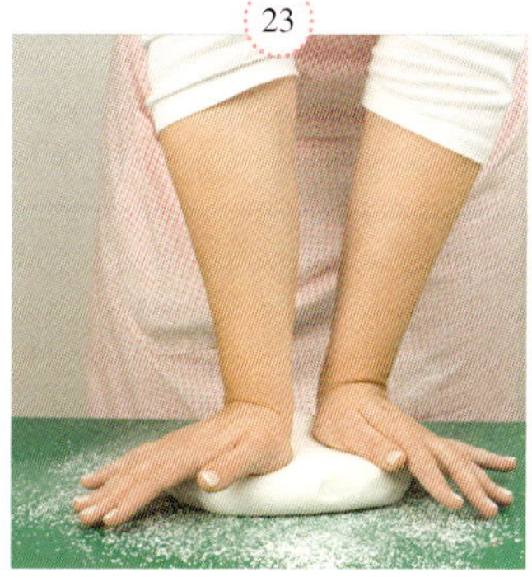

Jetzt die Arbeitsfläche mit Puderzucker bestäuben und den Fondant darauf ein wenig flach drücken, damit er sich dann besser rollen lässt.

24

Während des Ausrollens immer wieder die Masse hochnehmen und um 90° drehen, damit die Masse unten nicht festklebt.

STEP-BY-STEP: *Torten eindecken*

25

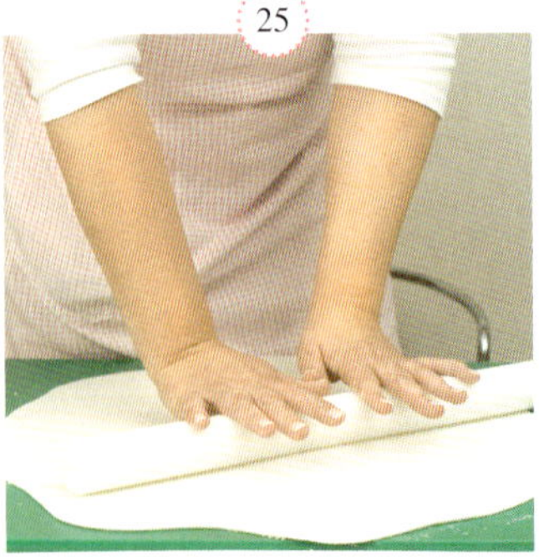

Möglichst die Hände in der Mitte des Rollholzes ansetzen, damit die Masse gleichmäßig auf 3–5 mm ausgerollt werden kann.

26

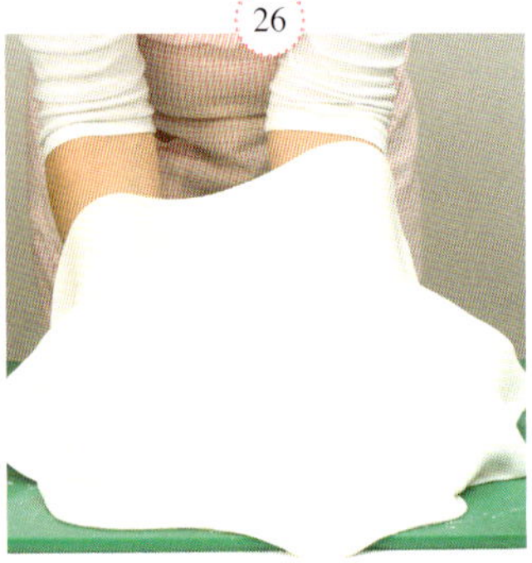

Den Fondant mit gespreizten Händen aufnehmen. Dabei aufpassen, dass der Fondant nicht reißt.

27

Den Fondant so weit wie möglich mittig über die Torte legen.

28

Dann zuerst die obere Seite glatt streichen und sicherstellen, dass sich unter dem Fondant keine Luftblasen gebildet haben.

29

Jetzt den Fondant mit beiden Händen von einer Seite der Torte wegziehen.

30

Sofort mit einer Hand von oben nach unten an der Torte entlang streichen. So gehen Sie Stück für Stück um die Torte.

31

Die Torte wird dabei nicht gedreht. Es bietet sich an, auf der vom Körper entfernten Seite zu beginnen und zum Schluss den Abschnitt zu bearbeiten, der dem Körper zugewandt ist.

32

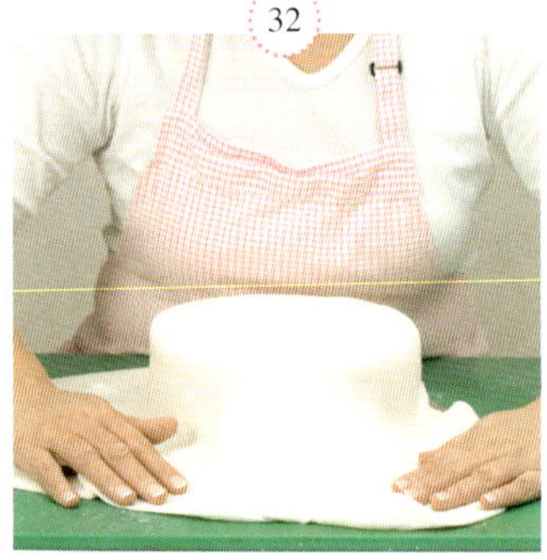

Zur Verdeutlichung hier jedoch andersherum. An einer Seite wird jetzt recht viel Fondant übrig bleiben. Diesen nun in gleicher Art auseinanderziehen und glatt streichen.

33

Jetzt den Fondant an die Torte schieben, um einen optimalen Kantenabschluss zu erhalten.

34

Mit einem scharfen Messer den überschüssigen Fondant in der Falte abtrennen.

35

Jetzt in der Mitte einen Schlitz schneiden und den Fondant seitlich wegnehmen, damit kein Puderzucker auf die Torte kommt.

36

Jetzt zuerst die obere Seite und dann die Seiten glätten. Wichtig ist, mit zwei Glättern zu arbeiten, weil man nur so Druck von zwei Seiten ausüben kann.

HERZ

1

Beim Eindecken des Herzes besteht die Schwierigkeit darin, dass vorne eine scharfe Kante ist und hinten die Einwölbung bearbeitet werden muss. Deshalb zuerst die Spitze ohne großen Druck anstreichen und formen.

2

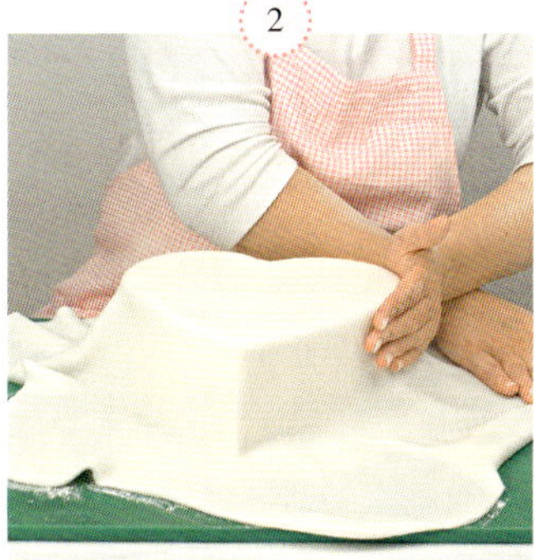

Dann wie bei der runden Torte nach hinten weiterarbeiten und immer wieder den Fondant dehnen und glatt streichen.

3

Bei der Seite, an der die Herzbögen zusammentreffen, zunächst die Mitte formen und hier eventuell den Fondant an der unteren Kante beischieben, damit er gut anliegt.

4

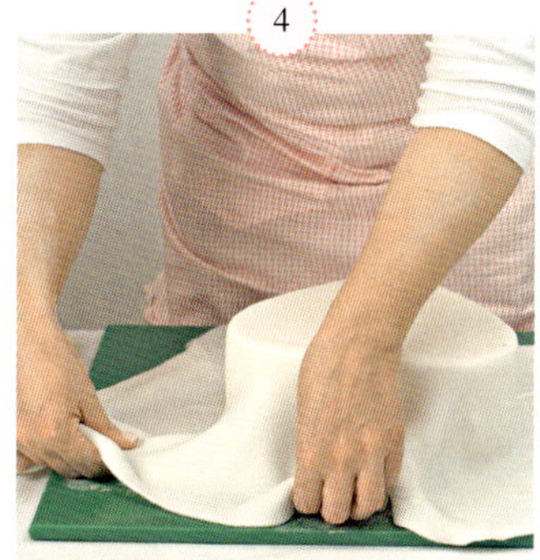

Zum Schluss den Fondant an den Bögen wieder wegziehen und glatt streichen. Die Überschüsse werden wieder wie ab Schritt 33 beschrieben abgeschnitten.

ECKIG

1

Problematisch bei einer eckigen Torte (Quadrat, Rechteck, Dreieck, ...) ist, dass die Ecken den Fondant einreißen könnten. Deshalb zuerst an den Ecken die Kante ausarbeiten und dann die Mitten der Seiten bearbeiten.

2

Dann den Fondant ganz leicht und ohne großen Druck von den Ecken wegziehen. Dabei den Fondant von oben nachstreichen und an die Torte schmiegen.

3

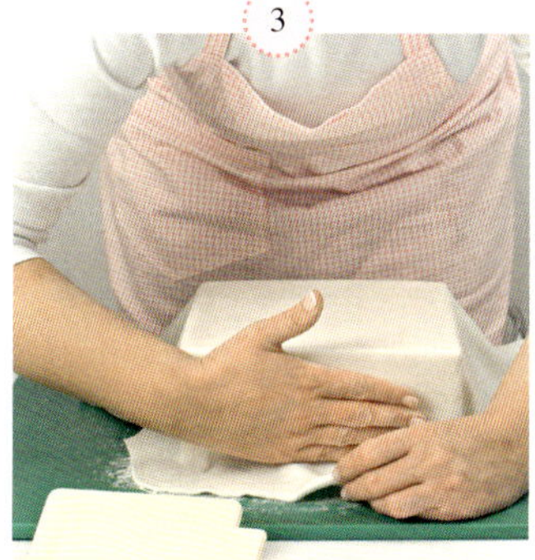

Die Mitte wird mit der flachen Hand von oben gestrichen und unten leicht weggezogen.

4

Auf diesem Bild kann man noch einmal erkennen, wie der Fondant mittig weggezogen wird, nachdem die Kanten ausgeformt wurden. Die Torte wird dann wie ab Schritt 33 beschrieben fertiggestellt.

ECKIG EINFACH

1

Zunächst die obere Seite der Torte glätten, damit gerade Kanten entstehen. Dann die Ecken herausarbeiten und zusammendrücken. Mit dem Glätter die vordere und hintere Seite begradigen und den Fondant auch an den unteren Kanten an die Torte drücken.

2

Den Fondant jetzt unten, wie bei der runden Torte beschrieben, an die Torte schieben. Jetzt sollten die unteren Kanten klar definiert sein, sodass Sie den überschüssigen Fondant mit dem Messer abschneiden können.

3

Die abstehenden Seiten nun mit Kleber einstreichen und einschlagen, sodass eine Faltung entsteht, wie sie bei einem echten Paket zu sehen ist.

4

Danach die Faltung mit dem Glätter andrücken, wieder unten an die Torte schieben und den überschüssigen Fondant abschneiden. Auf der Rückseite verfahren Sie genauso. Die Überschüsse werden wieder wie ab Schritt 33 beschrieben abgeschnitten.

STEP-BY-STEP: *Torten stapeln*

1

Das Cake-Board zunächst mit Piping-Gel oder Wasser einstreichen.

2

Dann den Fondant ausrollen und diesen blasenfrei über das Board legen. Danach die Oberfläche glatt streichen.

3

Jetzt wie bei der Torte zuerst die Ränder mit den Händen beidrücken und dann den überschüssigen Fondant an die untere Kante des Boards schieben. Das nicht benötigte Material mit dem Messer abschneiden.

4

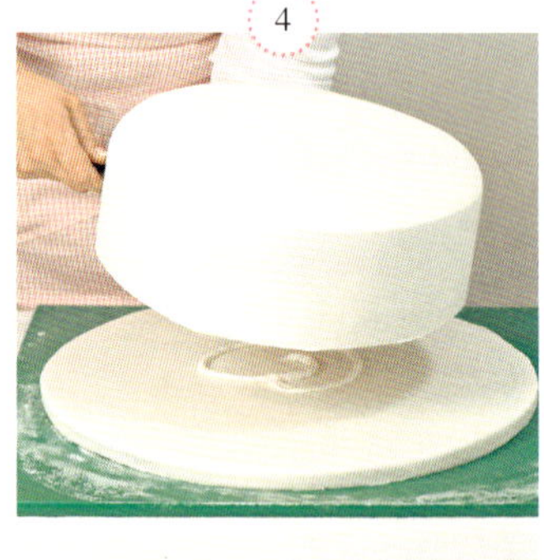

Etwas Eiweißspritzglasur auf das Cake-Board spritzen und die Torte aufsetzen. Für kurze Zeit kann die Torte noch ausgerichtet und zentriert werden.

5

Ein zuvor abgewaschenes Buchen-Rundholz von 8 mm Durchmesser in die Torte stecken und die Höhe mit einem Lebensmittelstift markieren.

6

Dann den Stab wieder herausziehen und mit einem Astschneider an der Markierung abschneiden.

7

Die Schnittkante abschleifen, um Splitter zu vermeiden. Von dieser Länge werden sieben weitere Stäbe benötigt.

8

Vier Stäbe werden zunächst in der Mitte der Torte quadratisch angeordnet. Danach werden etwas weiter im Zentrum die vier Stäbe zwischen den bereits eingesteckten Stäben platziert.

9

Jetzt Eiweißspritzglasur auf die untere Torte auftragen. Bei Hochzeitstorten formt Betty daraus immer ein Herz. Die kleine Torte daraufsetzen.

10

Damit die Torten nicht verrutschen können, wird ein Holzstab durch beide Stufen geschlagen. Dafür zunächst die Höhe abmessen und auf das ermittelte Maß abschneiden.

11

Jetzt den Holzstab anspitzen, damit er auch durch die Kappaplatte geschlagen werden kann.

12

Zum Schluss das Holz in die Torte schlagen.

Torten

Ribbon Roses

Gibt es etwas Schöneres, als eine solch liebevoll gebackene Torte zum Geburtstag zu verschenken? So können Sie garantiert bei Ihrer Familie und Freunden punkten. Es weiß ja keiner, dass sie so einfach herzustellen ist.

Ribbon Roses bedeutet frei übersetzt „Schleifenband-Rosen". Diese Technik gibt es nämlich auch bei der Herstellung von Rosen aus Schleifenband. Betty hat sie für die Verwendung mit Fondant abgewandelt.

1	Gugelhupf
800 g	Modellierfondant
etwas	Eiweiß-Spritzglasur
1	Lollystiel
	Spaghetti
	Kleber

Cake-Board | Rollstab | Schere
Rollschneider | Modellierbrett
Pinsel | weiches Kokosfett
Alkohol (50 %)
Spritzbeutel | Spritztülle Größe 5

Modellierfondant eingefärbt mit:

Rosa:	Pink	500 g
Grün:	Spruce Green	150 g

Pulverfarbe:

Gold: Pulver Gold Sparkle

1

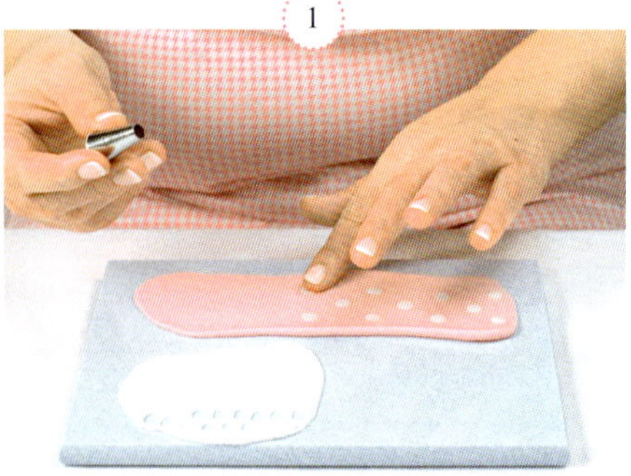

Für einen klassischen Gugelhupf werden circa 12 Rosen benötigt. Pro Rose benötigen Sie kastaniengroße Kugeln in von Ihnen gewünschter Farbe. Modellierfondant auf 20 cm Breite ausrollen. Für gepunktete Rosen ebenfalls eine haselnussgroße Menge Fondant dünn ausrollen. Punkte mit einer Lochtülle ausstechen und auf den pinkfarbenen Fondant leicht andrücken. Danach noch einmal kurz über die Fläche rollen, um die Punkte mit der Fläche zu verschmelzen.

2

Für das zweite Muster wieder ein kastaniengroßes Stück Fondant auf 20 cm Breite ausrollen. Die zweite Farbe wird ebenfalls aus einer etwa haselnussgroßen Kugel dünn ausgerollt. Daraus werden von Hand Streifen in der Höhe des großen Stückes geschnitten. Es ist nicht notwendig, die Streifen mit einem Lineal exakt zu bemessen, da die Muster handgemachten Charakter haben sollen.

3

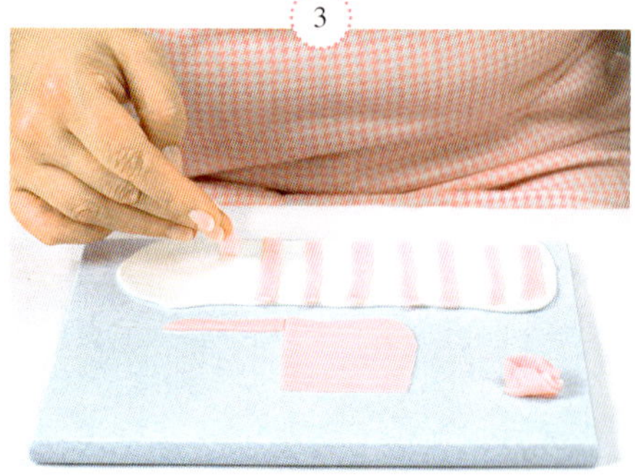

Die Streifen werden aufgelegt und leicht angedrückt. Ein zusätzliches Einpinseln mit Kleber ist nicht notwendig, da sich das Kokosfett vom Modellierbrett auf den Fondant überträgt und in diesem Fall auch als Kleber dient.

4

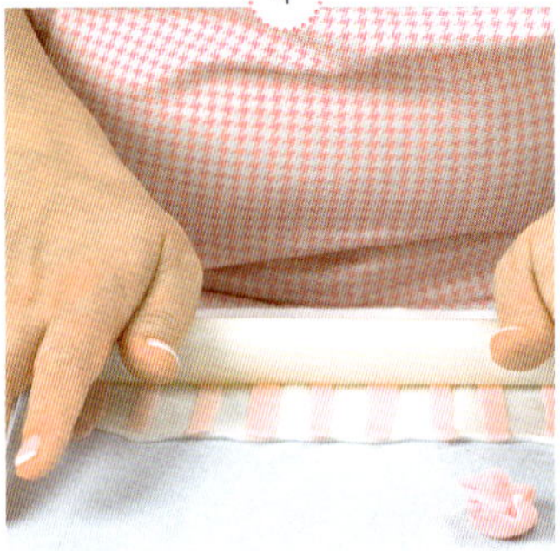

Mit dem Rollstab leicht über die Streifen rollen und diese zusätzlich mit der unteren Platte verbinden. Achten Sie darauf, dass Sie nicht zu starken Druck ausüben, da sich die Streifen dann verformen können.

5

Als dritte Variante wird ein ungemustertes Stück Fondant wieder aus einer kastaniengroßen Menge ausgerollt. Bitte beachten Sie, dass Sie eine Rose nach der anderen herstellen werden. Das gleichzeitige Herstellen von drei Rosen dient nur der Darstellung.

6

Fondant umdrehen, damit sich die klebende Seite oben befindet. Dann die Platte zur Hälfte zusammenfalten.

7

Achten Sie darauf, dass die obere Kante nicht zusammengedrückt wird, da dies den Charakter der Rose zerstören würde.

8

Nun den Fondant an der Seite anheben und die obere Ecke nach unten falten.

9

Die Spitze wird ein wenig angedrückt. Diese bildet später die Mitte der Rose.

10

Jetzt wird das Ende eng aufgerollt. Den Fondant danach hochnehmen, sodass das aufgerollte Ende (für Rechtshänder) in der linken Hand liegt und das noch zu verarbeitende Ende komplett in der rechten Hand ruht, damit es sich nicht verzieht (siehe auch Schritt 11).

11

Mit der rechten führenden Hand wird das Fondantband nun in der Mitte des Kegels eingedrückt.

12

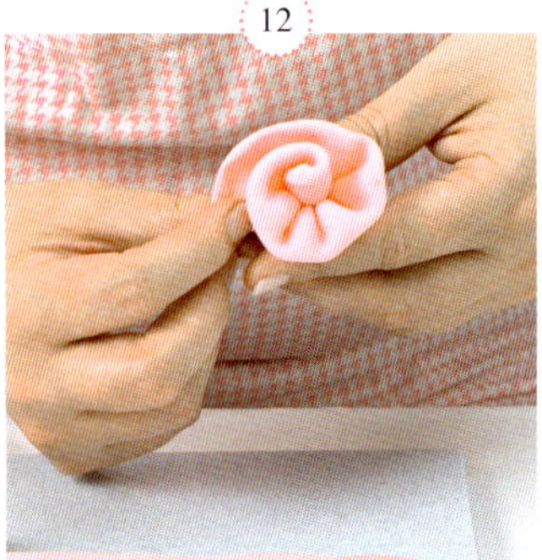

Danach legt man das Band weiter um den Mittelpunkt und drückt immer wieder an der unteren Kante eine senkrechte Falte in das Fondant.

13

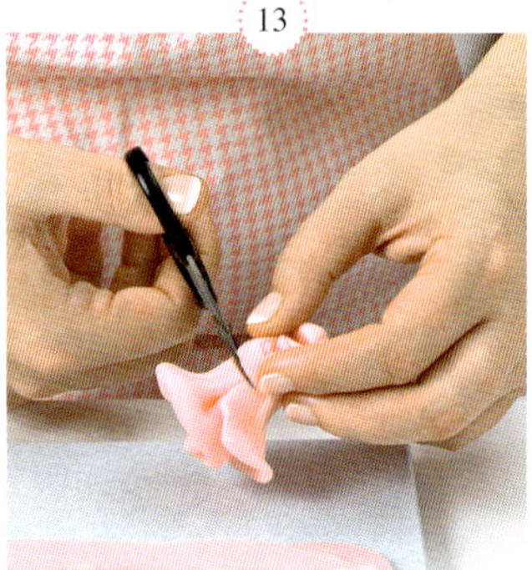

Das untere Ende wird ein wenig zusammengedrückt. Mit einer Schere wird das überschüssige Material abgeschnitten. Wenn man die Rosen zum Beispiel auf einen Muffin stecken wollte, könnte man jetzt noch einen Zahnstocher oder eine Spaghetti in die Unterseite stecken. Bei diesem Beispiel ist das jedoch nicht notwendig.

14

Eine aprikosengroße Menge grünen Modellierfondant quadratisch ausrollen. Danach wird die Platte mit einem Rollschneider in acht Kuchenstücke geschnitten.

15

Ein Dreieck hochnehmen und umdrehen, sodass die glänzende, klebende Seite oben ist. Die Spitze zeigt zu Ihnen.

16

Jetzt die linke und rechte Ecke zur Spitze hin einschlagen und unten ganz leicht andrücken.

17

Bitte achten Sie auch hier darauf, dass oben eine lockere Faltung bestehen bleibt, da sonst der Charakter des Blattes zerstört würde.

18

Die Faltung umdrehen. Die untere Spitze zeigt weiterhin zu Ihnen.

19

Die beiden äußeren Punkte werden nun zur Mitte zusammengeführt.

20

Die Ecken fest zusammendrücken und den unteren Teil zusammenquetschen.

21

Zum Schluss das überschüssige Material unten abziehen. Achtung: Nicht benötigtes Fondant sofort wieder einpacken, damit es nicht trocknet.

22

Für die Schleifen entweder Modellierfondant oder – wenn vorhanden – Blütenpaste 1–2 mm dünn ausrollen. Das Material sollte nicht zu dünn ausgerollt werden, da die Verarbeitung sonst erschwert würde. Daumenbreite Streifen aus dem Fondant schneiden.

23

Einen Streifen umdrehen, damit die klebende Seite wieder oben ist. Dann zur Seite schlagen und am Ende zusammendrücken. Die Schleife währenddessen mit einem Finger abstützen, damit sie nicht zusammenfällt.

24

Die Schleife hochnehmen und den kleinen Finger in die Schlaufe halten, um zu verhindern, dass die Teile zusammenkleben. Nun das Ende zusammendrücken.

25

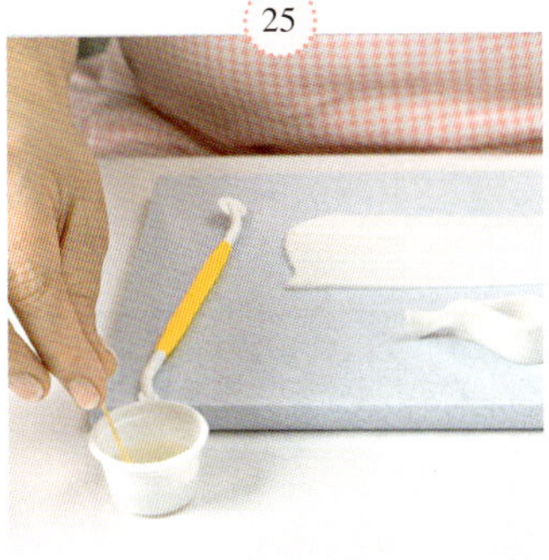

Die Schleife zum Trocknen ablegen und dabei nach Wunsch formen. Zum Schluss noch ein Stück Spaghetti in Kleber tauchen.

26

Das mit Kleber benetzte Ende der Spaghetti in die Schleife stecken. Seien Sie dabei vorsichtig, um die Schleife nicht zu verbiegen.

27

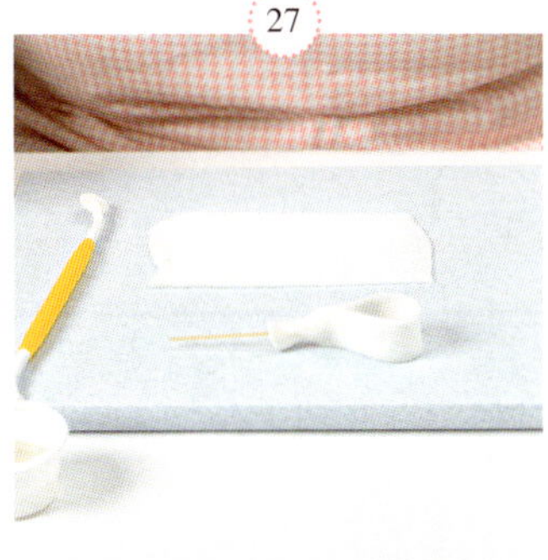

Die Schleifen über Nacht trocknen lassen.

Info: Warum ergänzen wir bei den Schleifen Spaghetti und bei den Blüten nicht? Ganz einfach: Bei den Schleifen ist zu wenig Auflagefläche zum späteren Ankleben.

28

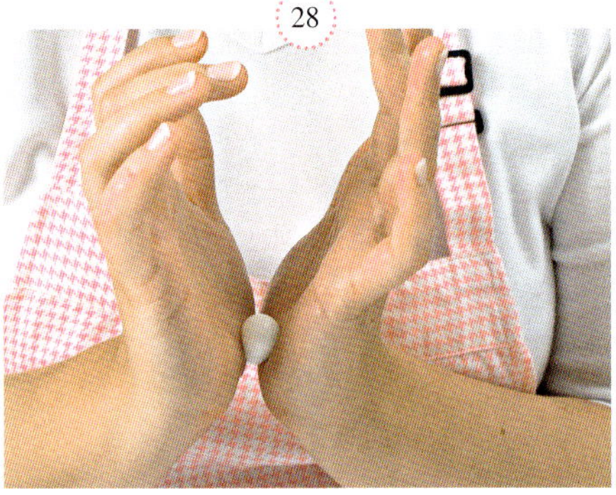

Ein kastaniengroßes Stück weißen Modellierfondant weich kneten und davon ein haselnussgroßes Stück abnehmen. Den Rest gut verpackt zur Seite legen. Aus dem kleinen Stück zunächst eine Kugel und dann mit den Handballen einen Tropfen formen.

29

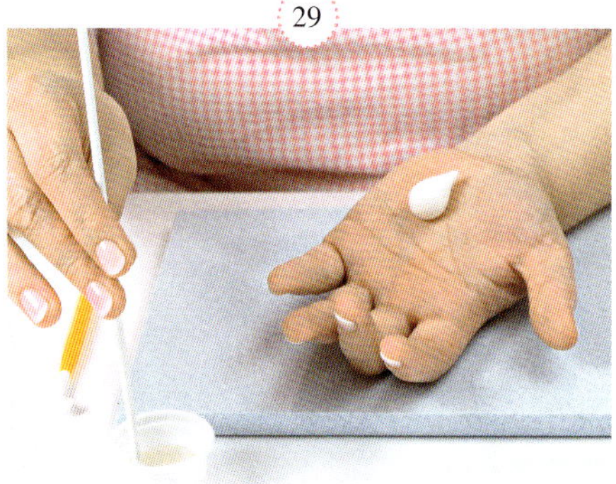

Einen Lolly-Stiel in Kleber tauchen. Alternativ kann auch ein Schaschlikspieß verwendet werden. Der Lolly-Stiel hat lediglich den Vorteil, dass er ein wenig dicker ist.

30

Den Stiel nun vorsichtig in die dicke Seite des Tropfens stecken, ohne dabei die Form des Tropfens zu zerstören.

31

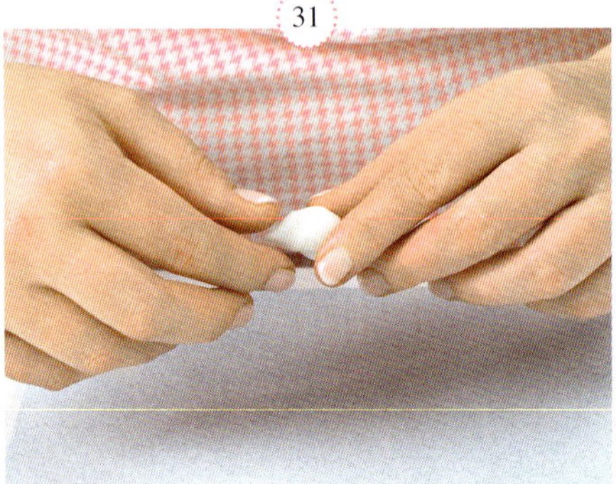

Dann den Tropfen in sich drehen, damit er die Form und Struktur einer Flamme erhält.

32

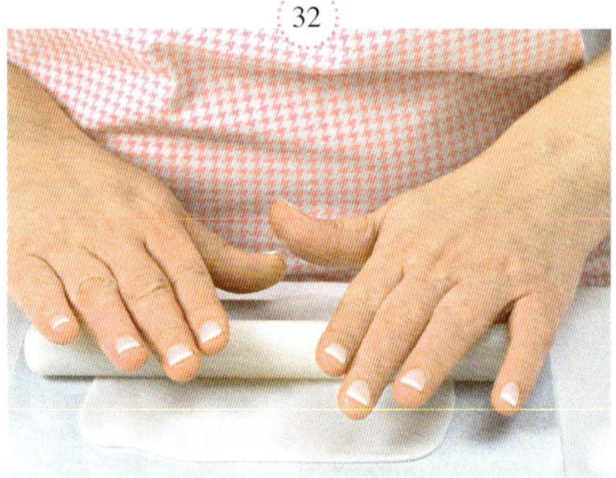

Den restlichen Fondant sehr dünn zu einem Rechteck ausrollen.

33

In der gewünschten Länge der Kerze überschüssigen Fondant mit einem Rollschneider abschneiden und den Rest direkt wieder in Folie verpacken.

34

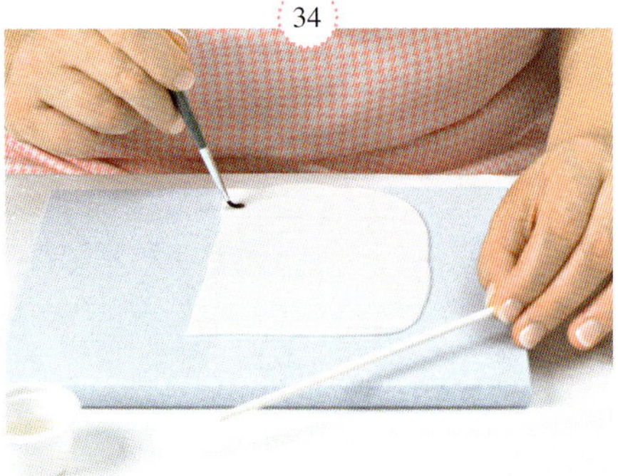

Nun etwas Kleber mit dem Pinsel aufnehmen und die untere Ecke dünn einstreichen. Bitte nicht die komplette untere Seite mit Kleber versehen, da sonst die aufgerollte Platte zu eng am Stiel anliegt.

35

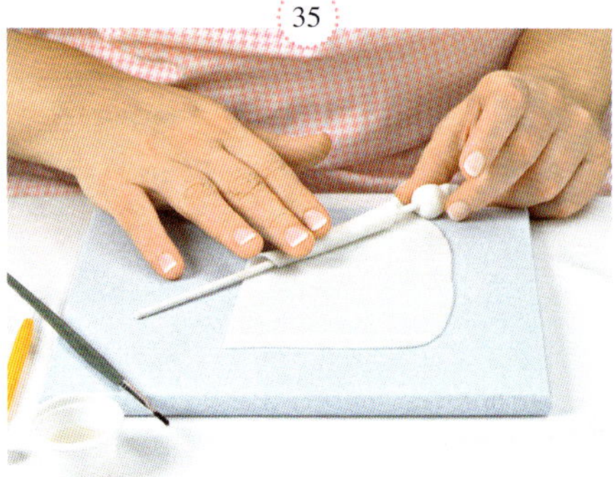

Den Stiel dort ansetzen, wo die Flamme endet, und die mit Kleber eingestrichene Ecke eng um den Lolly-Stiel wickeln. Nun die Platte locker diagonal über den Lolly-Stiel rollen. Unten sollte der Fondant eng anliegen und oben locker gerollt sein.

36

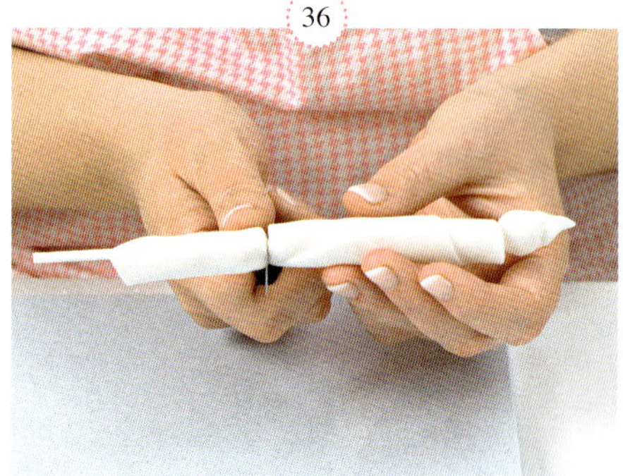

Auf die gewünschte Länge der Kerze abschneiden und den überschüssigen Fondant abziehen.

37

Den Gugelhupf mit etwas Eiweißspritzglasur auf einem Cake-Board oder einem Teller befestigen. Aus grünem Fondant eine pfirsichgroße Menge als Kugel formen und zur Linse flach drücken, dass diese das Gugelhopf-Loch abdeckt.

38

Die Fondantlinse wird auf den Kuchen gelegt und nicht fest geklebt, damit man die Dekoration vor dem Anschneiden leicht abheben kann.

39

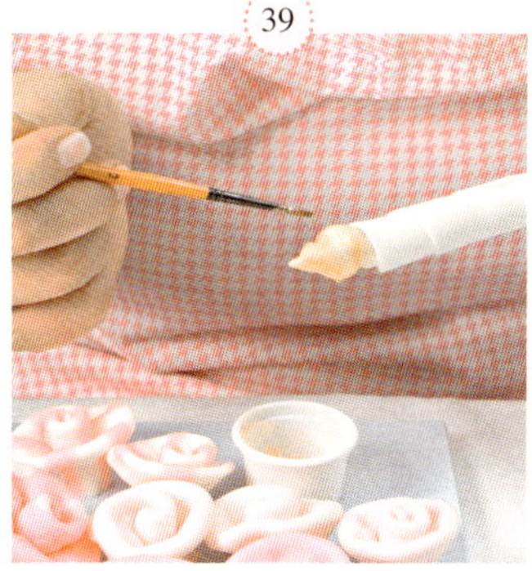

Gold Sparkle-Pulver mit etwas Alkohol anrühren und die Flamme damit bemalen.

40

Die Kerze zuerst in der Fondantlinse platzieren. Die weiteren Elemente ordnen sich um das Hauptelement.

41

Um die äußeren Rosen anzubringen, wird ein Kranz aus Eiweißspritzglasur aufgespritzt.

42

Darauf werden die Rosen rundherum drapiert. Während des Arbeitens hat man noch die Möglichkeit, die Blüten aneinander auszurichten. Das ist der Vorteil beim Montieren mit Eiweißspritzglasur.

43

Nun in der Mitte etwas Eiweißspritzglasur auftragen, um die mittleren Rosen aufzubringen.

44

Nun werden die Schleifen eingesteckt. Auch an dieser Stelle wird zunächst etwas Eiweißspritzglasur aufgebracht, um optimalen Halt zu garantieren.

45

Die Lücken werden mit Blättern aufgefüllt. Diesmal bietet es sich an, die Eiweißspritzglasur an der unteren Spitze auf die Blätter zu spritzen, da man so bessere Kontrolle über den „weißen Kleber" hat.

46

Zum Schluss werden noch ein paar Blüten und Blätter auf dem Cake-Board befestigt. Und schon ist die Torte für den großen Auftritt fertig.

Kerze, Blätter, Rosen und Schleifen vorbereiten und mindestens über Nacht trocknen lassen. Die Rosen und Blätter können so leichter arrangiert werden. Die Schleifen können nicht aufgestellt werden, wenn sie frisch hergestellt würden.

Tagträumer

Nicht nur zu Ostern ist diese Torte ein Highlight auf der Kaffeetafel. Auch zu Kindergeburtstagen oder zur Taufe kann man dem süßen Hoppel nicht widerstehen. Wie wäre es denn zusätzlich mit kleinen Geschenken für die Gäste, die aus Hoppel-Miniaturen bestehen? Hierzu ganz einfach aus Fondant oder Fimo in der beschriebenen Weise kleine Hoppelchen fertigen. Das Mengenverhältnis hierbei ist identisch. Darüber freuen sich garantiert nicht nur die Kinder.

1	Torte 18 cm Durchmesser
750 g	Modellierfondant
	Spaghetti
	Kleber

Cake-Board | Rollstab | Schere
Rollschneider | Pinsel | Messer
Modellierbrett | weiches Kokosfett
Spiral Rolling Pin | Zahnstocher
Quilting-Lineal oder Geo-Dreieck
Lebensmittelstift

Modellierfondant eingefärbt mit:

Braun:	Dark Brown	400 g
Rosa:	Pink	etwas
Blau:	Navy	200 g
Elfenbein:	Ivory	100 g

1

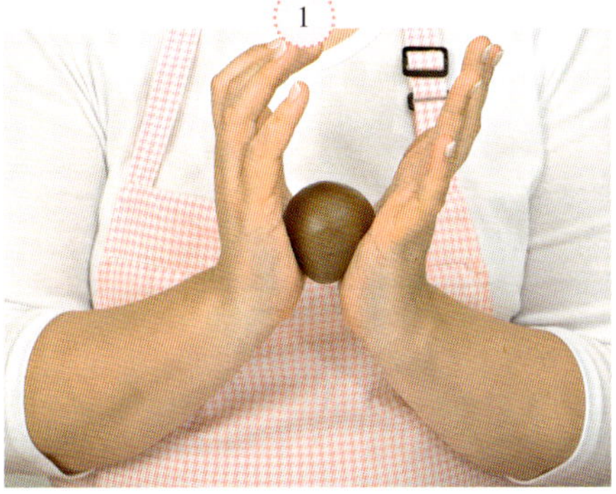

Der Hase wird in der 1-2-3-Methode erstellt. Das Raster hierzu finden Sie auf Seite 10. Das erste Drittel zur Kugel und dann zum Tropfen formen. Die Form sollte an eine Birne erinnern.

2

Nun den Tropfen auf das Modellierbrett stellen und leicht unten aufdrücken, damit er problemlos steht. Mit einem Zahnstocher den Bauchnabel des Hasen einstechen.

3

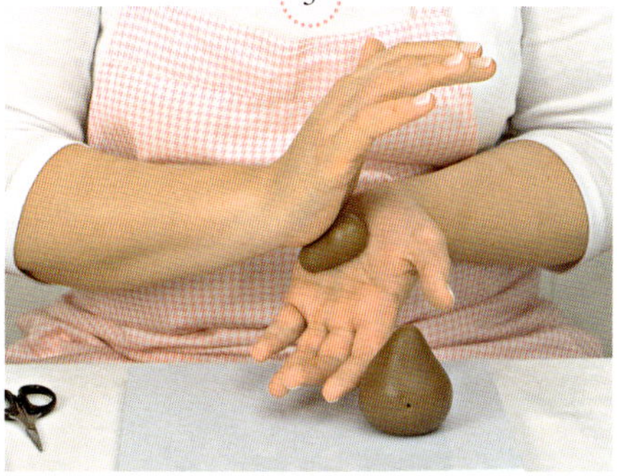

Die Fondantmenge für den Fuß zur Kugel formen und dann zu einem konischen Strang rollen.

4

Die dickere Seite zwischen Daumen und Zeigefinger platt drücken. Dies wird der Fuß des Hasen.

5

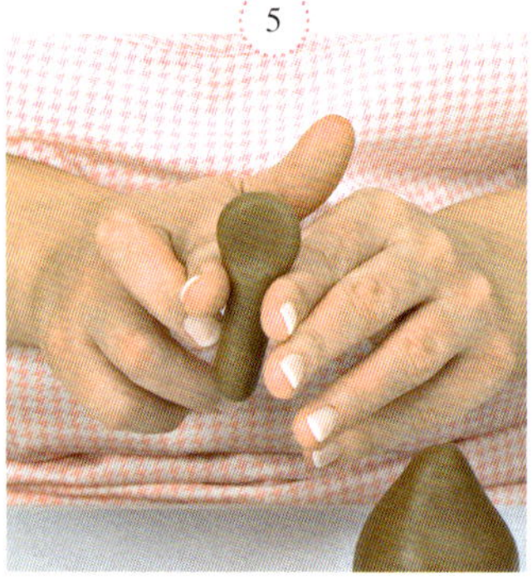

Jetzt das Fußgelenk formen, indem der Strang unterhalb des Fußes zwischen den Zeigefingern leicht hin und her gerollt wird.

6

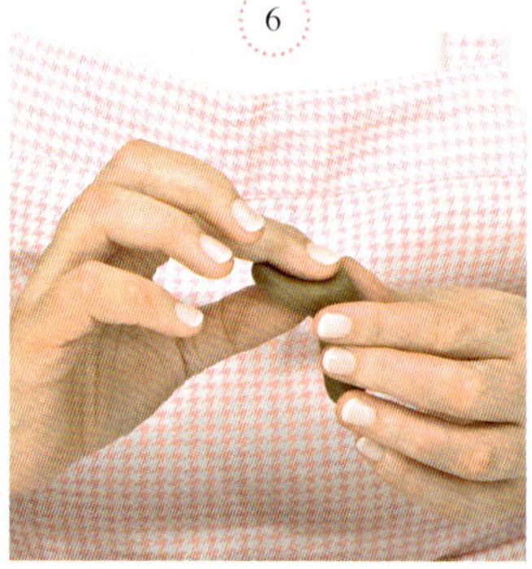

Den Fuß im rechten Winkel abknicken, da der Hase auf der Torte sitzen wird.

7

Nun ein Knie formen, indem mit Daumen und Zeigefinger der linken und rechten Hand ein Karo in die Masse gedrückt wird.

8

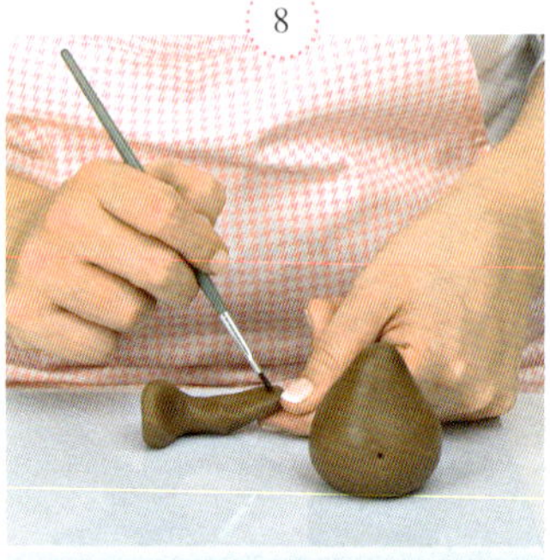

Das Bein an der Innenseite des Oberschenkels nun mit ein wenig Kleber einstreichen.

9

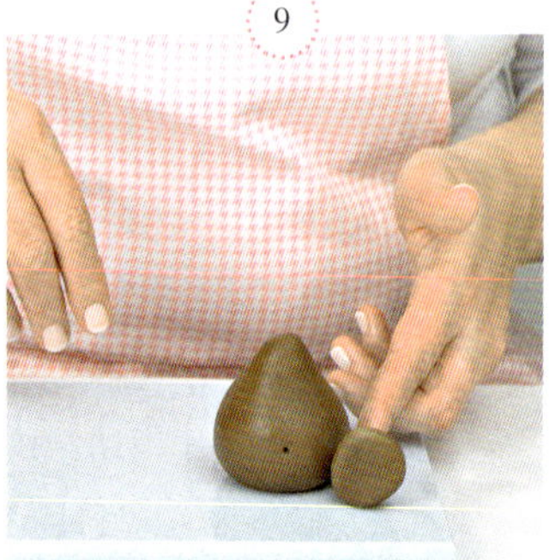

An der gewünschten Position wird das Bein nun angebracht. Achten Sie darauf, dass es direkt in der Endposition platziert wird, da eine spätere Korrektur nicht möglich ist, wenn die Masse leicht angetrocknet ist.

10

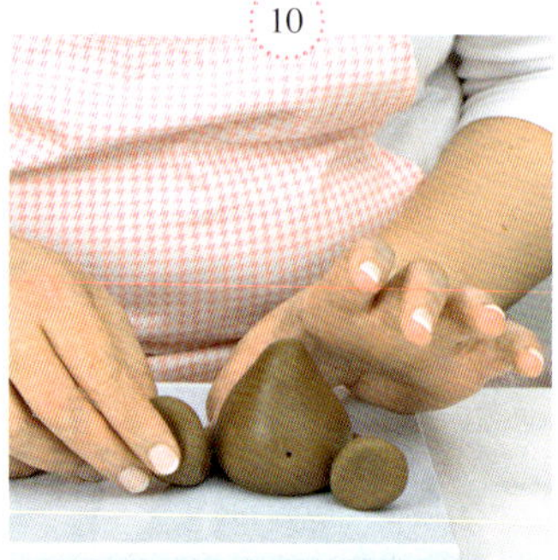

Das zweite Bein wird in gleicher Art geformt und ebenfalls am Körper angebracht.

11

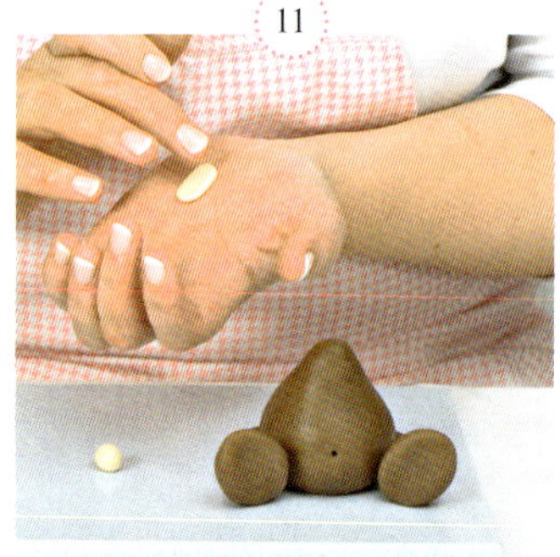

Für die Unterseiten des Hasen nun zwei erbsengroße Kugeln aus mit Ivory eingefärbter Masse formen und diese leicht oval flach drücken.

12

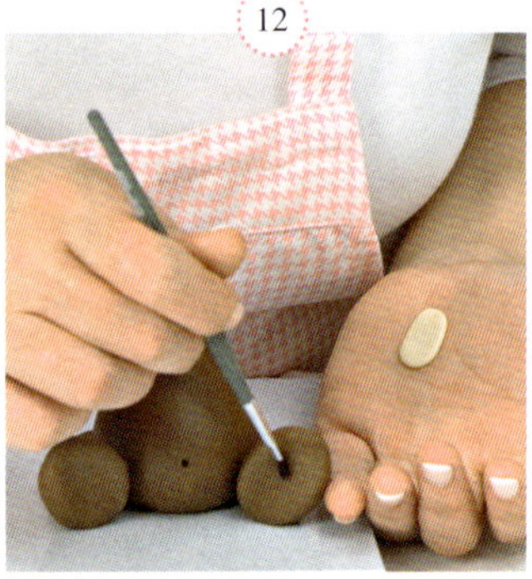

Die Füße mit Kleber bestreichen und die Ovale leicht aufdrücken.

13

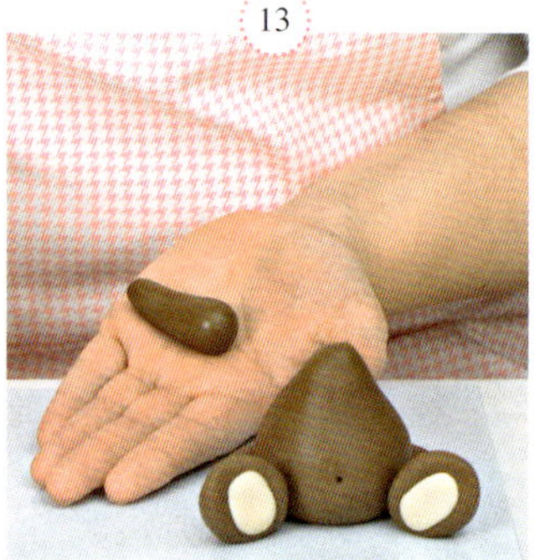

Für die Arme ebenfalls wieder einen konischen Strang rollen.

14

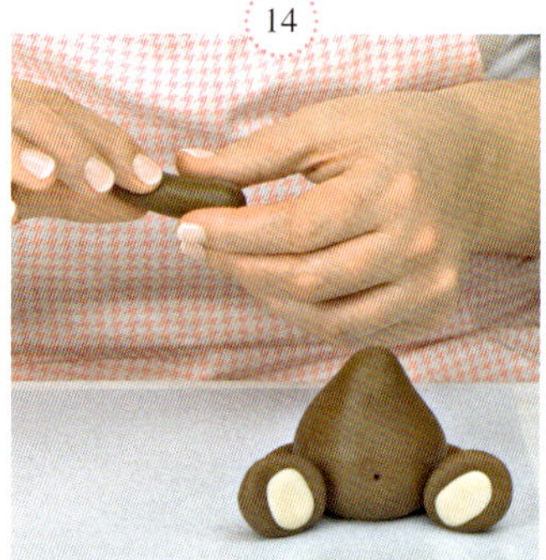

Für die Hände diesmal das dünne Ende zwischen Daumen und Zeigefinger platt drücken.

15

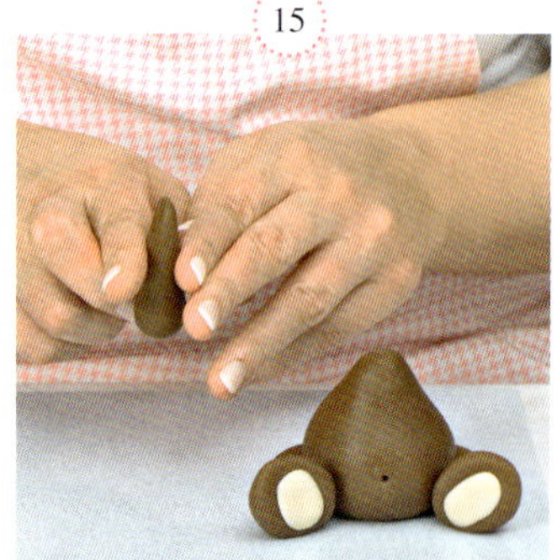

Das Handgelenk wird ebenfalls zwischen den Zeigefingern hin und her gerollt.

16

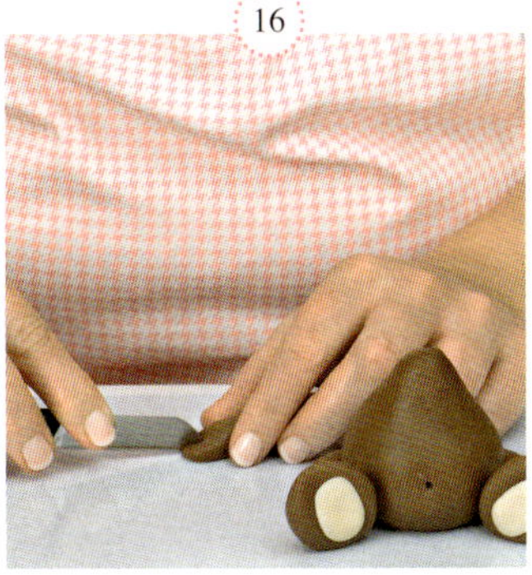

Dreimal in die flach gedrückte Seite schneiden, um einen Daumen und drei Finger erstellen zu können. Der Daumen ist ein wenig breiter als die restlichen Finger.

17

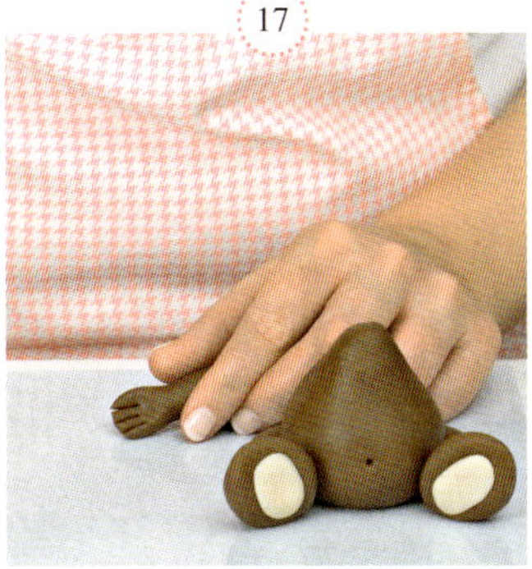

Achtung: Bei der rechten Hand müssen Sie den Daumen auf der anderen Seite einschneiden!

18

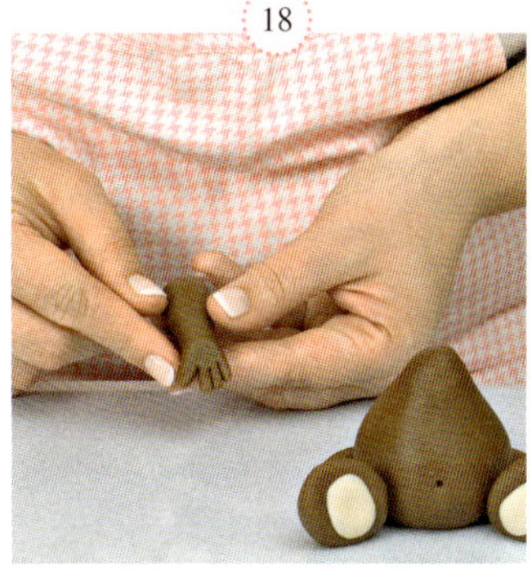

Den Daumen nun ein wenig abspreizen, um die Hand natürlicher wirken zu lassen. Die Spitze des Daumens ein wenig platter drücken.

19

Jetzt die vorderen Kanten leicht abrunden und dabei alle Finger außer dem Daumen umbiegen.

20

An der Seite des Armes den Ellbogen formen, indem wieder mit Daumen und Zeigefinger der linken und rechten Hand ein Karo in die Masse gedrückt wird. Auch hier müssen Sie beachten, dass es einen linken und einen rechten Arm gibt.

21

Den Arm nun an der Seite ein wenig mit Kleber einstreichen und an der Figur anbringen. Beim Hasen wurde der rechte Arm angewinkelt, damit er seinen Kopf später darauf stützen kann. Drei Spaghetti für die Befestigung des Kopfes in die Figur stecken.

22

Der Kopf wird wie der Körper auch zu einem birnenförmigen Tropfen gerollt. Die Spaghetti mit Kleber bestreichen. Der Kopf wird leicht geneigt auf die etwa 3 cm aus dem Körper ragenden Spaghetti gesteckt.

23

Die Hand anschließend mit etwas Kleber bestreichen und am Kopf festkleben.

24

Für die Bäckchen aus erbsengroßen Kugeln ivoryfarbener Masse zunächst Tropfen formen und diese dann flach drücken.

25

Am unteren Drittel des Kopfes mit Kleber zwei Punkte aufbringen.

26

Darauf werden die Bäckchen befestigt.
Tipp: Jetzt könnten Sie auch noch festlegen, ob der Hase nach links oder geradeaus schaut, indem Sie die Bäckchen gerade oder weiter links anbringen.

27

Die weißen Zähne werden ebenfalls aus einer erbsengroßen Kugel geformt. Diese zunächst als Tropfen rollen und flach drücken. An der runden Seite mit dem Zeigefinger ein wenig beidrücken, sodass ein Dreieck entsteht.

28

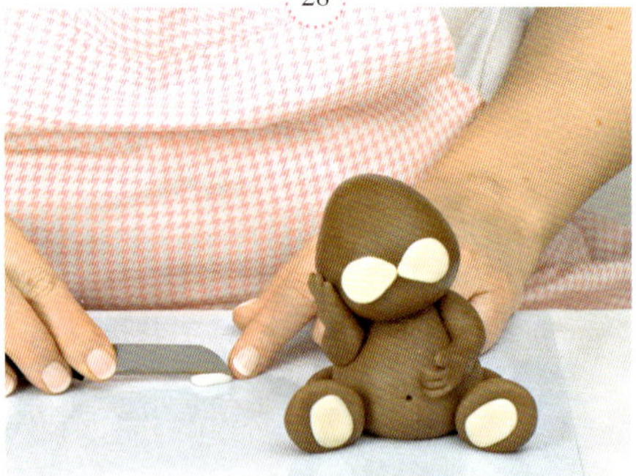

Das Dreieck nun der Länge nach in der Mitte mit dem Messer durchschneiden.

29

Die untere Rundung wird ebenfalls ein wenig begradigt, damit die Hasenzähne die typische Form erhalten.

30

Tragen Sie etwas Kleber auf und befestigen Sie die Zähne an dieser Stelle.

31

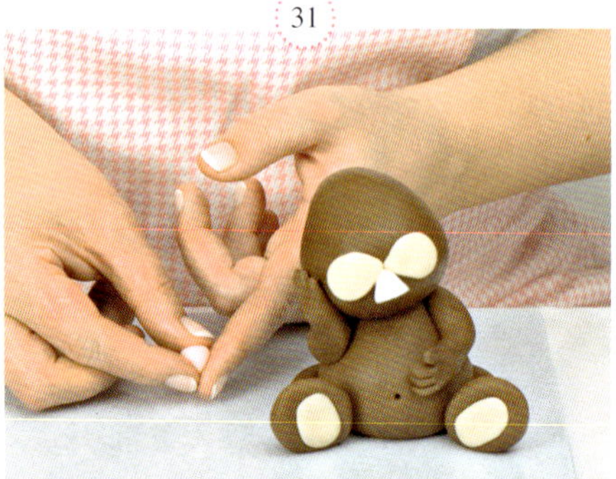

Für die Nase eine erbsengroße Kugel aus rosafarbenem Fondant zwischen den Zeigefingern und dem Daumen zum Dreieck formen.

32

Das Dreieck dann noch leicht zwischen Daumen und Zeigefinger platt drücken.

33

Aus dem übriggebliebenen braunen Fondant zwei kegelförmige Stränge für die Löffel (Ohren) rollen und zusätzlich zwei erbsengroße Kugeln des ivoryfarbenen Fondants bereitlegen.

34

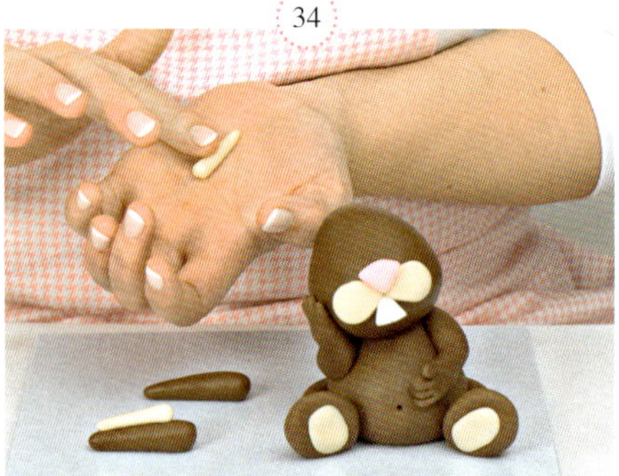

Aus den beigefarbenen hellen Kugeln ebenfalls kegelförmige Stränge rollen.

35

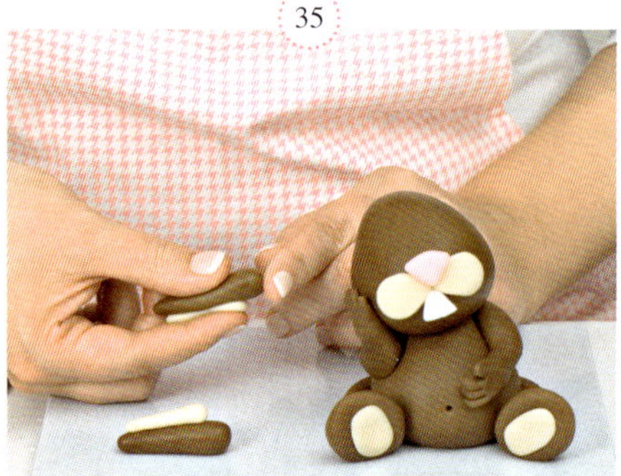

Die zwei Farben aufeinander legen und zusammendrücken, sodass sie eine Einheit bilden.

36

Jeweils eine Spaghetti in ein Ohr stecken, damit diese am Kopf befestigt werden können.

37

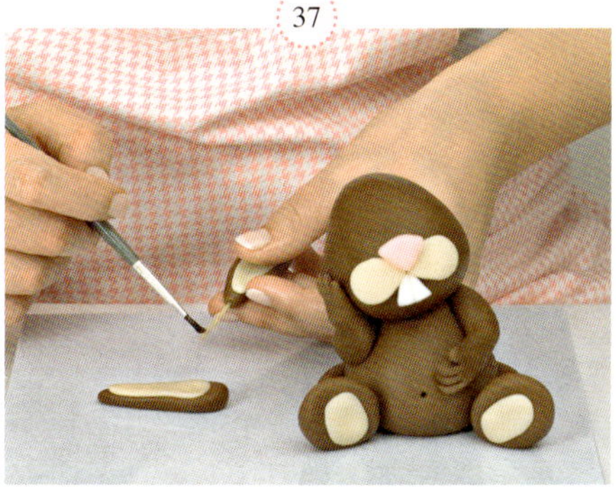

Die Spaghetti mit Kleber bestreichen.

38

Die Ohren der Kopfhaltung entsprechend in den Kopf stecken.

39

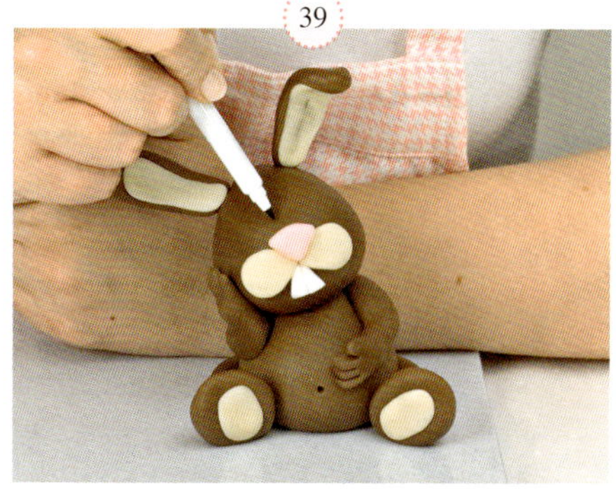

Mit einem Lebensmittelfarben-Stift oder schwarzer Farbpaste und Pinsel die Augen aufmalen.

40

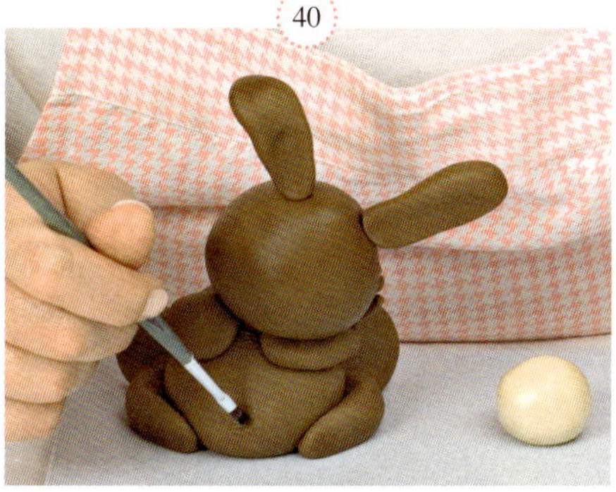

Aus dem restlichen beigefarbenen Fondant eine walnussgroße Kugel rollen und am Po des Hasen ein wenig Kleber auftragen.

41

Die Kugel etwas flach gedrückt als „Schwänzchen“ an dieser Stelle anbringen. Den Hasen nun vorsichtig hochnehmen, indem man ihn zunächst mit dem Messer von der Modellierunterlage löst.

42

Ein bisschen asymmetrisch auf der Torte etwas Kleber aufbringen und den Hasen darauf setzen. Es sollte noch ausreichend Platz für die Schleife bleiben, die hinter dem Hasen angebracht wird.

43

Die Hälfte des hellblauen Fondants etwas größer als 14 x 14 cm ausrollen. Dann mit dem Rolling Pin das Muster auf die Fläche rollen.

44

Jetzt zwei Stücke in 7 cm Breite und 14 cm Länge aus der Platte schneiden. Hierfür eignet sich besonders ein Quilting-Lineal, da dieses sehr viele Einteilungen hat und sehr breit ist.

45

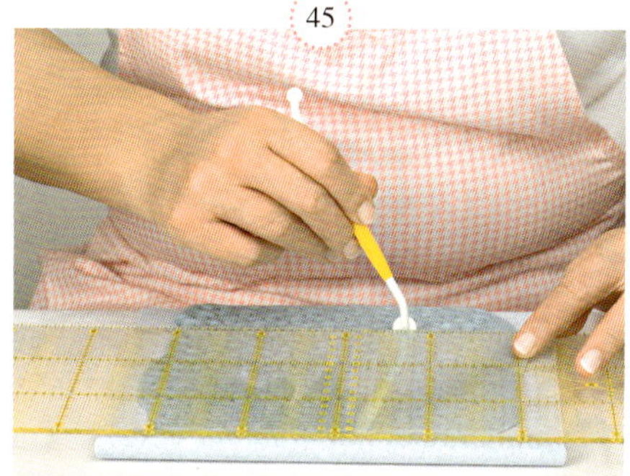

So kann man die Schnitte besonders komfortabel abmessen. Wenn Sie kein Quilting-Lineal besitzen, verwenden Sie einfach ein Geo-Dreieck.

46

Das Schleifenband nun noch auf die gewünschte Länge bringen.

47

Wie bei einem echten Geschenkband werden die Enden schräg abgeschnitten. Dies können Sie ohne das Lineal erledigen.

48

Das Schleifenband nun hochnehmen und die gerade Kante zunächst zu einem „V“ falten.

49

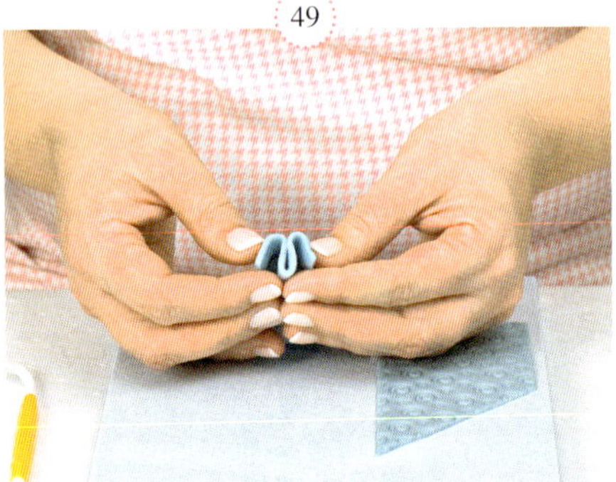

Dann die oberen Kanten herunterfalten, sodass sich ein „M“ bildet. Diese Faltung ein wenig zusammendrücken.

50

Das Schleifenband erhält auf diese Weise einen gebundenen Charakter.

51

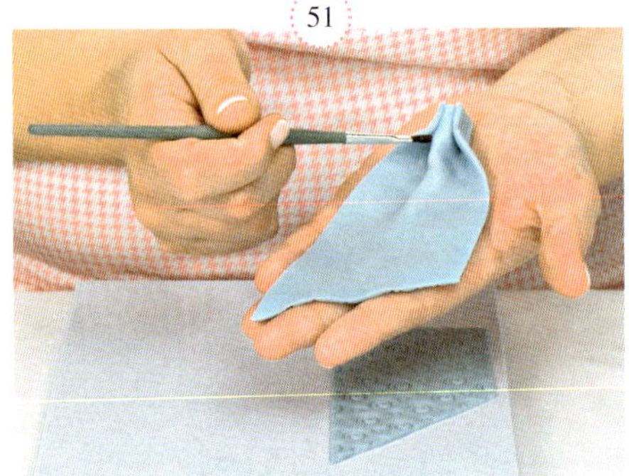

Auf der Rückseite etwas Kleber auftragen. Hierbei ist es jedoch nicht notwendig, die komplette Schleife zu bestreichen, denn das Schleifenband soll ja locker auf der Torte liegen.

52

Das Schleifenband nun auf der Torte locker drapieren und an den Seiten leicht abfließen lassen.

53

Das zweite Schleifenband, wie zuvor beschrieben, formen und neben dem anderen Band anbringen.

54

Für die Schlaufen wieder eine Fondantplatte strukturieren und zwei Streifen von 7 cm Breite und 20 cm Länge schneiden.

55

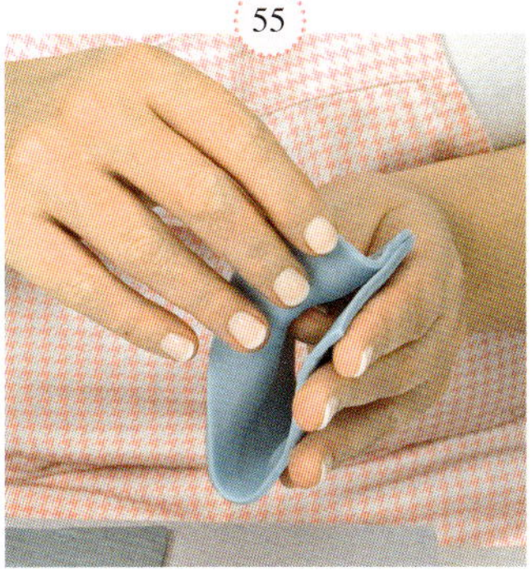

Die Platten als Schlaufe zusammenlegen. Dabei immer einen Finger in die Schlaufe halten, damit diese nicht in der Mitte zusammenklebt.

56

Wie bei dem vorherigen Schleifenband beschrieben, an der schmalen Kante ein „M“ formen.

57

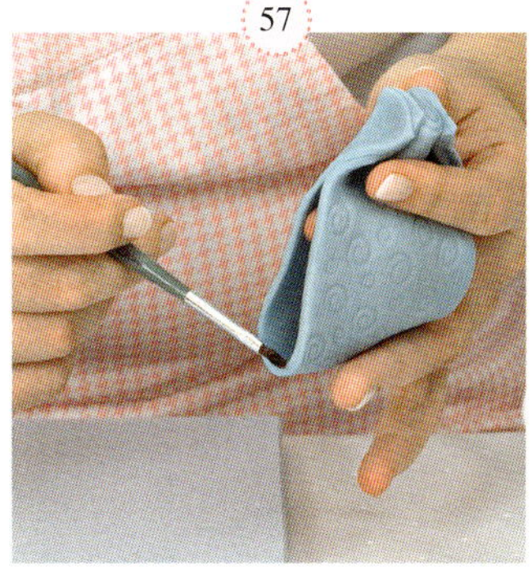

Die Schleife an der Unterkante mit Kleber bestreichen und direkt auf die Torte setzen.

58

Der Vorteil einer vertikal stehenden Schleife ist, dass man sie direkt auf die Torte modellieren kann und die Schleife nicht abstützen muss.

59

Die zweite Schleife wird auf die bereits aufgesetzte Schleife gelegt und festgedrückt.

60

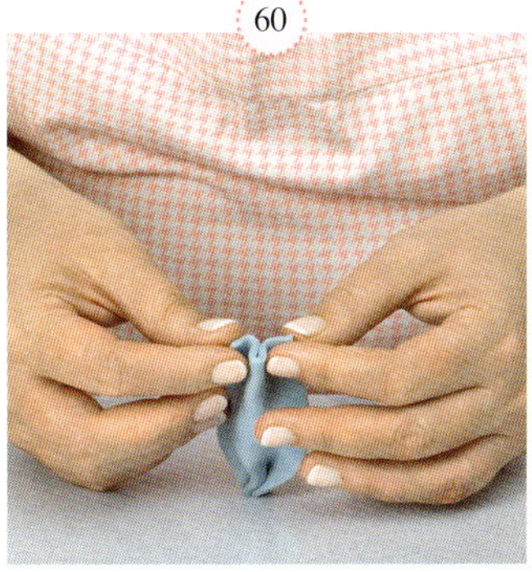

Jetzt noch ein kleines Stück (ca. 5 x 8 cm) Fondant ausrollen und strukturieren. Dieses Stück können Sie ganz einfach von Hand ausschneiden, da man die Schnittkanten nicht sieht.

61

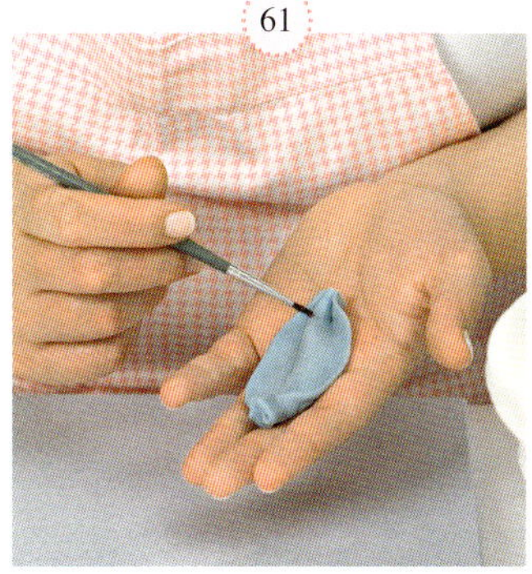

Die schmalen Seiten werden wieder als „M“ geformt. Die Unterseite wird vor dem Montieren wieder mit Kleber bestrichen.

62

Auf der hinteren Seite beginnend wird nun die Schleifenmitte mit dem Band verdeckt.

63

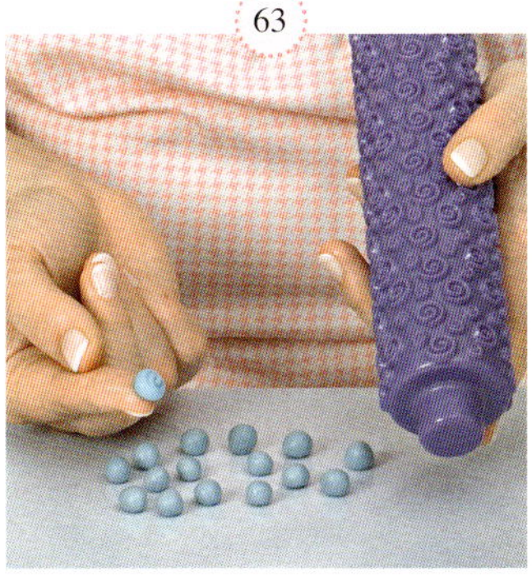

Zum Schluss aus dem restlichen blauen Fondant Kugeln formen und diese auf je eine Spirale des Rollholzes drücken.

64

Die mit Muster verzierten Tupfen in beliebiger Anzahl an der Unterkante der Torte befestigen. Bei dieser Torte wurden 15 Kugeln angebracht.

Achten Sie bei dieser Torte darauf, dass der Abschluss unten sauber ist, da die Kugeln mit Abstand aufgebracht werden. Sollte Ihnen dies nicht gelungen sein, können Sie ganz einfach den unteren Rand komplett mit Kugeln bedecken.

Leckerchen

„Eine Torte ist eine weiße Leinwand, die es zu gestalten gilt", schmunzelte Betty, während sie das Muster dieser Torte aufmalte. Es erinnert an ein handbemaltes Sommergeschirr und gibt der Torte einen unkompliziert-natürlichen Touch.

Gerade für Anfänger ist dieser simple Figuraufbau geeignet. Mit nur wenigen Handgriffen entsteht dieser knuddelige Begleiter ohne jegliche Stützhilfen, da die Figur liegend auf der Torte modelliert wird. Und mit dem Strukturieren kann man sogar eine nicht ganz so perfekte Oberfläche kaschieren.

1	Torte 26 cm Durchmesser
1650 g	Modellierfondant
	Kleber

Cake-Board | Rollstab | Schere
Rollschneider | Pinsel | Messer
Modellierbrett | weiches Kokosfett
Alkohol (50 %) | Zahnstocher
Veining Tool | Lebensmittelstift
Kreisausstecher 5 cm Durchmesser
Glas mit Deckel

Modellierfondant eingefärbt mit:

Rosa:	Pink	200 g
Elfenbein:	Ivory	100 g
Braun:	Dark Brown	50 g

Pulverfarbe:

Silber:	Satin Silver
Grün:	Spring Green

1

Für diese Arbeit bietet es sich an, die Torte auf einen Drehteller zu stellen, da dies die Arbeit enorm erleichtert. Der Vorteil besteht darin, dass man den Drehteller bewegen kann, ohne die Position zu wechseln oder die Torte zu verschieben. Sollten Sie keinen Drehteller haben, können Sie die Torte bereits auf dem Cake-Board aufgebracht auf eine runde Keksdose stellen, die etwas kleiner ist als das Cake-Board. Dann können Sie die Torte mit Hilfe des Cake-Boards drehen.

2

Grüne Pulverfarbe mit Alkohol milchig anrühren. Etwas Farbe mit dem Pinsel aufnehmen und den Pinsel an der Torte ansetzen. Das Cakeboard drehen, ohne den Pinsel zu bewegen. Den Strich so lange fortführen, bis die Farbe auf dem Pinsel zu schwach wird. Dann wieder etwas Farbe aufnehmen und – ein wenig überlappend – den Strich fortführen. Sollte der Strich nicht ganz exakt verlaufen, ist das gar nicht schlimm, da das Muster so seinen Charme erhält.

3

Wenn die waagerechten Striche erstellt wurden, die senkrechten Striche aufmalen. Diese sollten in etwa den Abstand der waagerechten Linien fortführen.
Tipp: Zur Unterstützung der malenden Hand die zweite Hand als Führung benutzen.

4

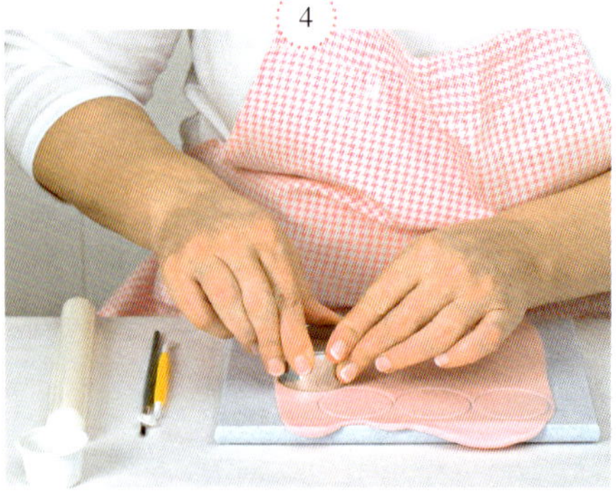

Den rosafarbenen Fondant 1–2 mm dünn ausrollen und Kreise ausstechen. Den überschüssigen Fondant wegnehmen.

5

Die Kreise mit dem Rollschneider halbieren und danach wieder ein wenig zurück in die Form bringen, falls sie durch das Schneiden verzogen wurden.

6

Am Rand der Torte so viel Kleber auftragen, wie für einen Kreisdurchmesser benötigt wird. Dann den Halbkreis ansetzen, leicht an die Torte drücken und formen.
Tipp: Falls Sie am Ende der Umrundung zu wenig Platz für einen ganzen Bogen haben, stauchen Sie diesen ein wenig oder nehmen die zuletzt aufgeklebten ab und dehnen diese etwas.

7

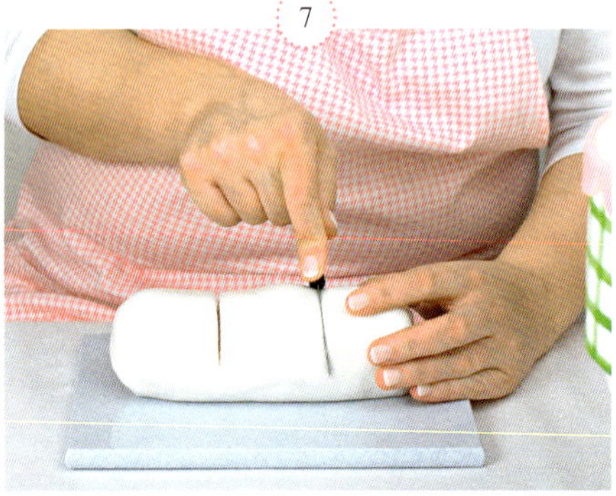

1000 g Modellierfondant nach dem 1-2-3-Prinzip teilen. Die großen Tiere werden direkt auf der Torte modelliert. Dies hat den Vorteil, dass man die Figur nicht mehr bewegen muss. Außerdem ist der Fondant noch weich und somit schmackhafter, wenn man ihn direkt aufmodelliert. Alternativ kann man die Figur vorbereiten und im verfestigten Zustand auf die Torte setzen.

8

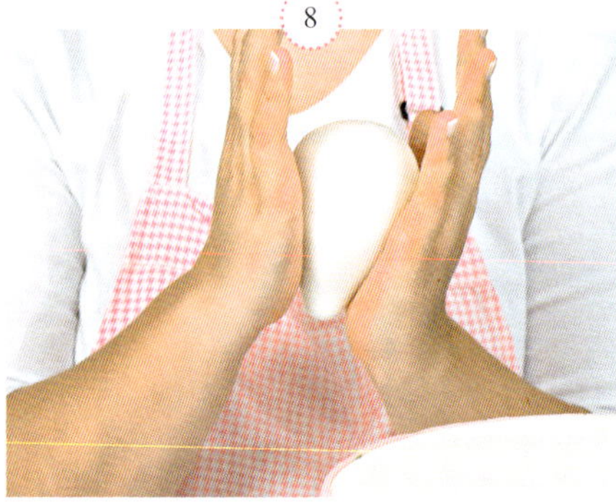

Aus dem ersten Drittel zuerst eine faltenfreie Kugel und dann einen Tropfen formen. Für eine optimale Kugel ist es notwendig, die Masse zunächst zu kneten und den Fondant immer wieder nach innen zu schlagen, sodass außen durch das Ziehen keine Falten mehr erscheinen können. Dann die Kugel hin und her wiegen, bis die Anschlussnähte verschwunden sind.

9

Etwas Kleber verteilen und den Tropfen auf die Torte setzen. Beim Platzieren muss man den Kopf bereits einkalkulieren und somit den Körper etwas dezentral auf die Torte setzen.

10

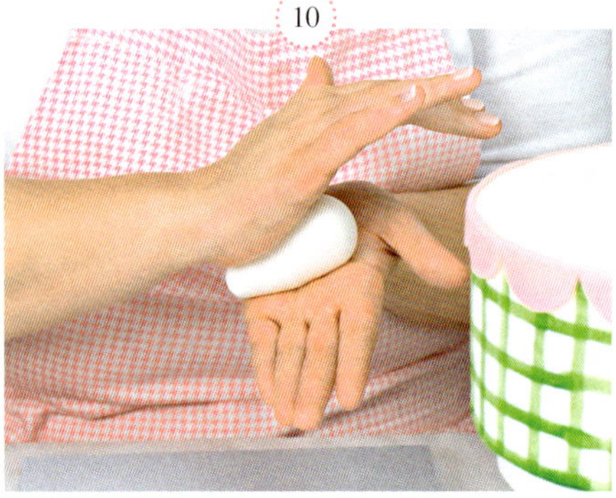

Aus dem Abschnitt für die Hinterbeine zunächst eine faltenfreie Kugel und dann einen länglichen Tropfen formen.

11

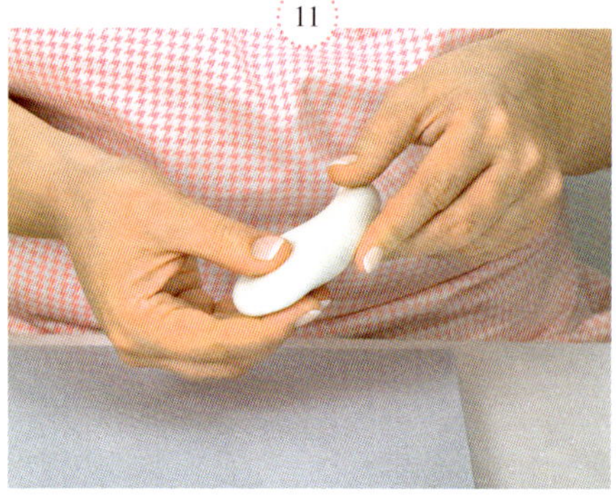

Den dickeren Teil flach drücken und das gesamte Bein in der Mitte rechtwinklig knicken. So erhält man das angewinkelte Bein eines liegenden Hundes.

12

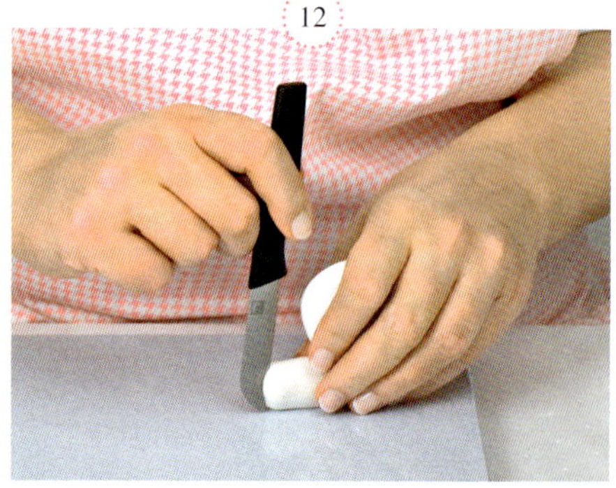

Mit dem Messer zwei Einschnitte machen, um die Pfote zu formen. Durch das Messer wird die Masse nach innen gedrückt und die Tatzen bereits herausgearbeitet.

13

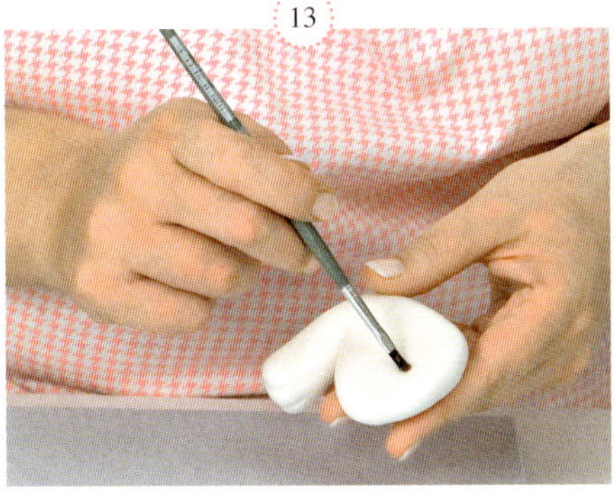

Auf der Innenseite etwas Kleber auftragen und das Bein am Körper befestigen.
Das zweite Bein wird wie in Bild 12 bis 14 beschrieben hergestellt.

14

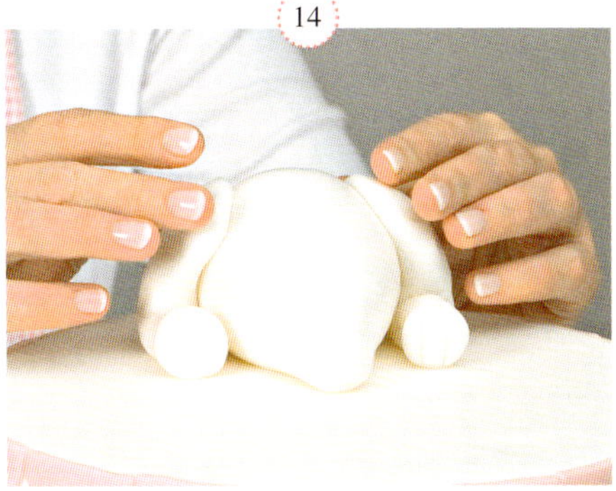

Die beiden Beine am Körper noch ein wenig formen und in Position bringen.

15

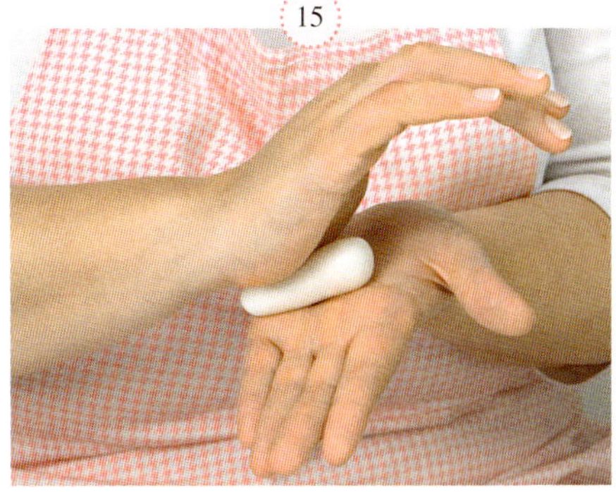

Die Menge für die Vorderpfoten (Arme) zur Kugel formen und dann zu einem konisch verlaufenden Strang rollen.

16

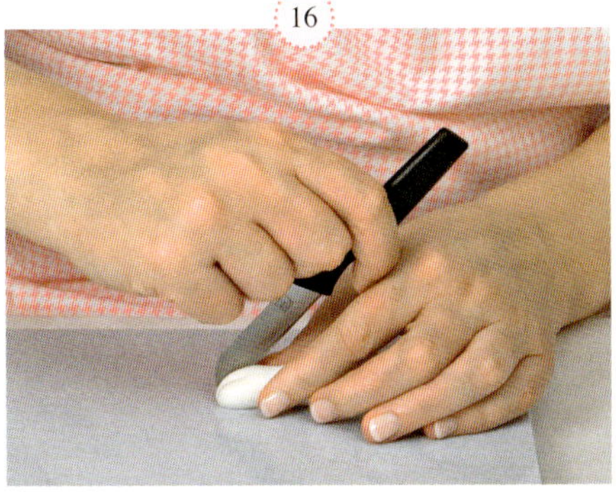

An der schmalen Seite werden die Pfoten wieder geformt, indem mit dem Messer zwei Einschnitte gemacht werden.

17

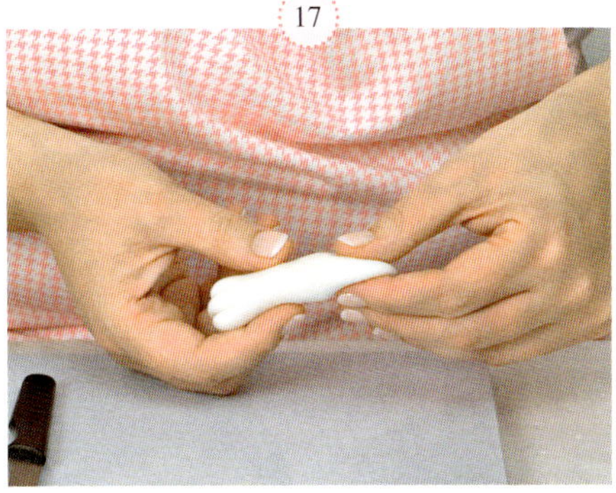

Nun den Vorderlauf hinten flach drücken. Es ist einfacher, wenn Sie das linke und rechte Bein bereits bei diesem Schritt auf einer Seite flach und auf der anderen rund formen.

18

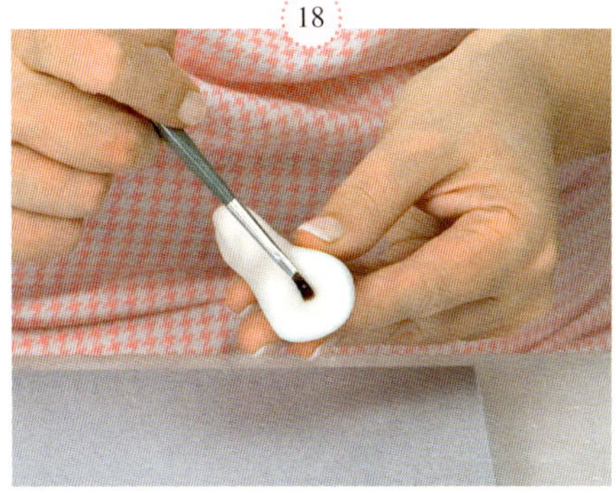

Die Innenseite wieder mit Kleber bestreichen und die Beine an der Spitze des Körpertropfens ansetzen.
Tipp: Überprüfen Sie beim Erstellen des zweiten Vorderlaufes, dass dieser die gleiche Länge hat wie der erste, indem Sie den Strang einfach an das bereits geformte Bein halten.

19

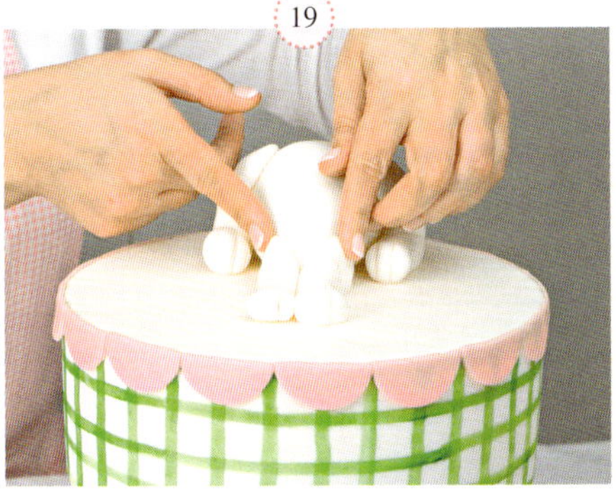

Die Vorderläufe des Hundes sollten ganz nah beieinander liegen.
Tipp: Sollten Sie sich einmal unsicher sein, welche Position die Arme und Beine einer Figur einnehmen sollten, suchen Sie sich Bilder mit der gewünschten Gestik oder probieren die Haltung selbst aus. Dieser Trick hilft beim Umsetzen des Körpers enorm.

20

Den Kopf aus dem letzten Drittel formen. Nachdem eine Kugel gerollt wurde, wird die Form zunächst leicht als Tropfen angedeutet und dann mit der rechten Hand die Schnauze ausgearbeitet. Wiegen Sie hierzu die Hand hin und her, um die Wölbung zu formen.

21

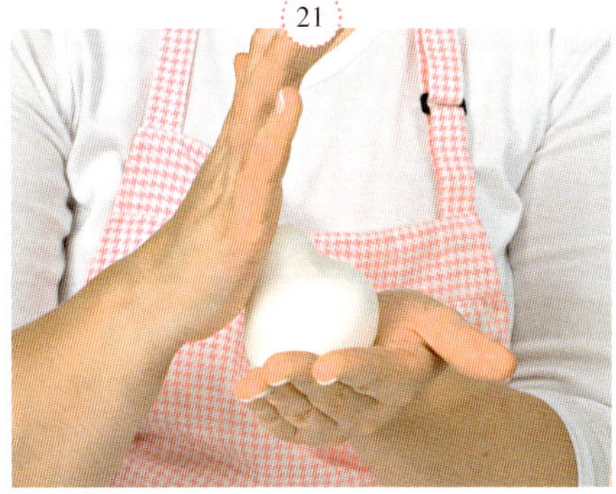

Von unten wird die Schnauze dann wieder leicht hochgedrückt.

22

Mit dem Veining Tool werden nun die Lefzen in die Form geritzt, indem man bei der Nase beginnt und die Schnauze an den Seiten auslaufen lässt.

23

Auf die Spitze des Körpers etwas Kleber auftragen.

24

Den Kopf in gewünschter Position nun auf die Pfoten setzen.

25

Hierbei können Sie den Ausdruck der Figur noch enorm beeinflussen. Dieser Doggie soll ganz lieb sein und trotzdem seinen Knochen aufmerksam bewachen.

26

Mit dem Veining Tool nun das Fell andeuten, indem leichte und tiefe Kerben in den Fondant gedrückt werden.
Tipp: Stellen Sie sich vor, Sie würden den Hund bürsten. Diese Handbewegungen sind ganz ähnlich.

27

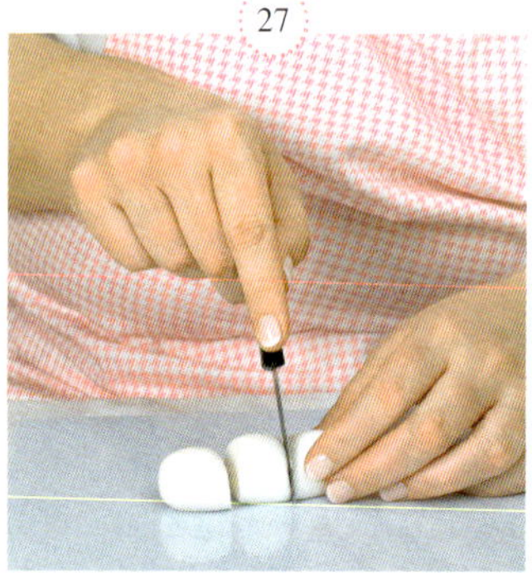

Den restlichen Fondant dritteln und ein Drittel davon beiseite legen. Dieses Stück dient später als Schwanz.

28

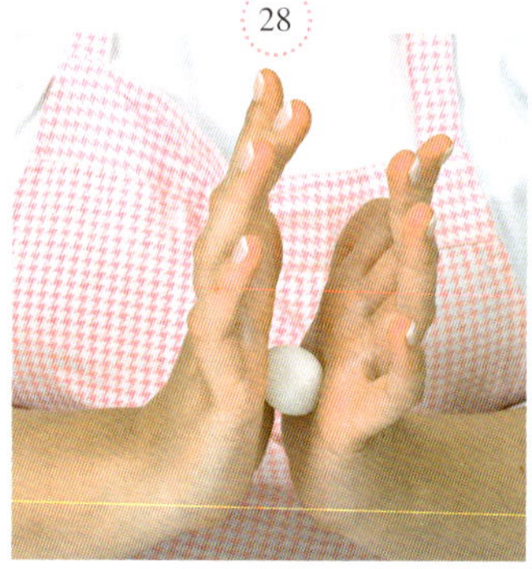

Nun zwei Kugeln formen, welche die Grundform der Ohren bilden.

29

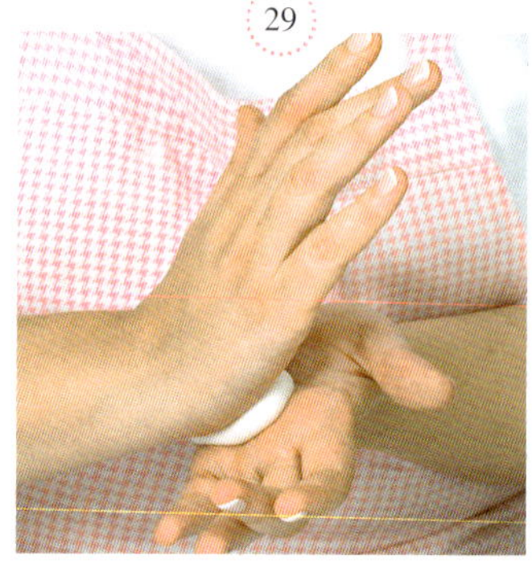

Die Kugeln flach drücken und an den Kanten ganz dünn ausformen.

30

Etwas Kleber auf die Stelle streichen, an der die Ohren oben angebracht werden sollen.

31

Die Ohren locker an die Figur legen.

32

Mit dem Veining Tool wird das Fell auch hier angedeutet.

33

Aus dunkelbrauner Fondantmasse wird die Nase geformt. Es bietet sich an, die Größe der Nase vor dem Formen zu überprüfen und falls notwendig, die Menge zu korrigieren.

34

Die Nase als Dreieck formen und leicht flach drücken. Mit dem schwarzen Lebensmittelstift werden die Augen aufgemalt.

35

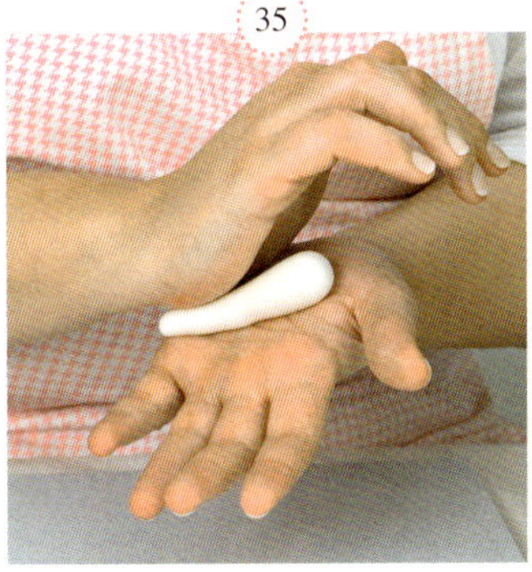

Den Schwanz zunächst als Kugel und danach zu einem tropfenförmigen Strang rollen.

36

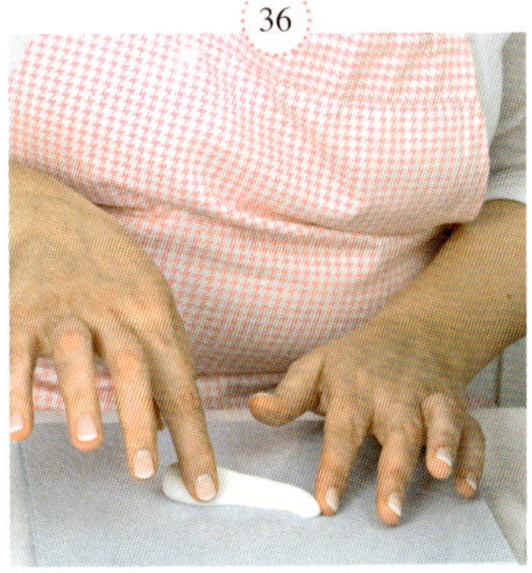

Auf dem Modellierbrett wird der Schwanz dreiecksförmig ausmodelliert.

37

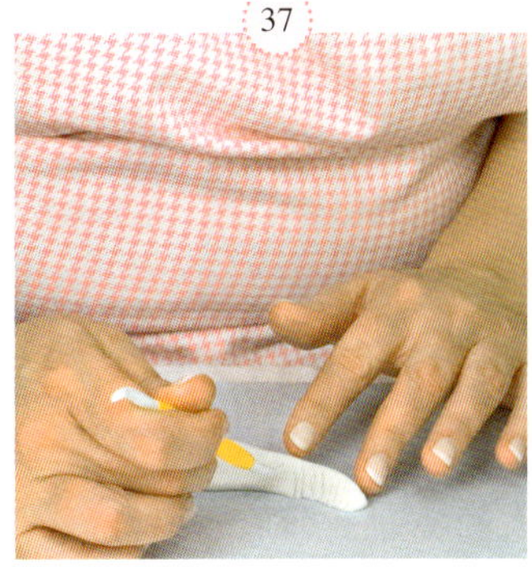

Mit dem Veining Tool jetzt noch an einer Seite das Fell andeuten.

38

Den Schwanz mit etwas Kleber am Körper befestigen.

39

Für den Randabschluss Kugeln formen. Aus 300 g Modellierfondant werden ca. 50 Kugeln geformt. Wichtig ist, dass die Kugeln nicht zu gleichmäßig sind.

40

Eine wirklich einfache Art die Kugeln satt zu färben, ist das Auftragen von Puder. Da man jedoch mit einem Pinsel nicht exakt arbeiten kann, gibt es eine clevere Alternative.

41

Füllen Sie etwas Silberpulver in ein Glas, das sich mit einem Deckel verschließen lässt. Dieses mit Fondantkugeln füllen, verschließen und schütteln. Dadurch, dass zunächst die Hälfte der Kugeln mit Silber ummantelt wird, ist das Verteilen einfacher.

42

Jetzt die restlichen Kugeln ergänzen und wieder schütteln. Das Puder der bereits beinhalteten Kugeln verteilt sich jetzt auf die weißen Kugeln. Die Form der Kugeln wird dabei nicht zerstört.

43

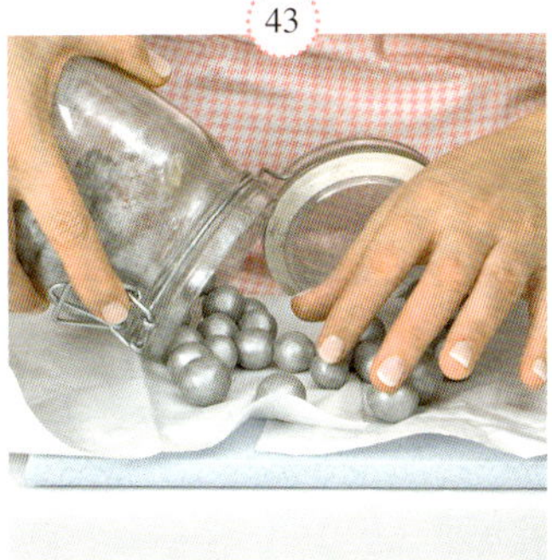

Die Kugeln auf ein Papiertaschentuch schütten, da sie abfärben. Mit diesem Trick kann man sich das Säubern der Unterlage sparen.

44

Zum Schluss die Kugeln mit Kleber um die Torte herum befestigen und dabei darauf achten, dass die Größen unterschiedlich gemischt werden.

!

Den Hundeknochen formen Sie ganz einfach: 100 g Modellierfondant wird mit Ivory eingefärbt. Zuerst erstellen Sie einen Strang, der in der Mitte dünner zuläuft. Diesen anschließend von außen je einmal einschneiden und etwas formen. Die Herstellung von Knochen können Sie auch bei der Torte ab Seite 138 lernen.

Königlich

Dekorbögen an einer Torte anzubringen, ist die hohe Kunst der Tortenbäcker, könnte man meinen. Wie verblüffend einfach dies ist, wird mit dieser Torte erklärt. Diese Technik eröffnet Ihnen unzählige Möglichkeiten für das Dekorieren Ihrer Tortenkreationen. Darüber hinaus lernen Sie bei dieser Torte auf ganz einfache Weise, eine Krone herzustellen. Diese Technik kann man nämlich auch ganz vielseitig einsetzen. Setzen Sie zum Beispiel der Elfe (Seite 108) eine Krone auf, wird aus ihr im Handumdrehen eine Prinzessin.

1	Torte 26 cm Durchmesser
1200 g	Modellierfondant
	Spaghetti
	Kleber

Cake-Board | Sugarcraft Gun
Haushaltsschere | Tesafilm | Lineal
Modellierbrett | Messer | weiches
Kokosfett | Rollschneider | Pinsel-
Küchenrolle | Filzstift | Spritztülle
Alkohol (50 %)

Pulverfarbe:

Rosa:	Dusky Pink
Gold:	Royal Gold

1

Um die Einteilung der Torte vorzunehmen, die Küchenrolle zunächst um die Torte legen. Die Überlappung wird mit einem Filzstift angezeichnet, um den exakten Umfang abzumessen.
Tipp: Achten Sie darauf, dass es eine Überlappung gibt, denn dort wird das Papier später festgeklebt.

2

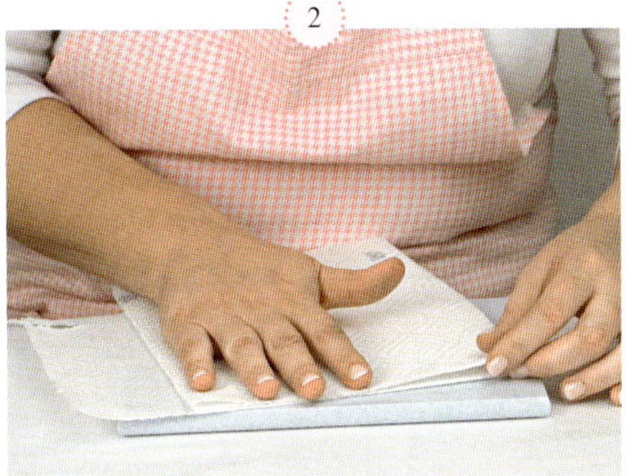

Die Markierung auf die linke Seite legen. Nun die rechte Papierkante nach links zur gezeichneten Markierung falten. Jetzt vom rechten Falz wieder zur linken Markierung falten und diesen Schritt noch zweimal wiederholen.

3

Für acht Dekorbögen wird das Papier viermal gefaltet. Mit diesem System können Sie zwei (2 x falten), vier (3 x falten), acht (4 x falten), sechzehn (5 x falten) oder 32 Bögen (6 x falten) erstellen. Sollten Sie eine andere Anzahl wünschen, hilft Ihnen der Tipp auf Seite 45 weiter.

4

Ihre Faltung hat jetzt die Breite eines halben Dekorbogens. Markieren Sie an der Innenseite den höchsten Punkt des Bogens. Bei dieser Torte sind es 8 cm. Auf der äußeren Seite der Faltung markieren Sie den niedrigsten Punkt (4–5 cm).

5

Verbinden Sie nun die beiden Punkte mit einem leichten Bogen. Achten Sie darauf, dass der Bogen an der unteren Kante nicht zu steil verläuft, weil der fertige Bogen sonst eine Spitze bilden würde.

6

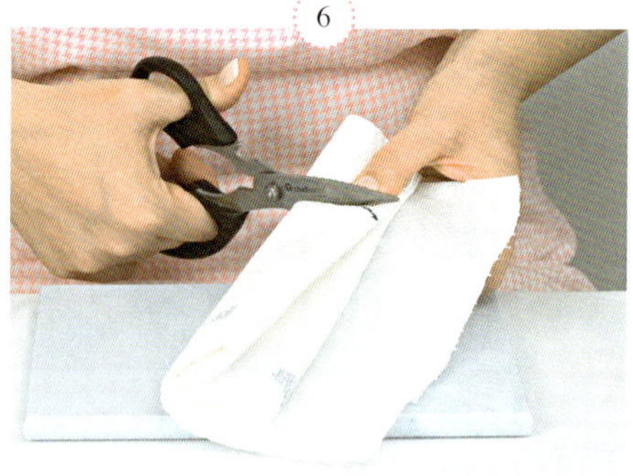

Jetzt an der Linie entlang ausschneiden. Wenn Sie in einem Zug schneiden, ist es einfacher.

7

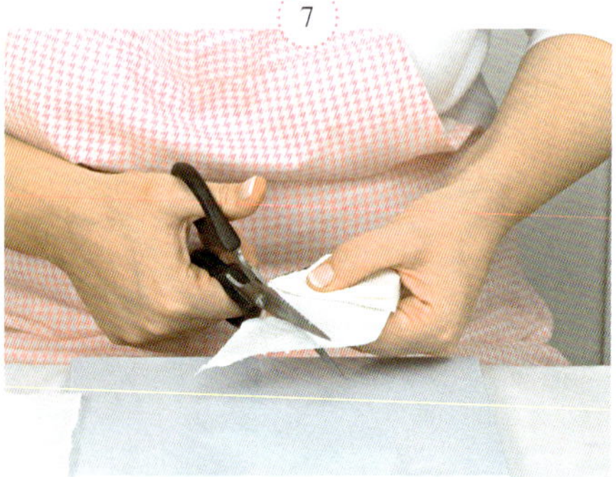

Das überschüssige Material wird schräg abgeschnitten, damit man es besser verkleben kann.

8

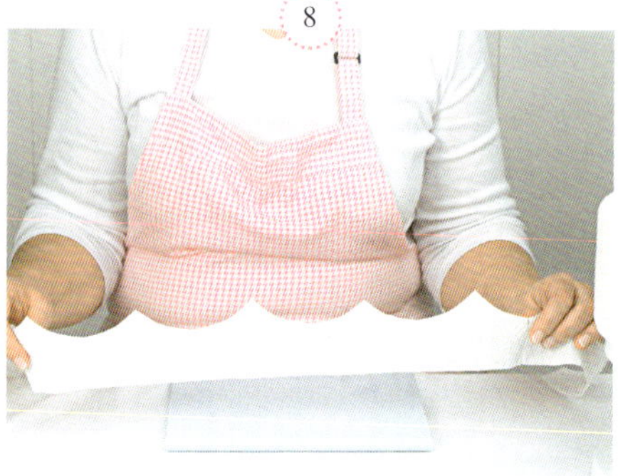

Fertig ist die Dekorbogen-Einteilung für die Torte.

9

Die Einteilung nun um die Torte legen und die Bögen an der Überlappung ausrichten. Dies sollte kein Problem sein, da das Küchenpapier dehnbar ist. Auch wenn Sie nicht ganz exakt gearbeitet haben, können Sie jetzt noch kleine Korrekturen vornehmen.

10

Die beiden Enden werden nun mit Tesafilm zusammengeklebt.

11

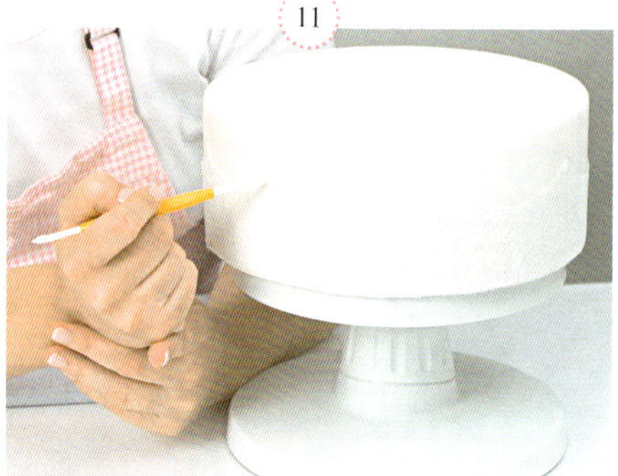

Mit dem Rollschneider oder dem Veining Tool am Bogen entlang fahren. Sollten Sie nicht ganz exakt arbeiten, ist das nicht schlimm, da die Markierung später mit Fondant abgedeckt wird.

12

Wenn Sie die Vorlage abnehmen, wird die Bogenlinie gut sichtbar.

13

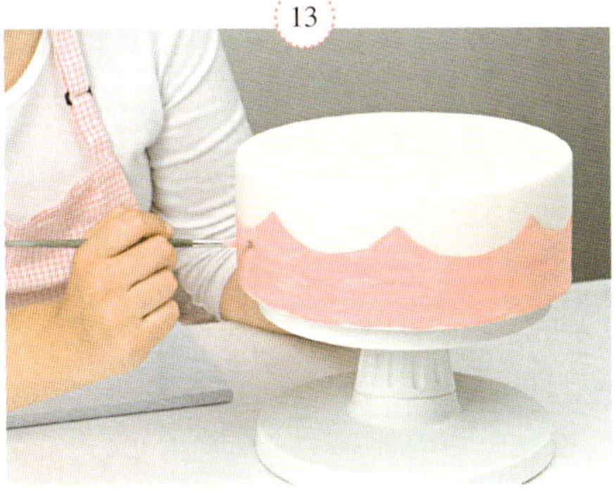

Jetzt pinkfarbene Pulverfarbe mit Alkohol anmischen und die untere Torte komplett damit bemalen.

14

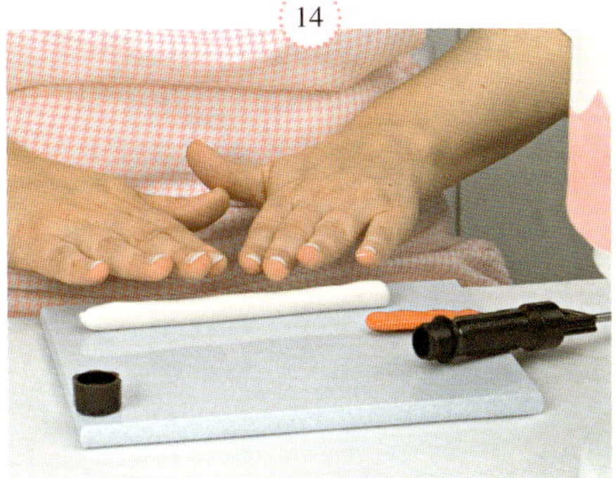

Eine Rolle aus weißem Fondant formen, die in etwa so dick ist wie die Öffnung des Sugarcraft Guns.

15

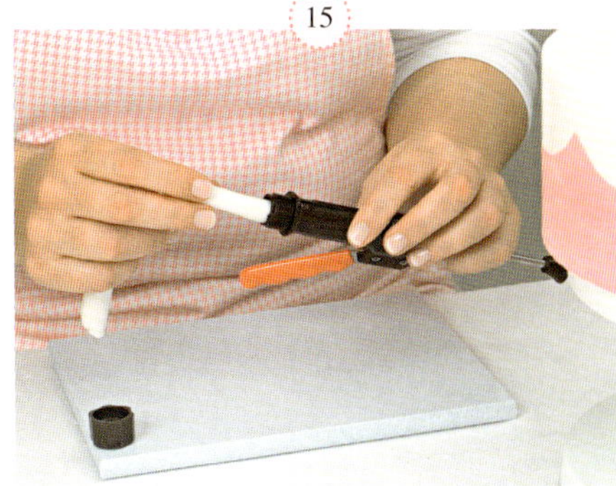

Die Pistole befüllen und den Verschluss mit der runden Öffnung aufsetzen.

16

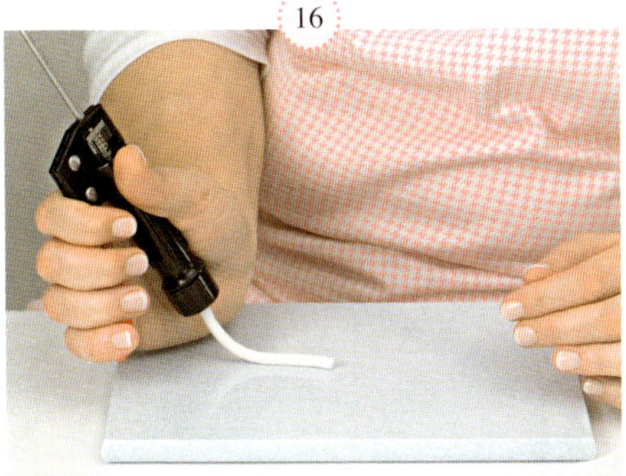

Jetzt langsam das Fondant aus dem Sugarcraft Gun quetschen. Dabei die Pistole über das Modellierbrett führen, damit das Fondant nicht übereinander liegt.

17

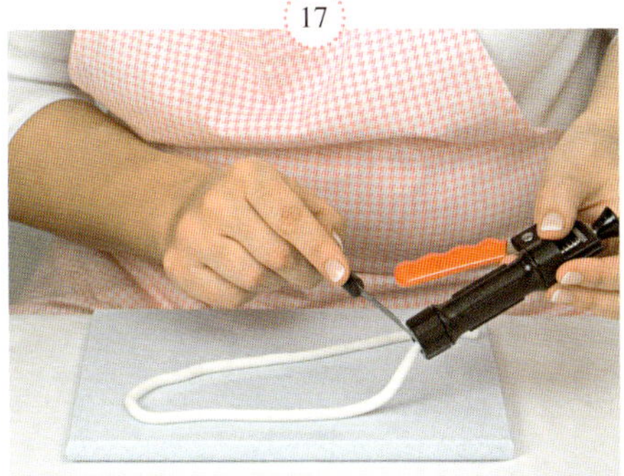

Nachdem das komplette Fondant aus der Pistole gedrückt wurde, den entstandenen Strang mit einem Messer abschneiden.

18

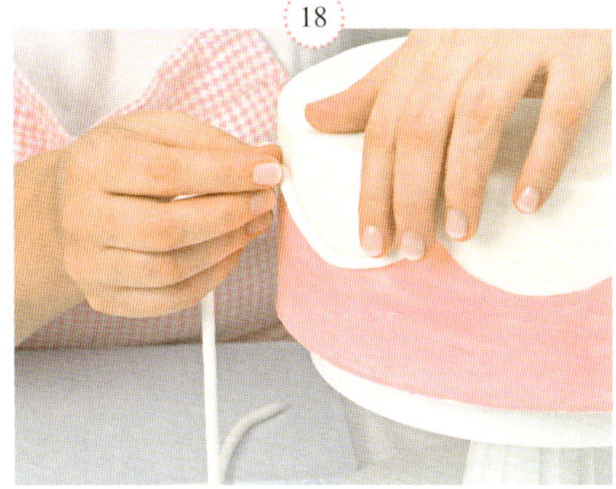

Den einzelnen Bogen mit etwas Kleber einstreichen und dann die Bordüre auflegen. Dabei das Fondant ganz leicht andrücken.

19

Mit einer beliebigen Spritztülle Kreise aus dünn ausgerolltem weißen Fondant ausstechen. Diese werden direkt mit etwas Kleber auf der rosafarbenen Fläche aufgebracht.

20

Um das Muster authentischer wirken zu lassen, einige Kreise in den Bogen laufen lassen, indem zunächst ein wenig Kleber aufgetragen und der Punkt so weit wie möglich aufgeklebt wird. Das überschüssige Material wird dann mit einem Messer abgeschnitten.

21

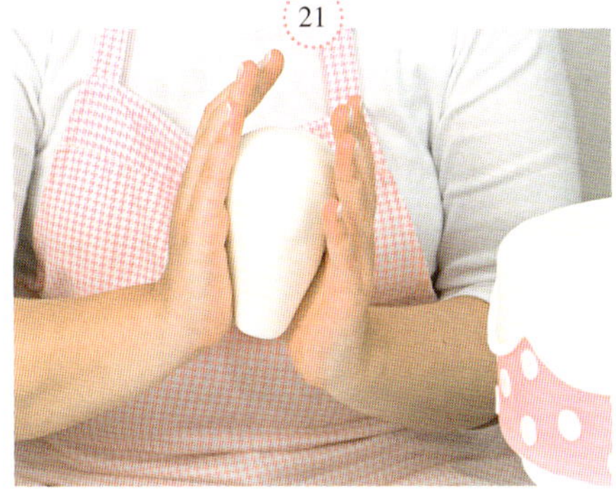

600 g Modellierfondant zu einer faltenfreien Kugel rollen und einen länglichen Tropfen formen.

22

Den Tropfen mit der breiten Seite auf das Modellierbrett stellen. Mit einem Pinsel oben mittig einstechen und durch kreisende Bewegungen das Loch erweitern. Das Loch sollte so tief sein, dass man mit der Schere im nächsten Schritt die Höhe der Zacken problemlos einschneiden kann.

23

Mit der Schere fünfmal von oben einschneiden und die Zacken danach auseinander biegen. Die Schnittkanten mit etwas Kokosfett glätten und die Spitzen ausformen.

24

Die Spitzen in die gewünschte Position bringen. Eine Spaghetti an der Spitze in Kleber tauchen und die Nudel schräg in die Basis stecken.

25

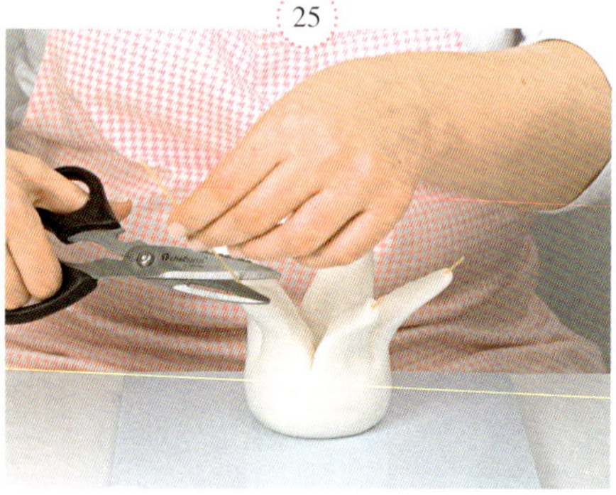

Die aus dem Fondant ragende Spaghetti bis auf einen Zentimeter abschneiden, da hier noch die Kugeln aufgesteckt werden.

26

Die Tortenmitte mit etwas Kleber bestreichen und die Form mittig auf die Torte stellen. Jetzt kann der Sockel noch etwas ausgeformt werden.

27

50 g Modellierfondant zu einem gleichmäßigen Strang rollen, der die Länge des Kronenumfangs hat. Kleber dünn um die Krone streichen.

28

Den Strang um die Krone legen und leicht in Form bringen.
Tipp: Wenn Sie vorne etwas auf der Torte addieren, sollten Sie darauf achten, dass die Anschlüsse hinten sind.

29

Für den zweiten Ring 30 g Fondant zum Strang formen und unterhalb der Zackeneinschnitte mit etwas Kleber anbringen. Der Anschlusspunkt sollte über dem Anschlusspunkt des unteren Kranzes liegen.

30

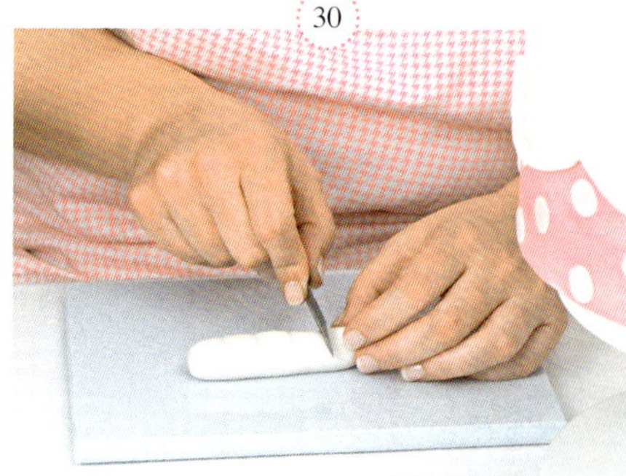

Aus 50 g Modellierfondant einen etwa 5 cm breiten Strang rollen und diesen in fünf gleiche Teile schneiden. Diese Technik hilft, annähernd gleichgroße Kugeln formen zu können.

Die Spaghetti mit Kleber bestreichen und je eine Kugel darauf stecken.

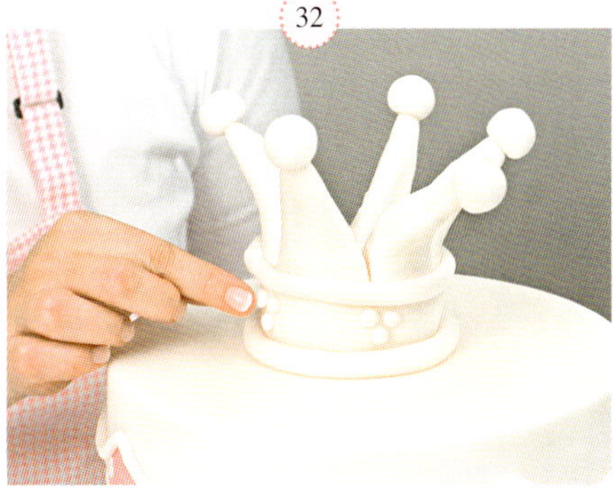

Aus einer kastaniengroßen Menge Fondant noch 15 kleine Kugeln in der Größe von 1/2 cm formen und diese etwas flach gedrückt zwischen die Ringe kleben.

Die Torte jetzt mittig auf das mit weißem Fondant überzogene Cake-Board stellen. Als Kleber dient etwas Eiweißspritzglasur.

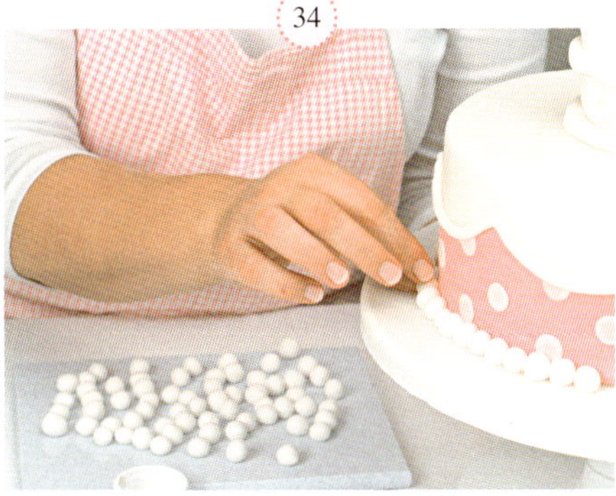

Aus 300 g Fondant ca. einen Zentimeter große Kugeln formen und diese um die Torte sowie auf die Bogenspitzen kleben.

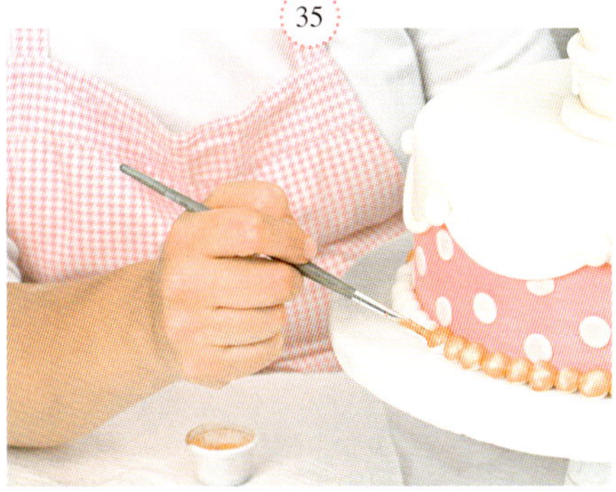

Royal Gold mit etwas Alkohol milchig anrühren und alle Kugeln damit bemalen.
Tipp: Bei dieser Torte werden die Kugeln bemalt und nicht mit dem Puder geschüttelt, da die aufgemalte Metallicfarbe mehr glänzt.

Auch die Krone wird komplett mit dem Gold bemalt.

Tipp: Um zu verhindern, dass Farbe auf die Torte tropft, kann man ein Papiertaschentuch unterlegen.

Tipp: Wenn Sie eine andere Bogenanzahl als die 2, 4, 8, 16, 32 Bögen erhalten möchten, müssen Sie den Umfang der Torte wie beschrieben mit einem Küchentuch abmessen. Diese Länge wird dann durch die gewünschte Bogenanzahl geteilt (beispielsweise 20 cm durch 5 Bögen = 4 cm). Das Ergebnis auf dem Papier markieren und dann das Papier in dieser Breite als Zickzack falten. Zum Schluss die Faltung halbieren und wie beschrieben den Viertelkreis in gewünschter Größe einzeichnen.
Probieren Sie doch auch einmal andere Bogenformen, indem Sie den Viertelkreis spitzer oder voluminöser zeichnen. Das macht richtig Spaß!

Für Dich

Diese schnell herzustellende Torte passt einfach immer und entlockt jedem ein Lächeln. Außerdem ist sie kinderleicht zu fertigen und auch für ungeübte Modelleure zu bewältigen.

Mit dieser Technik können Sie aber nicht nur eine mit Fondant ummantelte quadratische Torte dekorieren, sondern ebenso einen runden Kuchen, der mit Schokolade überzogen wurde, als Geschenk verzieren. Oder Sie verschönern einen einfachen Kastenkuchen. Denn was gibt es Schöneres, als am Geburtstag seinen persönlichen Lieblingskuchen gebacken zu bekommen?

1	quadratische Torte 24 x 24 cm
700 g	Modellierfondant
20 g	Blütenpaste (optional)
	Kleber

Cake-Board, quadratisch | Rollschneider | Doppelrollschneider
Pinsel | Modellierbrett | Messer
weiches Kokosfett | Veining Tool
Spritztülle Nr. 5 | Lineal
Lebensmittelstift

Modellierfondant eingefärbt mit:

Gelb:	Melone	500 g
Grün:	Spruce Green	100 g

1

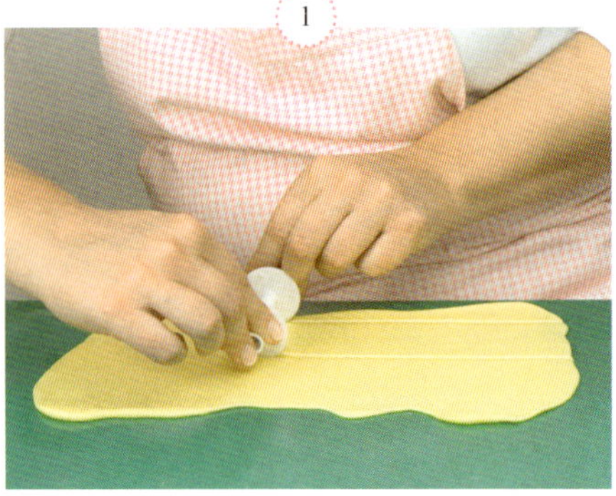

Die quadratische Torte wie auf Seite 17 unten beschrieben als Paket eindecken. Das Cake-Board mit gefärbtem Fondant (Spruce Green) überziehen. Aus dem Rest können Sie mit etwas weißem Fondant vermengt die Blätter formen. Die Hälfte des gelben Modellierfondants auf 2–3 mm Stärke ausrollen. Mit einem Doppelrollschneider, der auf einen Abstand von 5,5 cm eingestellt wurde, zwei Streifen schneiden. Mit einem Rollschneider die Seiten begradigen.

2

Den Kleber mittig an der Seite bis hin zur Mitte der Torte auftragen.

3

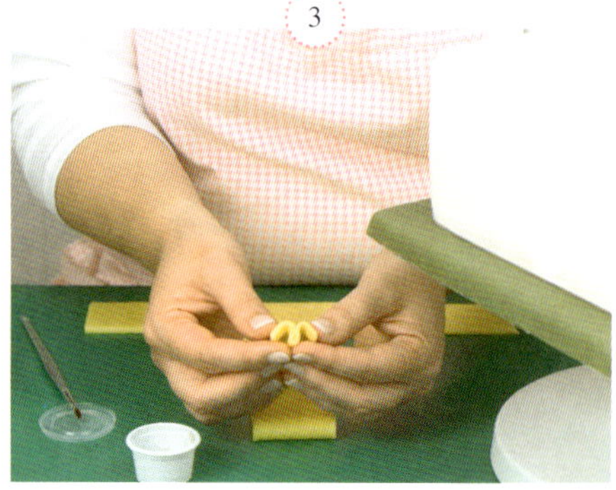

Ein Band hochnehmen und die Seite m-förmig falten, damit sich das Schleifenband wellt.

Danke

4

Die gewellte Kante in der Mitte der Torte auflegen und an der Seite abfließen lassen. Es ist nicht notwendig, das Schleifenband an die Torte zu drücken, da dies auch nicht authentisch wirken würde.

5

Mit einem Messer den überschüssigen Rest abschneiden.

6

Mit Veining Tool an der Kante den Abschluss eindrücken und somit säubern. Das zweite Band, wie auch zwei weitere Bänder, auf gleiche Weise herstellen. Die als „M“ gefalteten Enden sollten sich in der Mitte treffen.

7

Jetzt aus dem restlichen Fondant zwei lange Streifen von mindestens 70 cm Länge schneiden. Daraus je zwei Bänder von 50 cm und 20 cm Länge schneiden.

8

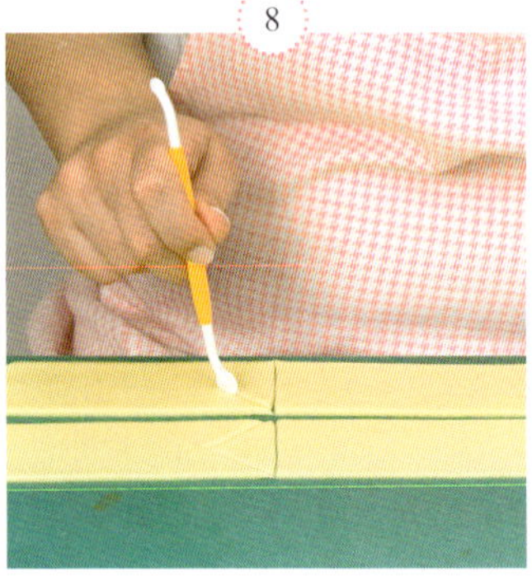

Das kürzere Band wird die Enden der Schleife darstellen. Diesmal wird mit dem Rollschneider eine Ecke herausgeschnitten.

9

Auf der anderen Seite wird wieder das „M“ geformt.

10

Das Schleifenband wird nun in der Diagonale angeklebt und dabei ganz locker gelegt, damit es natürlich aussieht. Das zweite Band wird gegenüberliegend angebracht.

11

Einen langen Streifen als Schlaufe zusammenlegen. Dabei immer einen Finger in die Schlaufe halten, damit diese nicht in der Mitte zusammenklebt. An der schmalen Kante wieder ein „M“ formen.

12

Die Schleife an der späteren Auflagekante mit Kleber einstreichen und dann auf der Torte positionieren. Die zweite Schleife erstellen Sie genauso.

13

Für das Mittelstück ein kleines Stück Fondant mit etwa 5,5 cm Breite von Hand ausschneiden (dieses sollte so lang sein, dass es die Schleife ummanteln kann). An beiden Enden das „M“ formen.

14

Die Rückseite des Mittelstückes mit Kleber bestreichen und um die Schleife legen. Unten wird der Fondant leicht aufgedrückt.

15

Aus 150 g weißem Modellierfondant haselnussgroße Kugeln abtrennen, die dann zu Tropfen geformt werden.

16

Die Blüten im Kreis arrangieren. Mit dem Veining Tool zwei Schlitze in jedes Blütenblatt drücken. Kleber in die Mitte der Blüten streichen. Eine haselnussgroße Kugel gelben Fondant auf die weißen Tropfen legen und somit alles miteinander verkleben.

17

Sieben Blätter aus einer haselnussgroßen Menge hellgrünen Modellierfondants tropfenförmig rollen und ebenfalls mit dem Veining Tool zwei Schlitze auf der Oberseite eindrücken.

18

Nun die Blumen mit einem Messer hochnehmen, damit sie nicht auseinander fallen.

19

Zuerst die Blumen und dann die Blätter auf das Paket kleben.

20

Blütenpaste ganz dünn ausrollen und mit dem Doppelrollschneider einen Streifen schneiden. Wenn Sie anstelle der Blütenpaste Modelliermasse verwenden möchten, müssen Sie das Schild lediglich etwas dicker ausrollen.

21

Jetzt an einer Seite mit einem Rollschneider die schmale Kante begradigen und an der anderen Seite ab einer Breite von 7 cm im 45° Winkel schräg abschneiden. Von der gegenüberliegenden Seite genauso abschneiden.

22

Zum Schluss noch die Spitze abrunden und mit einer Lochtülle das Schild durchbohren. Das Schild muss anschließend mindestens über Nacht trocknen.

23

Jetzt mit dem Lebensmittelstift das Schild ganz nach Wunsch beschriften.

24

Einen dünnen Strang aus Modellierfondant oder aus Blütenpaste formen und diesen durch das Loch des Schildes führen.

25

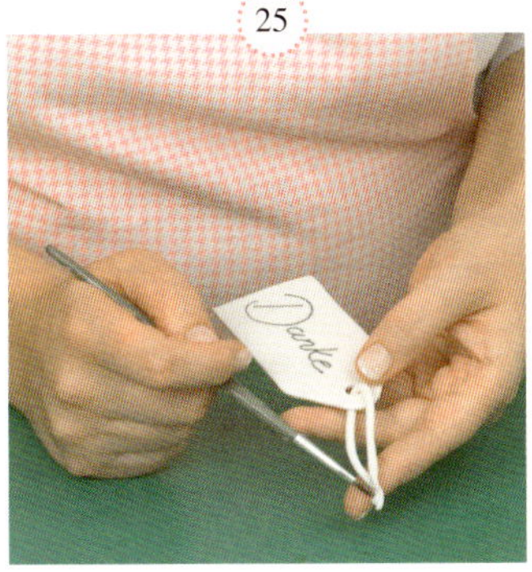

Den Strang zur Schlaufe verbinden und mit etwas Kleber bestreichen.

26

Das Schild zum Schluss mit Kleber an der Torte befestigen. Wenn Sie es ein wenig aufstellen möchten, können Sie eine Kugel aus weißem Fondant dahinter kleben.

!

Achtung: Das Schildchen muss über Nacht trocknen.

Tipp: Sollten Sie keinen Rollschneider anschaffen wollen, können Sie selbstverständlich das Schleifenband auch mit einem Lineal ausmessen und mit einem Messer beschneiden.

5

Herr von Trab

„Gestatten: von Trab. Während die anderen Gäule dumm in der Gegend herumlaufen, liege ich viel lieber in der Sonne und genieße den schönen Tag, Deinen Geburtstag! Herzlichen Glückwunsch.“

Bei Torten für Kinder bietet es sich an, eine Figur zu modellieren, die leicht abnehmbar ist, damit das Geburtstagskind die Figur eventuell aufheben kann. Denn die mag man nun wirklich nicht mit seinen Gästen teilen oder gar anschneiden. Dafür gibt es ja den Kuchen.

1	Gugelhupf
1300 g	Modellierfondant
20 g	Blütenpaste
etwas	Eiweiß-Spritzglasur
1	Lollystiel
	Kleber
	Edible Paint Black (Farbe)

Cake-Board | Rollstab | Ball Tool
Pinsel | Modellierbrett
weiches Kokosfett | Alkohol (50 %)
Spritzbeutel | Spritztülle Größe 7
Rollschneider | Veining Tool
Zahnstocher

Modellierfondant eingefärbt mit:

Grün:	Spruce Green	300 g
Braun:	Dark Brown	200 g
Schwarz:	Extra Black	10 g

Pulverfarbe:

Silber:	Satin Silver

1

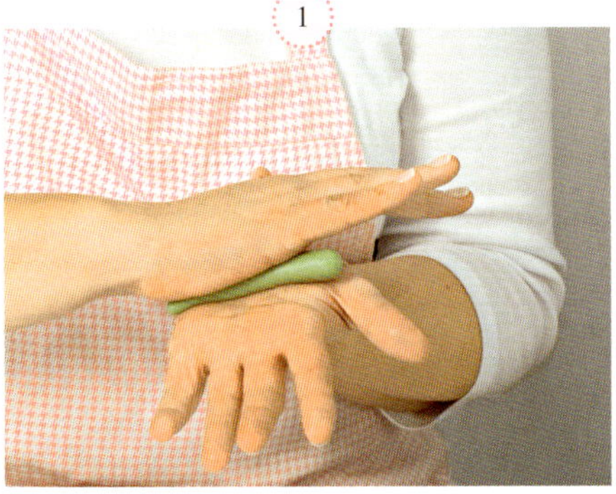

300 g grünen Modellierfondant in walnussgroße bis kastaniengroße Stücke teilen und daraus eine Kugel formen. Dann einen langen Tropfen daraus über die Hand rollen.

2

Die Grashalme sollten unterschiedlich lang sein und unterschiedliche Stärken aufweisen. Außerdem sollten Sie zum Trocknen leicht gebogen gelegt werden. Nach einem Tag Trockenzeit können die Grashalme montiert werden.

3

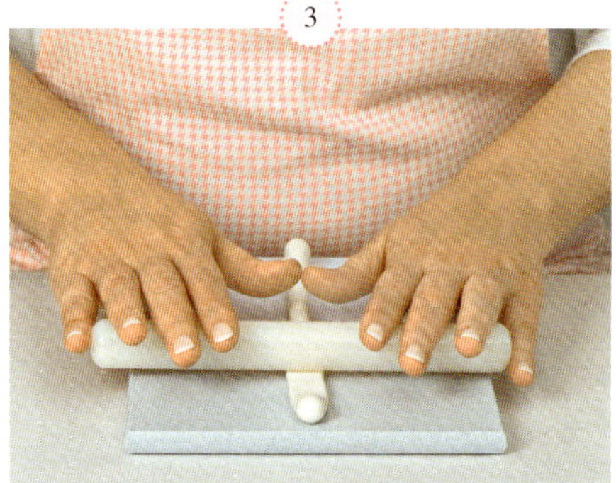

Eine kastaniengroße Menge weiße Blütenpaste auf 25 cm Länge rollen. Die Enden sollten dabei ein wenig dicker bleiben. Mit einem Rollstab den Strang etwa einen Zentimeter vom Ende entfernt beginnend flach drücken.

4

Danach die Enden noch ein wenig gerade drücken.

5

Dann die gewünschte Zahl formen und flach drücken. Sie sollte in etwa die Höhe des Gugelhupfes haben.

6

Mit einer Lochtülle das Muster auf die Zahl bringen. Natürlich können Sie die Zahl auch wieder aus Modellierfondant herstellen. Dann empfiehlt es sich aber, mindestens zwei Zahlen zu formen, falls eine zerbricht.

7

800 g weißen Modellierfondant nach dem 1-2-3 Prinzip aufteilen. Das erste Drittel zur Kugel formen. Ein paar Tupfen des braunen Modellierfondants abnehmen und auf die Kugel drücken. Jetzt die Kugel wieder rollen.

8

Die beiden Fondantfarben sind nun miteinander verschmolzen. Jetzt das Muster betrachten und entscheiden, an welcher Stelle sich Bauch und Hals befinden sollen. Dort, wo der Hals hin soll, den Tropfen spitz formen.

9

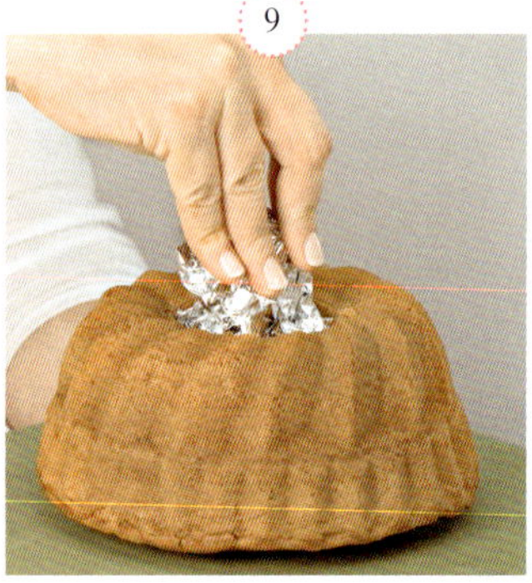

Den Kuchen auf einem Cake-Board befestigen, das mit Spruce Green eingefärbtem Fondant eingedeckt wurde. Sollte das Loch im Gugelhupf zu groß für den Körper sein, dieses mit ein wenig Alufolie ausstopfen.

10

Etwas Kleber auf der Alufolie verteilen. Dann den Tropfen mit der dicken Seite nach unten daraufsetzen.

11

Mit einem Zahnstocher den Bauchnabel in den Fondant drücken und somit die Vorderseite des Gugelhupfes definieren.

12

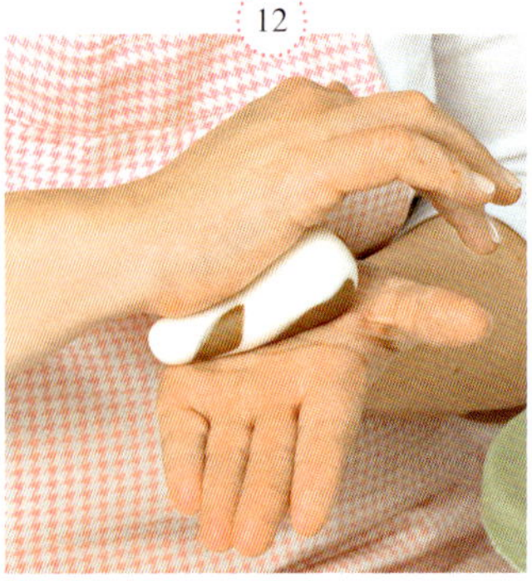

Jetzt die Menge für ein Bein zu einer Kugel rollen. Diese mit braunen Tupfen belegen und zu einem konisch zulaufenden Strang formen.

13

Das Bein an der schmalen Seite vorne etwas flach drücken, damit die Hufe an dieser Stelle angebracht werden können. Mit beiden Zeigefingern und Daumen ein Knie formen.

14

Die Hinterseite des Beines flach drücken und eine Seite mit Kleber bestreichen.

15

Das Bein am Körper befestigen und in die gewünschte Position bringen. In gleicher Weise wird das rechte Bein geformt und angebracht.

16

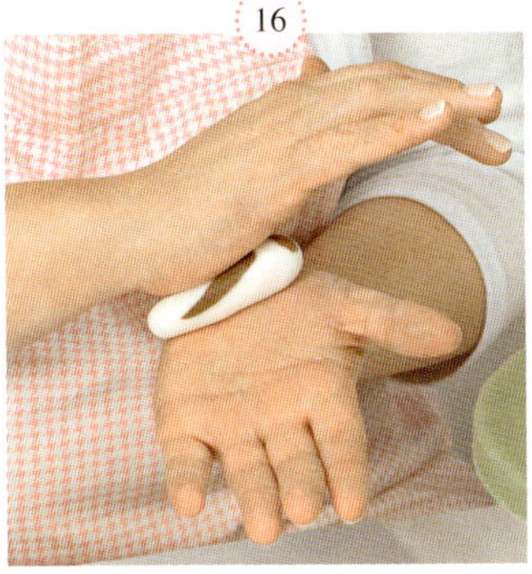

Jetzt die Menge für einen Arm als Kugel formen, mit Flecken versehen und daraus wieder einen länglichen Tropfen formen.

17

Auch hier wird für die spätere Anbringung des Hufes die schmale Seite gerade gedrückt. Danach wieder mit beiden Daumen und Zeigefingern das Knie formen.

18

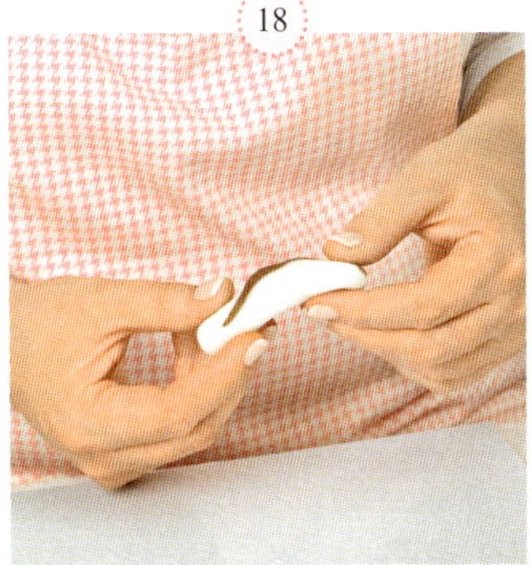

An der breiten Seite den Arm etwas flach drücken und die Innenseite mit Kleber bestreichen.

19

Die Arme in der gewünschten Stellung am Körper anbringen. Probieren Sie ruhig verschiedene Möglichkeiten aus, bevor Sie die Extremitäten ankleben.

20

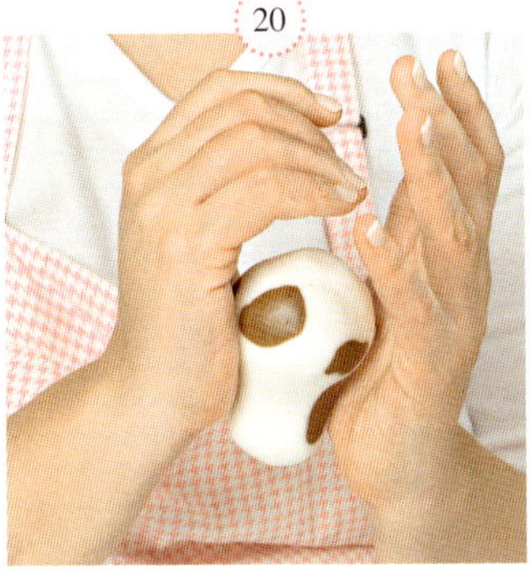

Aus dem letzten Drittel eine Kugel für den Kopf formen und auch diese mit Flecken belegen. Wieder eine Kugel daraus formen und entscheiden, welche Seite der Kugel für die Schnauze genutzt werden soll. Dort die Kugel zur Schnauze formen.

21

Eventuell die Schnauze wieder vorne etwas flach drücken und dort die Nüstern mit dem Ball Tool herausarbeiten.

22

Dann mit dem Rollschneider den Mund einritzen. Auf jeden Fall sollten die Mundwinkel aufsteigen und freundlich lachen.

23

Jetzt einen Lollystiel in den Körper stecken. Achten Sie darauf, dass er ausreichend lang ist, um den Kopf zu unterstützen. Allerdings sollte er nicht zu lang sein, weil er dann aus dem Kopf ragen könnte.

24

Um eine optimale Verbindung zu schaffen, den Lollystiel mit Kleber bestreichen.

25

Anschließend den Kopf in der gewünschten Neigung aufsetzen.
Tipp: Halten Sie den Kopf zunächst neben die Figur und probieren Sie aus, welche Haltung er einnehmen soll. Nachdem der Kopf aufgesteckt ist, sollte man die Position nicht mehr verändern, da die Verbindungsstelle überdehnt würde.

26

Dann den zweiten Arm wie den ersten formen und am Körper sowie am Kopf ankleben.

27

Für die Ohren je eine braune und eine weiße Kugel mit zirka 1 cm Durchmesser zum Tropfen formen und leicht flach drücken.

28

Die Ohren am Rand der breiten Stelle mit Kleber bestreichen. Mit der breiten Seite des Veining Tools am Kopf festdrücken und dabei die Ohrmuschel ausformen.

29

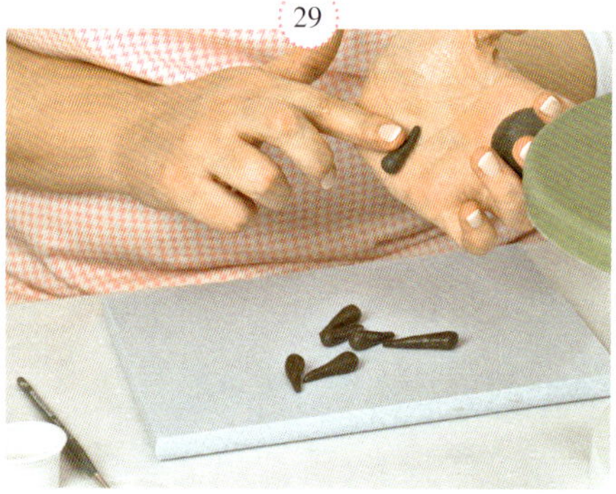

Für die Mähne den restlichen braunen Fondant mit etwas schwarzer Farbpaste dunkler färben. Davon circa 14 Kugeln mit 7–8 mm Durchmesser rollen und diese zu spitzen, länglichen Tropfen formen.

30

Den Kopf und den Hals dort, wo die Mähne angesetzt werden soll, mit Kleber einstreichen.

31

Einige Strähnen sollten in die gleiche Richtung zeigen. An der Stirn und am Oberkopf sollten die Haare allerdings etwas wilder wirken, da Herr von Trab ein sehr legeres Pferd ist.

32

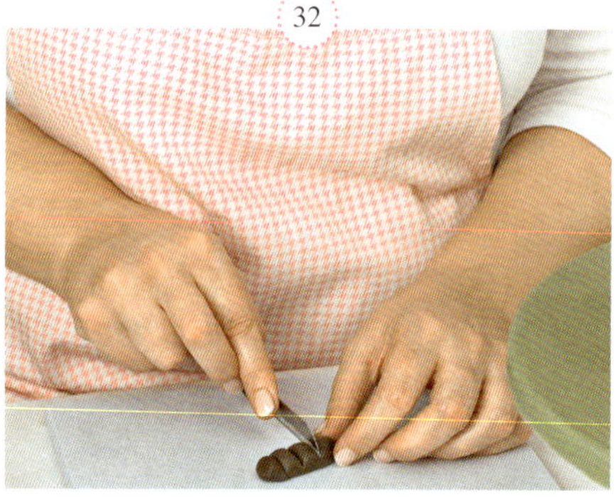

Jetzt eine walnussgroße Menge des braunen Fondants zum Strang formen, der in vier gleiche Teile geschnitten wird.

33

Daraus Kugeln rollen, die in Form einer Tablette flach gedrückt werden.

34

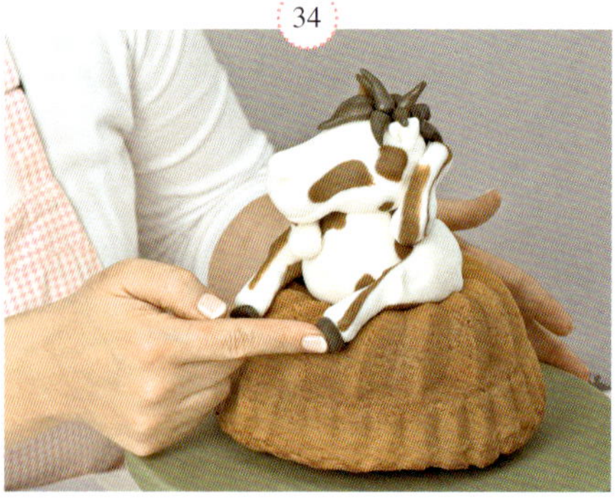

Die Hufe nun an die Vorder- und Hinterläufe kleben.

35

Für den Schweif das restliche Braun in vier haselnussgroße Kugeln rollen und daraus Stränge formen, die dünn auslaufen. Alle Streben aufnehmen und oben leicht zusammenquetschen.

36

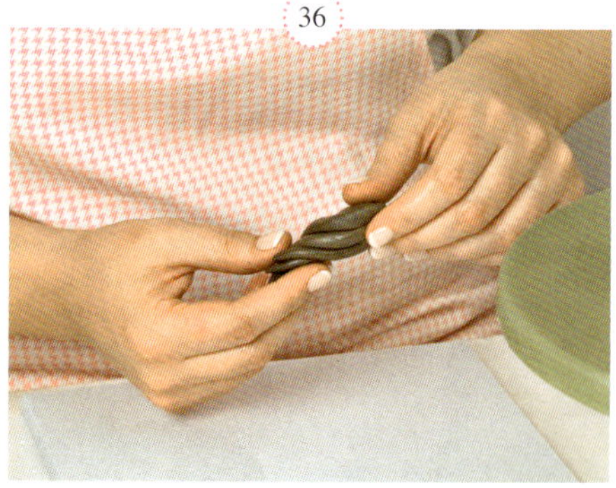

Danach die Spitze der Stränge greifen und damit den Schweif in sich verdrehen.

37

Den Schweif nun an die Figur kleben.

38

Die Augen mit „Edible Paint Black“ und einem Pinsel anmalen. Alternativ kann man natürlich auch einen schwarzen Lebensmittelstift verwenden.

39

Mit dem Pinselstiel ein Loch in die Schnauze drücken.

40

Dahinein einen kleinen Grashalm kleben, der aus einer erbsengroßen Menge grünem Fondant zum langen Strang geformt wurde.

41

Satin Silver mit etwas Alkohol anmischen und die Zahl damit anmalen. Wenn Sie die Zahl lediglich abpudern würden, wäre die Wirkung nicht so schön metallisch.

42

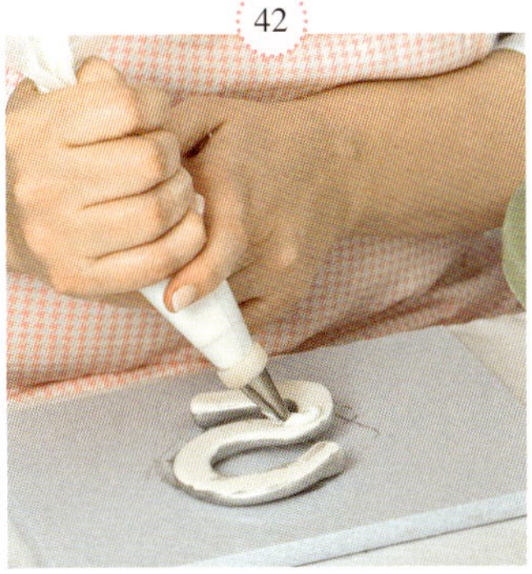

Die Farbe kurz trocknen lassen. Auf der Rückseite der Zahl etwas Eiweißspritzglasur aufbringen.

43

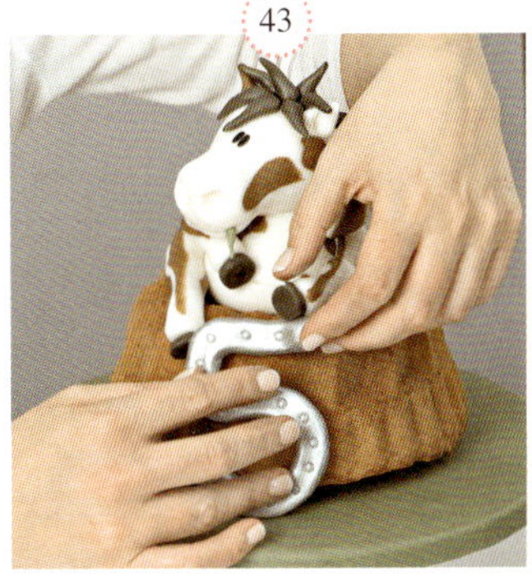

Die Zahl nun vorne auf den Gugelhupf unterhalb des Pferdes kleben.

44

Etwas Kleber auf dem Cake-Board auftragen. Darauf einen Grashalm kleben. Einen zweiten Grashalm am ersten Halm und dem Cake-Board befestigen und so die Grashalme in Gruppen befestigen.

45

Den schwarzen Modellierfondant unregelmäßig auf einen Strang aus weißem Fondant drücken.

46

Jetzt die Masse drehen und so lange walken, bis ein Steinmuster entsteht. Nicht zu lange, denn es sollte auf jeden Fall noch eine Struktur erkennbar sein.

47

Daraus verschieden große Steine formen, indem eine Kugel gerollt wird, die leicht deformiert wird.

48

Die Steine zum Schluss auf der Torte arrangieren und aufkleben.

Atlantis

Zur Präsentation dieser Torte müsste man eigentlich nur eine Glasplatte davor stellen, um den Eindruck zu erwecken, dass es sich nicht um eine Torte, sondern um die echte Unterwasserlandschaft eines Aquariums handelt. Wer mag, könnte ja noch ein paar Zuckerfische modellieren und diese an einem durchsichtigen Faden herabhängen lassen. So könnte man sogar eine ganz herrliche Clownfisch-Geschichte erzählen, indem man die Fische wie Marionetten um die Torte bewegt. Da schmeckt die Torte beim späteren Verzehr garantiert doppelt so gut.

1	Torte Durchmesser 26 cm
300 g	Modellierfondant
130 g	Blütenpaste
250 g	Eiweiß-Spritzglasur
	trockener Biskuit
	Kleber

Cake-Board | Rollschneider | Schere
Pinsel | Modellierbrett | Rollstab
weiches Kokosfett | Winkelpalette
Spritzbeutel | Spritztülle Größe 7
Veining Tool

Modellierfondant eingefärbt mit:

Grün:	Spruce Green	50 g

Blütenpaste eingefärbt mit:

Grau:	wenig Black	10 g
Elfenbein:	Ivory	20 g

Pulverfarbe:

Braun:	Nutkin Brown
Grün:	Folige Green
Glimmer:	Snowflake

1

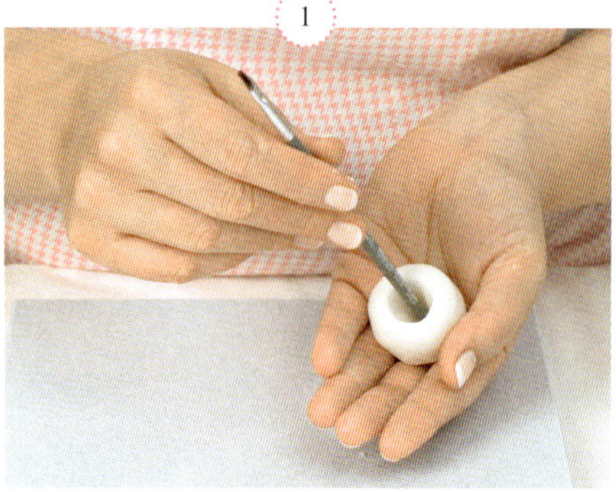

50 g Modellierfondant zur Kugel formen. Einen Pinselstiel in die Kugel stechen und das Loch ausdehnen.

2

Mit der Schere fünfmal von oben einschneiden.

3

Die so entstandenen Streifen auseinanderziehen, sodass sich ein Seestern bildet.

LOVE

4

Jetzt den Stern umgekehrt auf die Platte legen, so dass die Schnittflächen unten sind. Dann die Kanten ausmodellieren und dabei die Arme ein wenig spitzer formen.

5

Den Mittelgrat mit Daumen und Zeigefinger ausarbeiten.

6

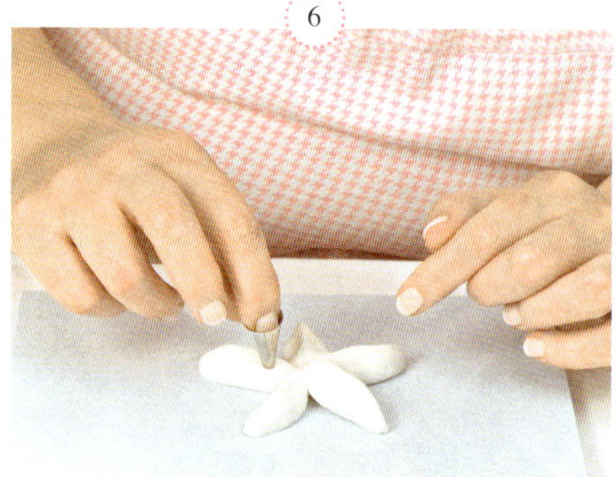

Mit der Lochtülle das Muster einprägen.

7

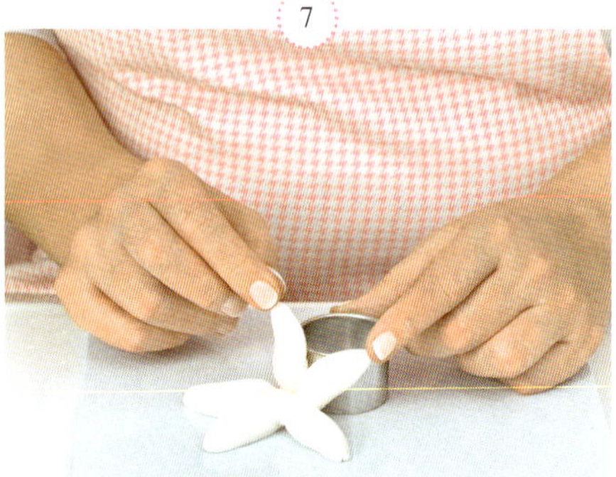

Einen Seestern auf der Fläche zum Trocknen legen. Einen zweiten Seestern herstellen und zum Trocknen an ein beliebiges Objekt lehnen, damit er später an die Seite der Torte gelegt werden kann.

8

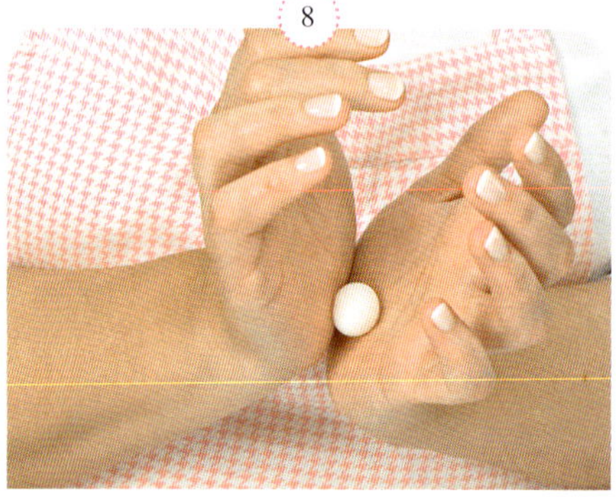

100 g Modellierfondant in weintraubengroße Mengen teilen und daraus Kugeln formen. Schön ist es, wenn ein paar Muscheln auch etwas kleiner geformt werden. Nachdem die Kugel gerollt wurde, einen leichten Tropfen formen.

9

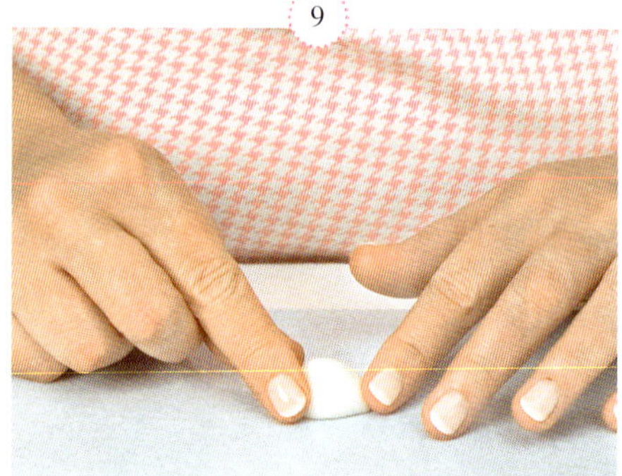

Die Muschel auf ein Modellierbrett legen und etwas flach drücken.

10

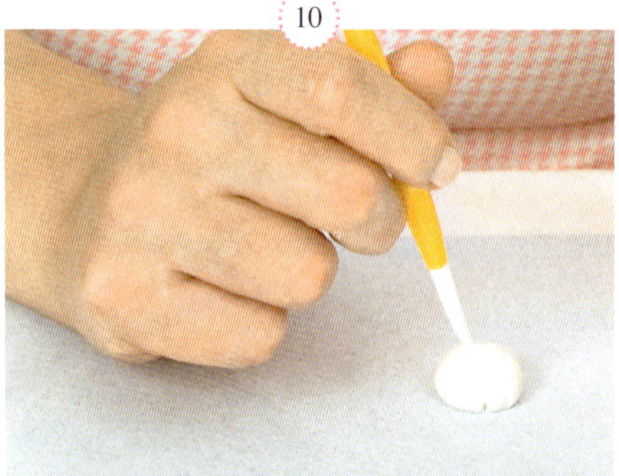

Mit dem Veining Tool von der Spitze beginnend nach vorne gezogene Schlitze einritzen.

11

Seitlich sollten Sie nun dieses Ergebnis erhalten.

12

Den grünen Modellierfondant ausrollen und von Hand mit einem Rollschneider 1 cm breite Streifen schneiden. Die Streifen dürfen ruhig etwas unregelmäßig werden.

13

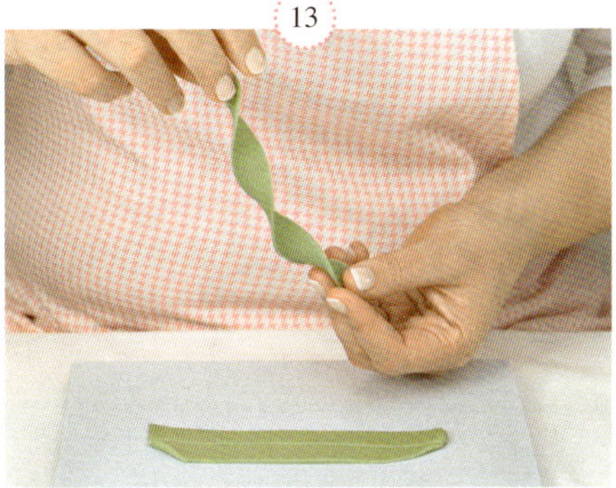

Einen Streifen in beide Hände nehmen. Die eine Hand hält ihn fest und die andere zwirbelt den Streifen leicht.

14

In dieser Position den zum Seegras gedrehten Streifen zum Trocknen ablegen.
Tipp: Man sollte immer ein paar zusätzliche Gräser herstellen, weil diese leicht zerbrechen können.

15

Mit 10 g grauer, 20 g elfenbeinfarbener und 100 g weißer Blütenpaste eine Holzstruktur erstellen, wie auf Seite 12 beschrieben. Das Grau erhalten Sie, indem Sie nur ganz wenig Schwarz in die weiße Masse einarbeiten.

16

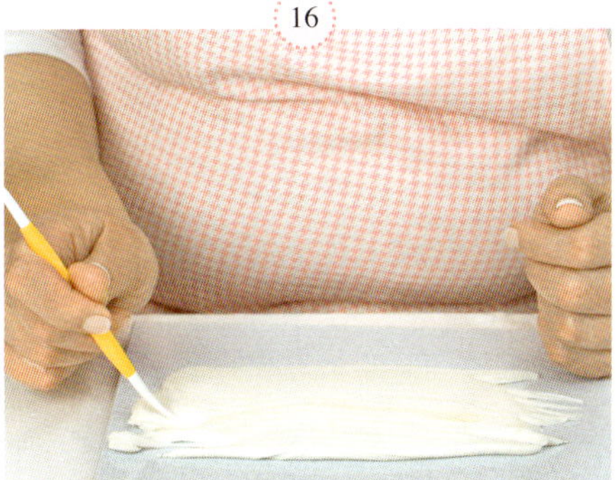

Die Fläche auf eine Größe von etwa 10 x 20 cm (L x B) ausrollen und mit dem Veining Tool an der Seite ausreißen, sodass ein verwitterter Eindruck entsteht. Dabei das Veining Tool an einer Stelle ansetzen, auf die Platte drücken und nach außen ziehen. Wichtig ist, dass die Ausrisse in Richtung der Maserung stattfinden.

17

Danach ein paar Ritze in Richtung der Holzstruktur ergänzen, indem das Veining Tool nur leicht in die Masse geführt wird.

18

Zusätzlich mit dem Veining Tool ein paar Löcher in das Material bohren und hin und her kreisen, um das Loch auszudehnen.

19

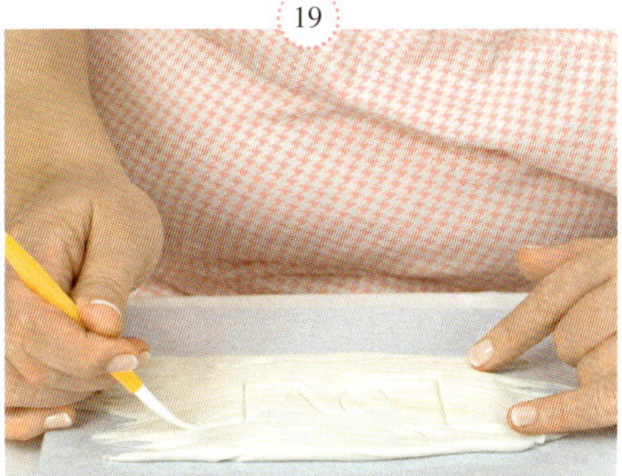

Dann die gewünschte Botschaft mit dem Veining Tool in die Masse ritzen.

20

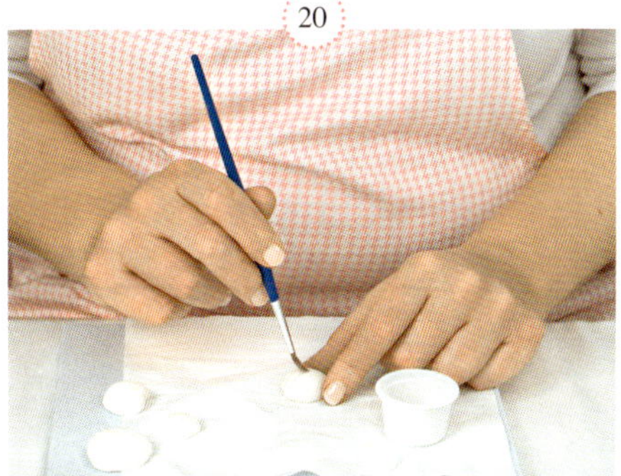

Auf einem Taschentuch die Muscheln bereit legen. Nun etwas Snowflake Glimmer mit einem Pinsel aufnehmen und leicht auf dem Taschentuch auftupfen, damit nicht zu viel Farbe auf dem Pinsel ist. Wichtig ist auch, den Pinsel immer gründlich auszuwaschen und trocknen zu lassen, bevor eine andere Farbe aufgemalt wird.

21

Die Seesterne mit der braunen Pulverfarbe auf gleiche Weise abpudern. Dabei setzt sich besonders die Farbe in den Ritzen ab.
Tipp: Achten Sie darauf, dass der Seestern nicht auf der Unterseite bemalt wird, da sie ihn dann nicht mehr auf der Torte verschieben könnten. Außerdem wirkt er so natürlicher.

22

Das Seegras wird nur von einer Seite mit grünem Puder bemalt, damit es natürlicher wirkt.

23

Die braune Pulverfarbe in die Buchstaben und in die Ritze des Schildes reiben. Zusätzlich auch ein wenig Puder nach Belieben auf dem Schild auftragen.

24

Eiweißspritzglasur um die Torte spritzen. Dabei ist es gar nicht wichtig, dass gleichmäßig gearbeitet wird. Außerdem oben einen Tupfen auf die Torte geben.

25

Jetzt mit einer Winkelpalette die Eiweißspritzglasur verteilen. Wichtig ist, dass das Ergebnis sehr unregelmäßig ist.

26

Am Rand die Eiweißspritzglasur ebenso mit dem Spachtel verteilen. Optional können Sie die Eiweißspritzglasur natürlich auch mit einem Messer verteilen.

27

Getrockneter Kuchenbiskuit wird mit einem Mixer klein gehackt.
Tipp: Wenn Sie Karibikstrand aufstreuen möchten, könnten Sie Löffelbiskuit raspeln. Gartenerde würde entsprechend mit Schokoladenbiskuit erstellt.

28

Die Torte erst oben und dann unten auf dem Cake-Board mit Biskuit bestreuen. Danach wird der „Sand" auch ein wenig in die Eiweißspritzglasur gedrückt. Die Torte anschließend abpusten (am besten draußen) und so den überschüssigen Biskuit entfernen.

29

Etwas Eiweißspritzglasur auf die Torte spritzen. Damit wird ein aus 50 g frischem Modellierfondant geformter weißer Stein befestigt.

30

Drei Seegräser am Stein befestigen. Hierfür etwas Eiweißspritzglasur am Boden des Steins aufspritzen und die Seegräser hinein stellen.

31

Die Gräser zusätzlich ein wenig in den Stein drücken, damit sie einen guten Stand haben.

32

An der Seite werden die Seegräser ebenfalls mit Eiweißspritzglasur in der Senkrechten befestigt. Eventuell zusätzlich mit etwas Kleber nachhelfen.

33

An der Vorderseite des Steins etwas Eiweißspritzglasur aufspritzen, um das Schild daran zu befestigen.

34

Das Schild in gewünschtem Winkel an den Stein lehnen.

35

Nun etwas Eiweißspritzglasur an die Seesterne spritzen und auf die Torte dekorieren.

36

Den etwas hochstehenden Seestern am Rand der Torte befestigen.

37

Zum Schluss noch die Muscheln auf der Torte verteilen.

Alle modellierten Teile einen Tag vorher herstellen und trocknen lassen. Mit frischem (weichem) Fondant ergeben die Farben beim Bemalen ein anderes Ergebnis.

Wenn Sie keine Blütenpaste anschaffen möchten, können Sie auch etwas dicker ausgerollten Modellierfondant für das Schild verwenden.

Kitty Cat

Die süße Katze erinnert an ein Stofftier, das man direkt in den Arm nehmen und knuddeln möchte. Dabei schaut die Katze ein wenig schelmisch, eigensinnig und doch furchtbar verschmust. Laden Sie doch auch einmal einen solch netten Gast zum Fünf-Uhr-Tee ein!

Wer alle Dekorationstechniken in diesem Buch erlernen möchte, sollte die Katzentorte auf jeden Fall herstellen, da diese viele Basics vereint, die bereits erklärt wurden. Eine leckere Übung, um das Gelernte zu festigen, und ein süßer Grund für das Backen dieser Torte.

1	Torte 26 cm Durchmesser
1410 g	Modellierfondant
etwas	Blütenpaste
	Kleber
1	Lollystiel
	Edible Paint Black (Farbe)

Cake-Board | Rollstab | Schere
Rollschneider | Pinsel | Messer
Modellierbrett | weiches Kokosfett
Alkohol (50 %) | Zahnstocher
Rollschneider | Sugarcraft Gun
Lebensmittelstift | Lineal | Glätter
Doppelrollschneider

Modellierfondant eingefärbt mit:

Rosa:	Pink	110 g
Grün:	Spruce Green	150 g
Grau:	Black	1000 g

Blütenpaste eingefärbt mit:

Schwarz:	Black	etwas

Pulverfarbe:

Blau:	Petal Blue
Glanz:	Pearl White

1

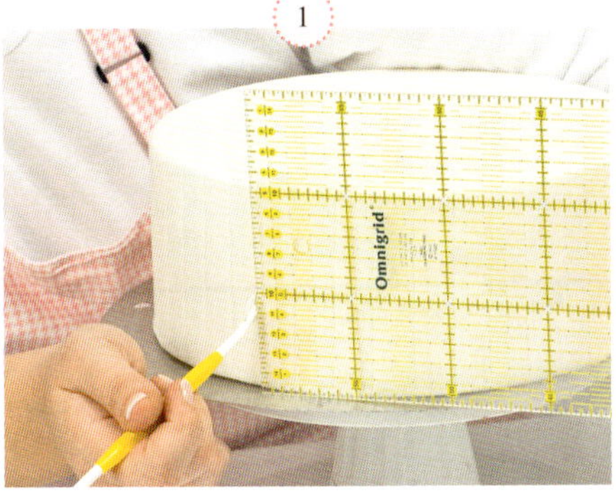

Die Streifen werden zunächst mit dem Rollschneider eingeritzt. Hierfür das Lineal an einer Stelle im rechten Winkel zur Unterlage ansetzen und eine Linie in den weichen Fondant ritzen. Jetzt das Lineal an dieser Linie ausrichten und einen Abstand von 2 cm abmessen. In diesem Abstand die nächste Linie einritzen. So gehen Sie um die Torte. Falls hinten ein schmalerer Streifen übrig bleiben sollte, ist das gar nicht schlimm.

2

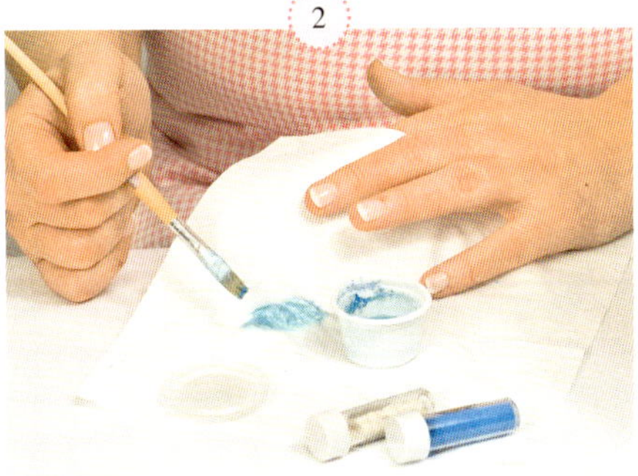

Alkohol in ein Töpfchen geben. Mit einem Pinsel etwas Farbe aus dem Röhrchen aufnehmen und in den Alkohol tauchen. Dann die angerührte Farbe auf einem Taschentuch testen, um eine Vorstellung davon zu erhalten, wie die Farbe aussehen wird. Bei dieser Torte wurde Petal Blue mit Pearl White gemischt.

3

Mit einem Pinsel die Farbe aufmalen. Diese muss nicht ganz exakt aufgetragen werden, um einen rustikalen Charakter zu erhalten.
Notfall-Tipp: Falls Sie sich vermalt haben sollten, können Sie die Farbe mit Alkohol wieder etwas wegnehmen.

4

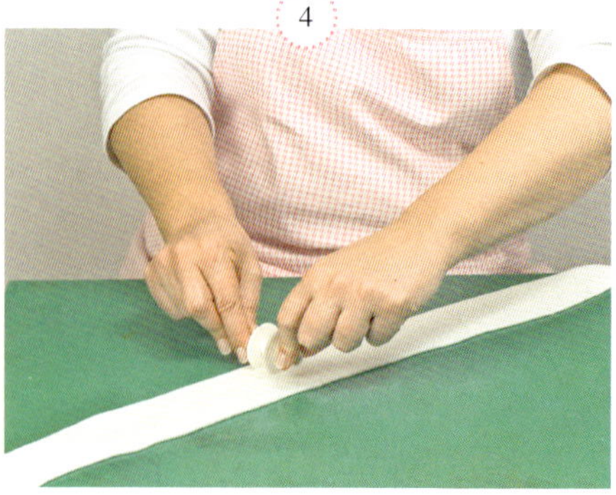

Die Unterlage gut einfetten. 150 g Fondant zunächst zu einer Rolle formen, etwas flach drücken und dann mit einem Rollstab 2–3 mm dick ausrollen. Einen Doppelrollschneider auf 2 cm Breite einstellen und aus der Masse 2 Streifen schneiden. Der zweite Streifen ist der Notfallstreifen, falls man nicht ganz um die Torte kommt.

5

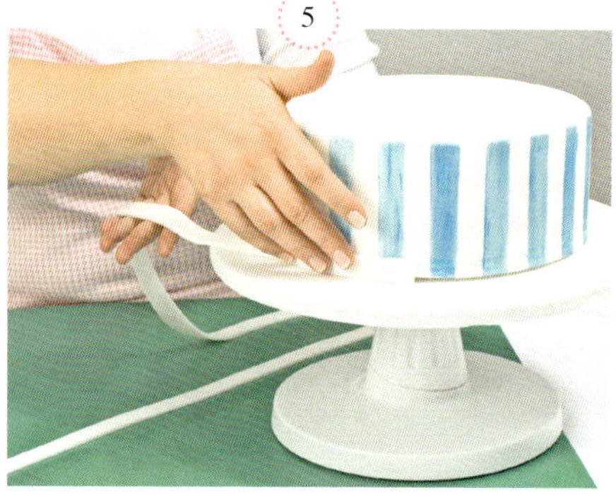

Den überschüssigen Fondant direkt wieder einpacken. Den unteren Rand der Torte mit Kleber einstreichen und die Bordüre entlang der unteren Kante anbringen. Sollte nur ein kleines Stückchen fehlen, um die Torte komplett zu ummanteln, den Fondant einfach ein wenig dehnen. Dann wird er zwar dünner, aber dies wird niemand merken.

6

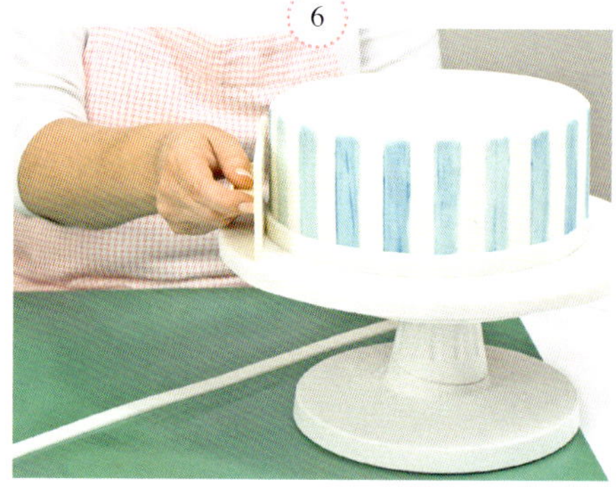

Dann die Bordüre noch mit einem Glätter andrücken und zusätzlich auch glätten.

7

Jetzt 8 Ribbon Roses mit je 2 Blättern erstellen. Pro Rose aus einer haselnussgroßen Menge des rosafarbenen Fondants zuerst einen Strang rollen, diesen etwas flach drücken und daraus eine rechteckige Platte, circa 2,5 x 6 cm, dünn ausrollen. Daraus kleine Ribbon Roses, wie auf Seite 22 ausführlich beschrieben, formen.

8

Auch die 16 Blätter werden, wie auf Seite 22 und 23 beschrieben, hergestellt. Hierzu 50 g grünen Fondant dünn ausrollen. Noch einfacher als die beschriebene Kucheneinteilung ist es, zunächst Streifen und dann Quadrate aus der Platte zu schneiden.

9

Dann die Quadrate diagonal halbieren, um die benötigten Dreiecke zu erhalten.

10

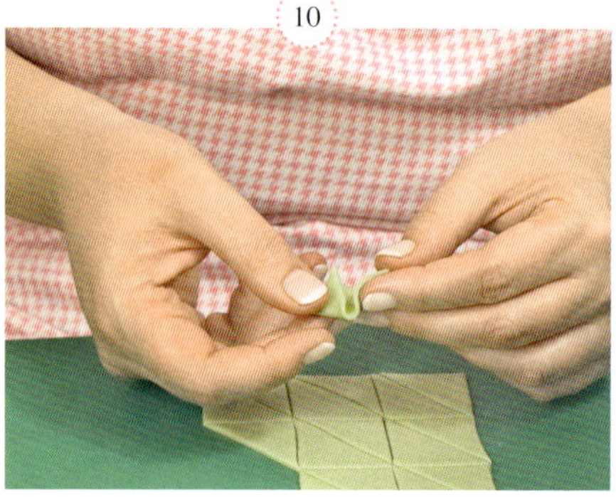

Ein Dreieck hochnehmen und umdrehen, sodass die glänzende, klebende Seite oben ist. Die Spitze zeigt zu Ihnen. Jetzt die linke und rechte Ecke zur Spitze hin einschlagen und unten ganz leicht andrücken. Bitte achten Sie darauf, dass oben eine lockere Faltung bestehen bleibt, da sonst der Charakter des Blattes zerstört würde.

11

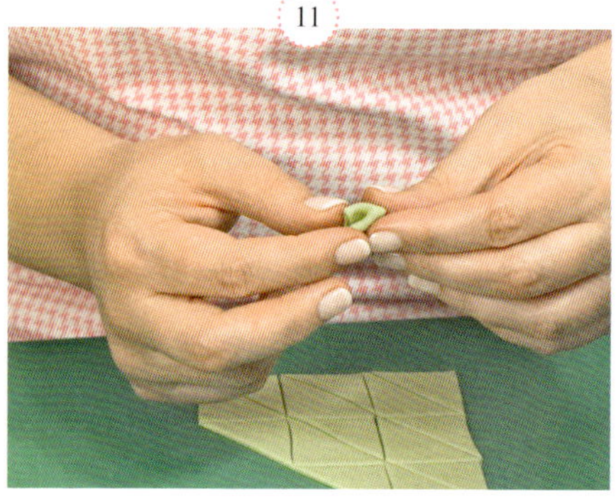

Die Faltung umdrehen. Die untere Spitze zeigt weiterhin zu Ihnen. Die beiden äußeren Punkte werden nun zur Mitte hin zusammengeführt. Die Ecken fest zusammendrücken und den unteren Teil zusammenquetschen. Zum Schluss das überschüssige Material unten abziehen. Achtung: Nicht benötigtes Fondant sofort wieder einpacken, damit es nicht trocknet.

12

Die frischen Blüten zuerst auf der Torte verteilen und danach ankleben. Die Blätter links und rechts der Blüten ebenfalls mit Kleber befestigen

13

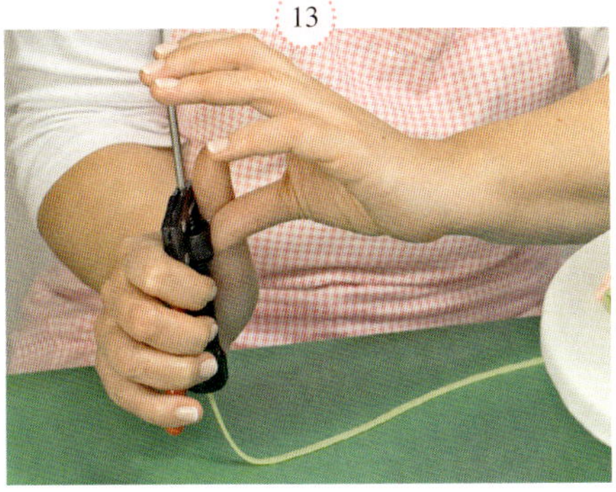

Aus 100 g grünem Modellierfondant eine Rolle formen und die Sugarcraft Gun damit befüllen (ausführliche Beschreibung auf Seite 43). Die Schlitzscheibe in die Pistole einsetzen und die Bordüre ohne Knicke quer über das Board spritzen. Alternativ kann man auch eine lange Rolle herstellen und diese ein wenig flach drücken.

14

Kleber am oberen Rand der Torte schlangenförmig mit einem Pinsel auftragen.

Tipp: Achten Sie darauf, dass nur max. 10 cm bestrichen werden, da der Kleber sonst trocknet. Während des Auftragens und während der nächste Kleber aufgetragen wird, das herunter hängende Material teilweise auf dem Cake-Board ablegen, um Zugdruck zu vermeiden.

15

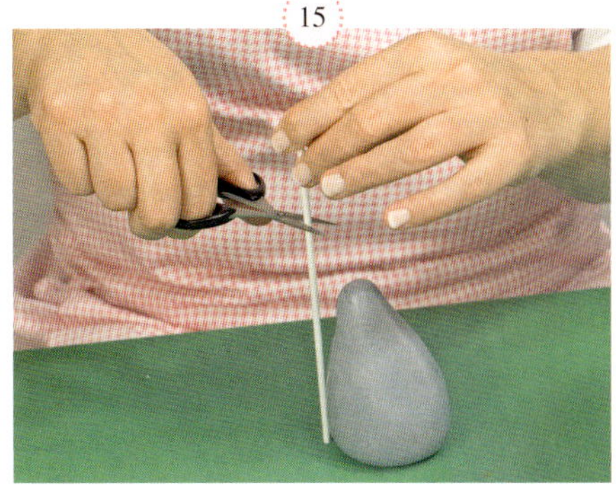

1000 g grauen Modellierfondant nach der 1-2-3-Methode teilen. Aus dem ersten Drittel eine Kugel und daraus einen länglichen Tropfen formen. Den Kegel etwas schräg auf die Arbeitsplatte stellen.

Tipp: Die Länge des Lollystiels vor dem Einstecken abmessen. Er sollte etwas länger als die Figur sein, weil er noch den Kopf der Figur halten muss.

16

Den Lollystiel in Kleber tauchen und in die Figur stecken. Danach das heruntergedrückte Material an der Spitze des Tropfens wieder ein wenig spitzer modellieren. Wichtig ist, dass der Stiel senkrecht in die Figur gesteckt wird, weil er als Wirbelsäule dient. Wenn die Wirbelsäule schief steht, kippt die Figur, weil sie kein Gleichgewicht halten kann.

17

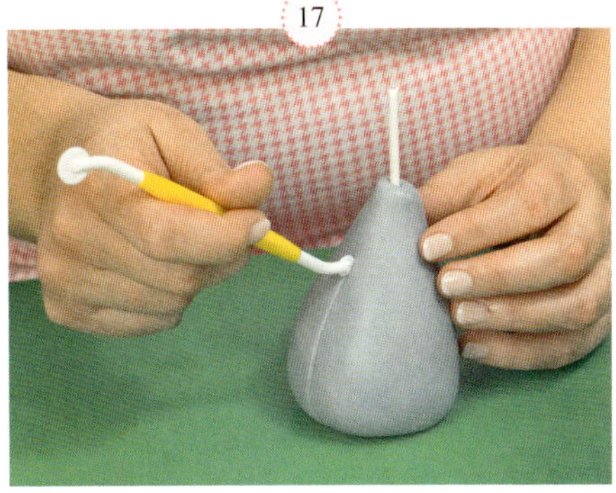

Mit einem Rollschneider eine Stofftiernaht andeuten. Hierfür ganz langsam und mit nicht allzu viel Druck über die Form fahren. Alternativ können Sie auch ein Quilting-Tool verwenden, um eine Steppnaht zu ergänzen.

18

Etwas Kleber auf der Mitte der Torte verteilen. Den Körper zentral auf die Torte stellen. Beachten Sie hierbei, dass die eher senkrechte Stelle der Bauch und die nach hinten und unten gewölbte Seite der Po der Katze ist.

19

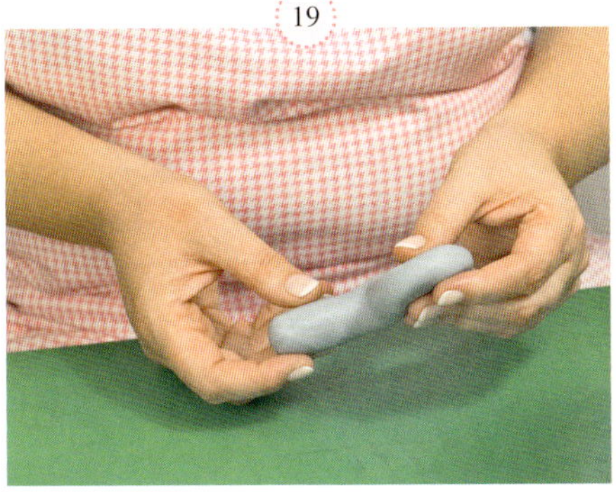

Wie beim Hund, ab Seite 36 ausführlich beschrieben, aus dem Abschnitt für die Hinterbeine zunächst eine faltenfreie Kugel und dann einen länglichen Tropfen formen. Den dickeren Teil flach drücken und das gesamte Bein in der Mitte rechtwinklig knicken. So erhält man das angewinkelte Bein der sitzenden Katze.

20

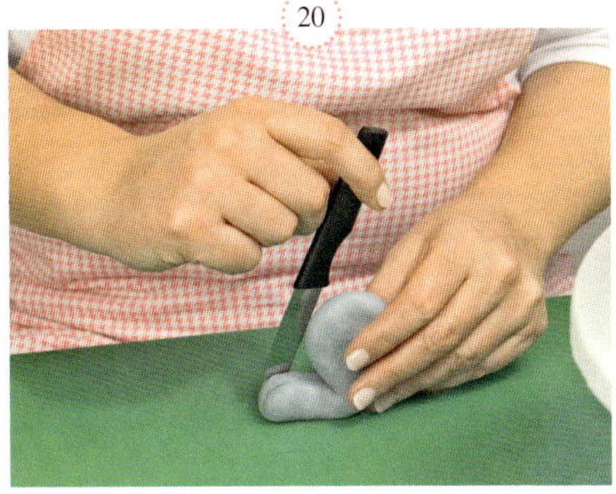

Mit dem Messer zwei Einschnitte machen, um die Pfote zu formen. Durch das Messer wird die Masse nach innen gedrückt und die Tatzen bereits herausgearbeitet.

21

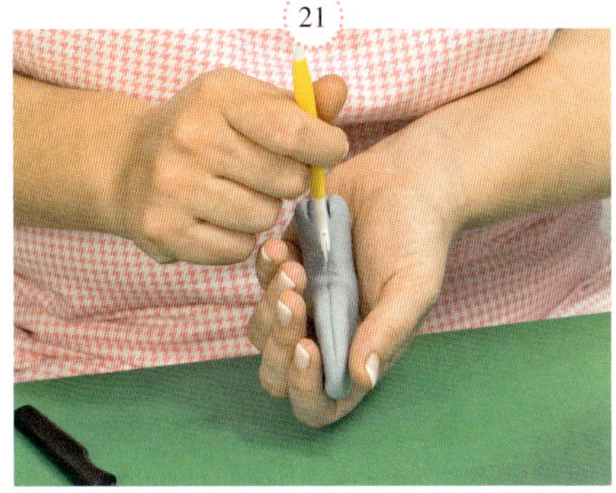

Senkrecht am Bein entlang wird wieder eine Naht eingeprägt. Auf der Innenseite des Beines etwas Kleber auftragen und das Bein am Körper befestigen. Das zweite Bein auf die gleiche Weise herstellen.

22

Die beiden Beine am Körper noch ein wenig flach andrücken und in Position bringen.

23

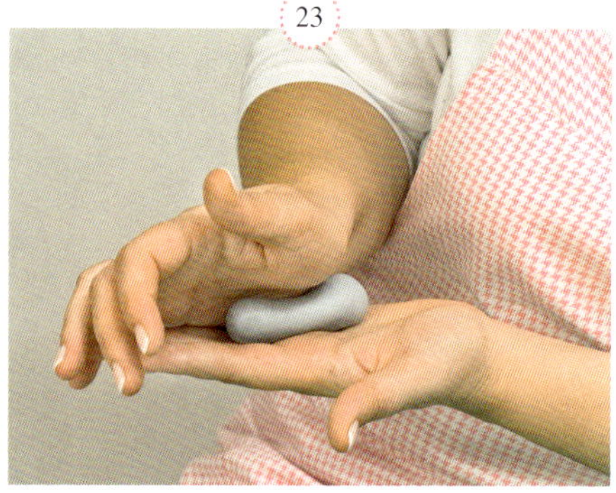

Die Menge für die Vorderpfoten (Arme) zur Kugel formen und dann zu einem konisch verlaufenden Strang rollen. Die Pfoten der Katze sollten dabei schön dick und knubbelig bleiben.

24

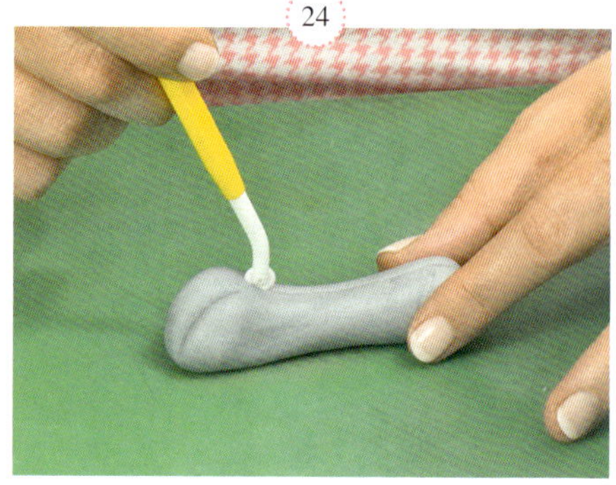

An der dicken Seite werden die Pfoten wieder geformt, indem mit dem Messer zwei Einschnitte gemacht werden. Danach wird auch hier senkrecht am Bein eine Naht ergänzt.

25

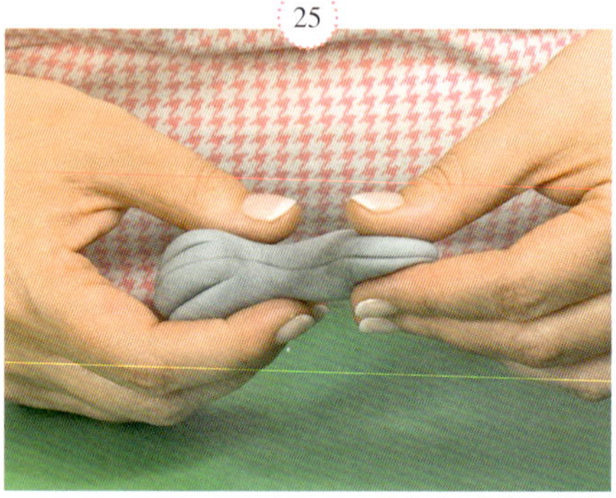

Nun das Bein oben leicht flach drücken. Die Innenseite wieder mit Kleber bestreichen und die Beine an der Spitze des Körpertropfens ansetzen. Das zweite Bein auf die gleiche Weise herstellen. Tipp: Überprüfen Sie beim Erstellen des zweiten Vorderlaufes, dass dieser die gleiche Länge hat wie der erste, indem Sie den Strang einfach an das bereits geformte Bein halten.

26

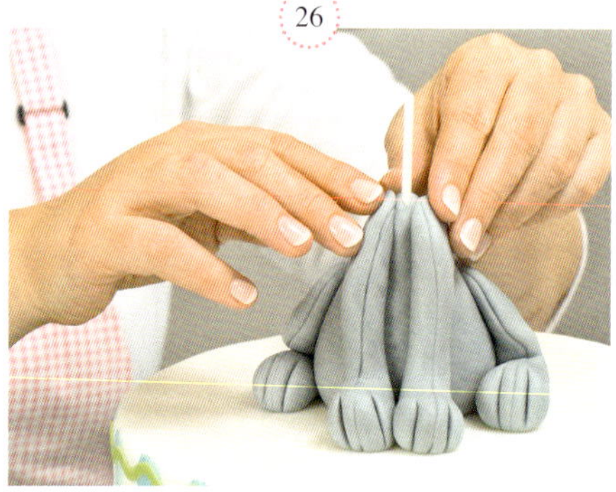

Die Vorderläufe der Katze sollten ganz nah beieinander angebracht werden.
Tipp: Sollten Sie sich einmal unsicher sein, welche Position die Arme und Beine einer Figur einnehmen sollten, suchen Sie sich Bilder mit der gewünschten Gestik oder probieren die Haltung selbst aus. Dieser Trick hilft beim Umsetzen des Körpers enorm.

27

Den Kopf aus dem letzten Drittel formen. Diesmal erhält die Kugel eine leichte Spitze. Bringen Sie den Kopf so an, dass er zur Seite schaut. Wenn eine Katze sich wegdreht, dreht sie nur ihren Körper. Die Pfoten bleiben unverändert stehen. So macht es auch diese Katze.

28

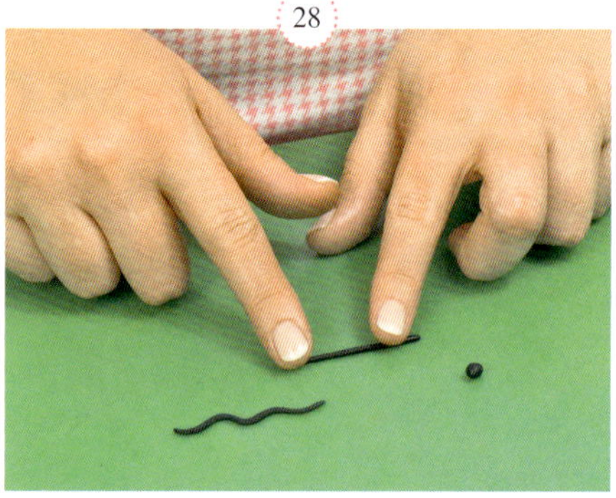

Die filigranen Barthaare müssen aus Blütenpaste hergestellt werden, da Modellierfondant sich nicht so dünn ausrollen lassen würde. Auch hiervon sollten immer ein paar in Reserve erstellt werden, da die dünnen Stränge leicht brechen können. Die Haare zu leichten Wellen formen und in dieser Position über Nacht trocknen lassen.

29

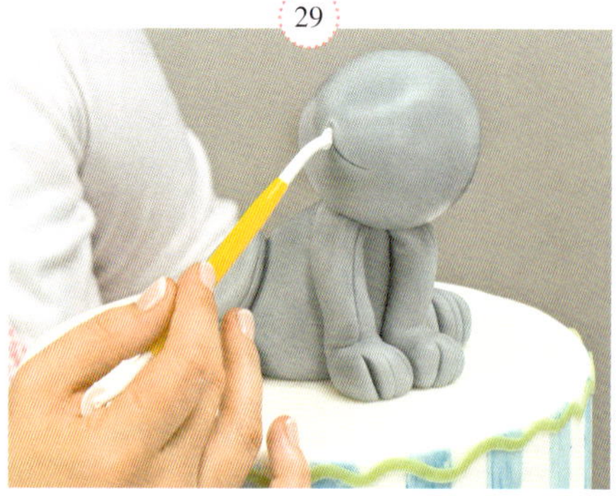

Mit dem kleinen Rollschneider wird nun das Schnäuzchen in die Form gekerbt, indem man bei der Nase beginnt und einen leichten Bogen nach außen beschreibt.

30

Jetzt die Barthaare an der Spitze des Schnäuzchens ankleben.

31

Für die Nase eine erbsengroße Kugel aus rosafarbener Fondantmasse als Dreieck formen und leicht flach drücken. Kleber auf den Barthaaren auftragen und dann die Nase aufkleben. Das festigt die Haare zusätzlich.

32

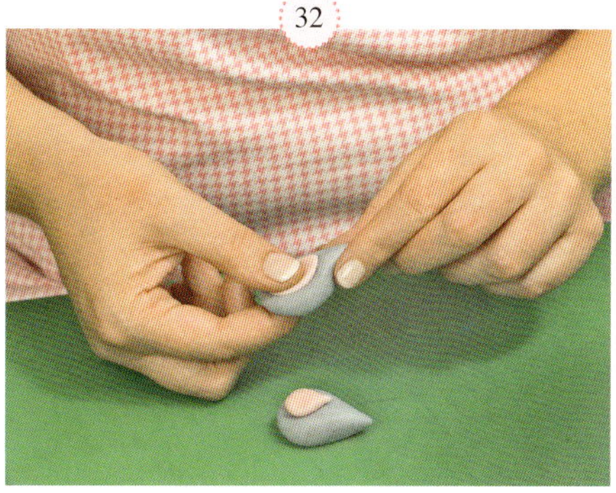

Zwei haselnussgroße Kugeln grauen Modellierfondant zu Tropfen formen und leicht flach drücken. Außerdem circa 5 mm große Kugeln rosafarbenen Modellierfondant zu Tropfen formen und diese jedoch sehr flachdrücken. Die beiden Farben aufeinander legen und durch Druck miteinander verbinden. Dadurch bildet sich auch bereits die Ohrmuschel.

33

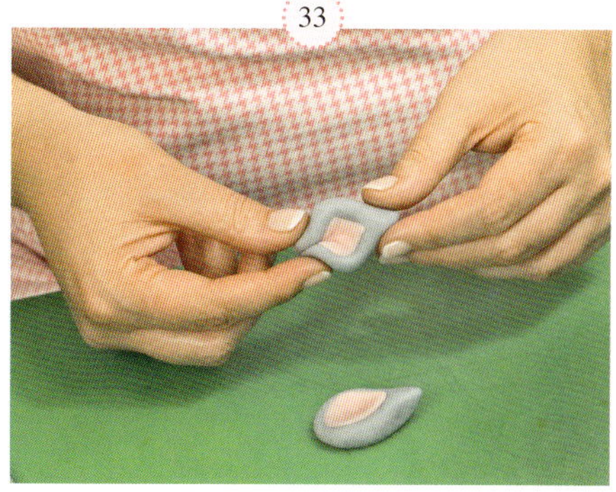

Jetzt die Ohren unten etwas zusammendrücken und oben die Spitze nachformen.

34

Die Ohren an der Unterseite mit etwas Kleber bestreichen und auf den Kopf drücken, so dass der gerade erstellte, spitze Tropfen unten etwas breiter wird.

35

Jetzt auch am Kopf wieder die Naht mit dem Rollschneider eindrücken.

36

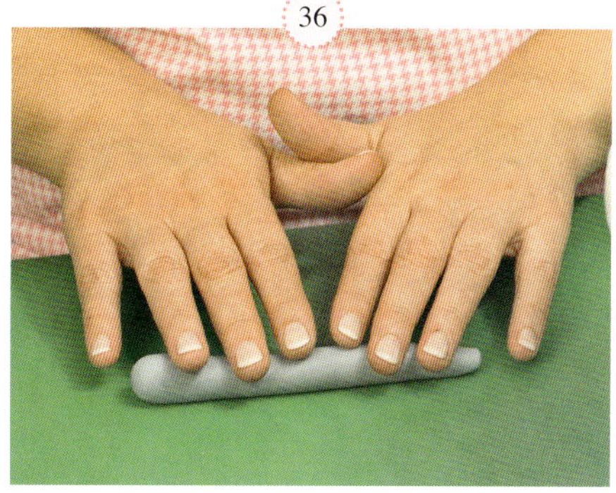

Den Schwanz zunächst als Kugel und danach zu einem langen, tropfenförmigen Strang rollen. Das Ende sollte dabei spitzer auslaufen.

37

Den Schwanz an die Katze kleben und leicht wellig formen.

38

Die Augen nun mit „Edible Paint Black“ und einem Pinsel anmalen. Alternativ kann man natürlich auch den schwarzen Lebensmittelstift verwenden.

!

Achtung: Die Barthaare müssen über Nacht trocknen.

Tipps: Die Bordüren könnten Sie auch mit einer Nudelmaschine herstellen.

Wenn Sie keine Blütenpaste kaufen möchten, könnten Sie auch dünne Lakritze, schwarz angemalte Zahnstocher oder Draht als Barthaare anbringen.

Little Joe

Dies ist die optimale Torte für kleine und große Cowboys, die die große weite Welt entdecken wollen. Denn auch die großen Cowboys träumen doch insgeheim davon, einmal in einem Wild-West-Film mitzuspielen und die Colts rauchen zu lassen.

Mit dieser Torte lernen Sie das Herstellen von Betty's unverkennbaren Figuren. Wenn Sie mögen, können Sie diese Anleitung auch verwenden, um einfach einmal eine hübsche Figur zu formen. Sie werden auch bei diesem Projekt erstaunt sein, dass es gar nicht so schwierig ist.

1	quadratische Torte 24 x 24 cm
1100 g	Modellierfondant
	Kleber
4	Lollystiele
	trockener Biskuit
	Edible Paint Black (Farbe)

Cake-Board, quadratisch | Rollstab
Pinsel | Rollschneider | Modellierbrett | Messer | weiches Kokosfett
Veining Tool | Alkohol (50 %)
Quilting Tool | Ball Tool
Rosenausstecher-Set | Alufolie

Modellierfondant eingefärbt mit:

Hellbraun:	Dark Brown	20 g
Braun:	Dark Brown	20 g
Schwarz:	Black	25 g
Blau:	Navy Blue	100 g
Grün:	Spruce Green	500 g
	Ivory	90 g
	Peach	

Pulverfarbe:

Rot:	Red
Silber:	Satin Silver

1

Kleber flächig mit dem Finger partiell auf die Torte und das Cake-Board streichen.

2

Direkt im Anschluss im Mixer zerkleinerten, trockenen Biskuit auf den Kleber streuen.

3

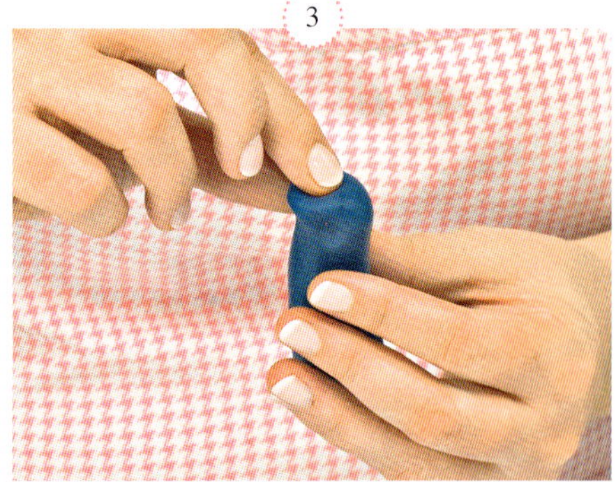

100 g blauen Modellierfondant in zwei Hälften teilen und eine Hälfte zunächst zu einer Kugel rollen. Diese dann zu einem konischen Strang formen. Diesen an der breiten Seite flach drücken, so dass sich ein Hosenschlag bildet.

HAPPY
BIRTHDAY

4

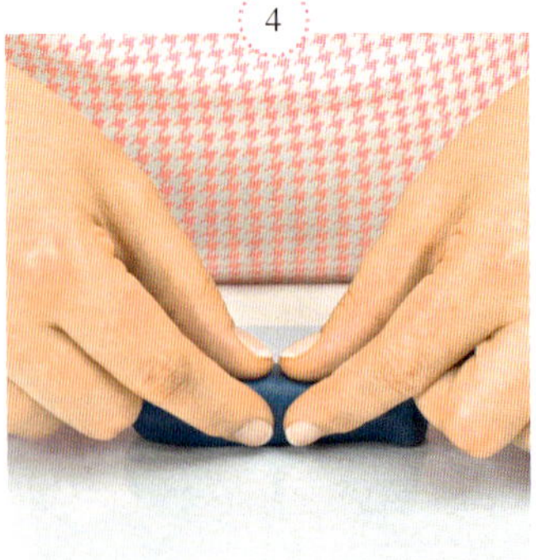

Mit beiden Daumen und Zeigefingern auf die Mitte des Hosenbeines drücken und damit das Knie als Karo formen.

5

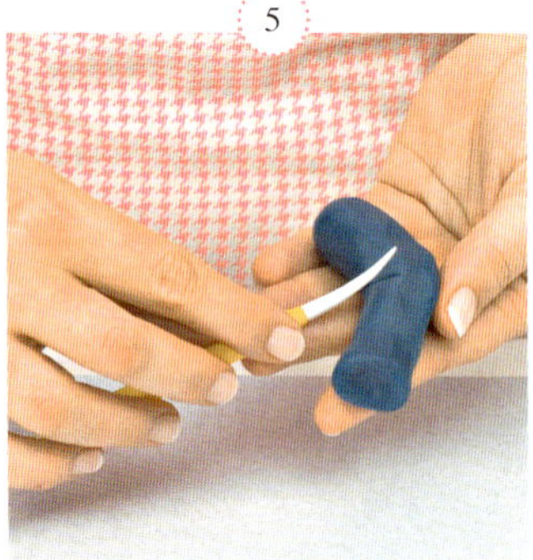

Die Hose in der Höhe des Knies nach hinten biegen. Mit dem Veining Tool auf beiden Seiten je zwei Falten so eindrücken, dass sich ein V mit Öffnung zum Knie bildet.

6

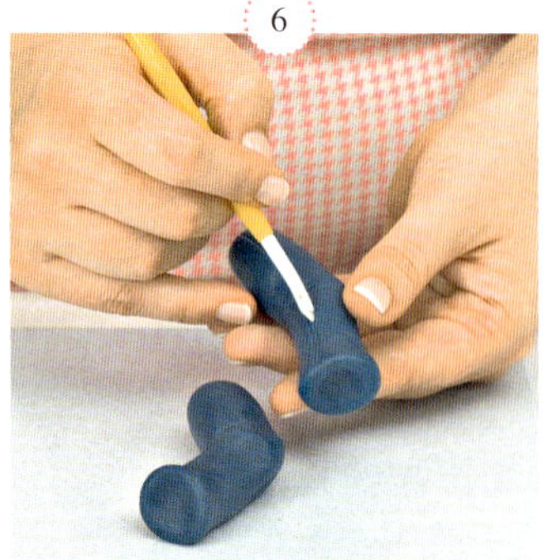

Das zweite Hosenbein auf die gleiche Weise herstellen. Mit dem Quilting Tool die Nähte an der Hose ergänzen.

7

Die Beine übereinanderlegen.
Tipp: Auch hier bietet es sich an, die Beinstellung selbst vor dem Spiegel einmal auszuprobieren.

8

Eine haselnussgroße Menge schwarzen Modellierfondant in der Mitte teilen. Aus den Hälften je eine Kugel formen, die dann zum Tropfen gerollt wird.

9

Den Tropfen an einer Seite flach drücken. Die Spitze zur abgeflachten Seite biegen. Den zweiten Tropfen in gleicher Weise herstellen. Das sind die Cowboystiefel. Jetzt die Schuhe so ankleben, dass die Schuhspitze in die gleiche Richtung zeigt wie die Kniescheibe.

10

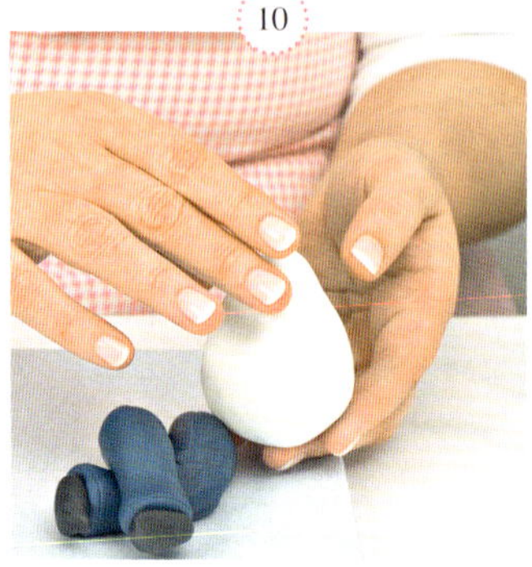

Von 200 g weißem Modellierfondant ein Viertel abteilen und zur Seite legen. Das große Stück zur Kugel und dann zum Tropfen formen.
Tipp: Überprüfen Sie dabei immer wieder, ob der Kegel proportional zu den Beinen passt.

11

Die breite Seite flach drücken. Den Kegel an den Seiten dünn ausstreichen, damit man den Eindruck erhält, es sei ein Hemd. Am Rücken den Rand noch etwas mehr ausformen.
Tipp: Achten Sie darauf, dass Sie den Kegel nicht aushöhlen.

12

Die Beine hinten ein bisschen flach drücken und dann Kleber auf dem Stück verteilen, das mit dem Oberkörper bedeckt wird. Dann den Oberkörper aufsetzen.

13

20 g braunen Modellierfondant dünn ausrollen. Ein Rechteck mit den Maßen 7 x 8 cm (L x B) mit dem Rollschneider ausschneiden und die Rückseite komplett mit Kleber einstreichen.

14

Den Oberkörper von hinten mit dem Rechteck bekleiden. Dies wird zunächst etwas komisch aussehen.

15

Wieder den Rest der braunen Masse ausrollen und daraus erneut ein Rechteck von 7 x 8 cm (L x B) ausschneiden. Das Rechteck halbieren und oben ein V einschneiden.

16

Eine Hälfte auf der Rückseite mit Kleber einstreichen. Beachten Sie, dass das Schnittmuster für eine linke und eine rechte Westenseite gedacht ist.

17

Die Hälften vorne am Körper so anbringen, dass das ausgeschnittene „V" in der Mitte ist. Der untere Abschluss sollte unbedingt mit dem Rückenteil auf einer Ebene sein. Oben wird der Anschluss vom Arm überdeckt.

18

Vier stecknadelkopfgroße Kugeln formen. Diese mit etwas Kleber an der Weste anbringen und dabei flach drücken.

19

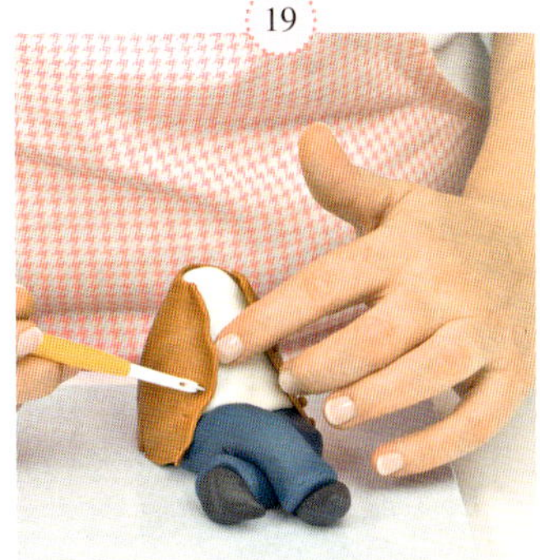

Auf der anderen Seite der Weste kleine Einprägungen mit dem Rollschneider machen. Dies sind die Knopflöcher.

20

Das zur Seite gelegte Viertel des weißen Modellierfondants halbieren. Die eine Hälfte zur Seite legen und aus der anderen Hälfte zunächst eine Kugel und dann einen langen Kegel formen, aus dem nun der Arm hergestellt wird.

21

Am besten die Länge noch einmal kontrollieren, indem der Arm kurz am Oberkörper angehalten wird. Das untere Ende des Hemdes wie die Hosenbeine ausformen.

22

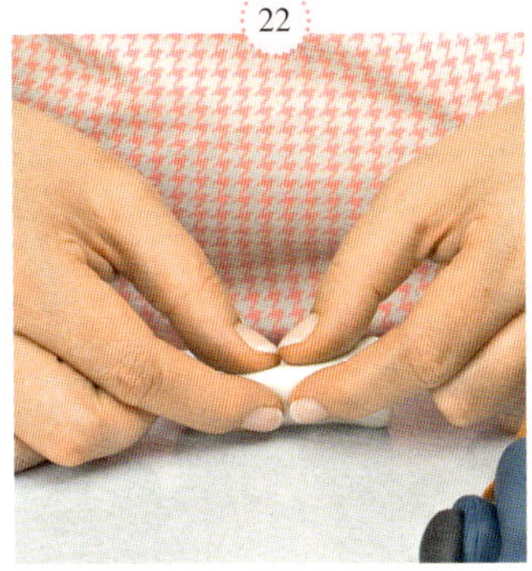

Den Ellenbogen mit Daumen und Zeigefingern zur Raute eindrücken und dann den Arm zur gegenüberliegenden Seite biegen.

23

An den Seiten je zwei Hemdfalten mit dem Veining Tool so eindrücken, dass sich ein „V" mit Öffnung zum Ellenbogen bildet.

24

Am Oberarm die Spitze für den Schulterübergang flach drücken.

25

Die Unterseite des Armes mit Kleber einstreichen und den Arm nach vorne geneigt am Oberkörper anbringen.

26

Jetzt den anderen Arm in gleicher Weise formen. Dieser wird nach hinten gelehnt angebracht.

27

Rote Pulverfarbe in etwas Alkohol milchig anmischen. Das gesamte Hemd in Karomuster bemalen, indem zuerst die senkrechten und dann die waagerechten Linien aufgemalt werden.

Tipp: Achten Sie besonders bei den Armen darauf, dass die Striche mit der Neigung des Armes verlaufen.

28

Einen Lollystiel an der Spitze in Kleber dippen und gerade in den Körper stecken.

29

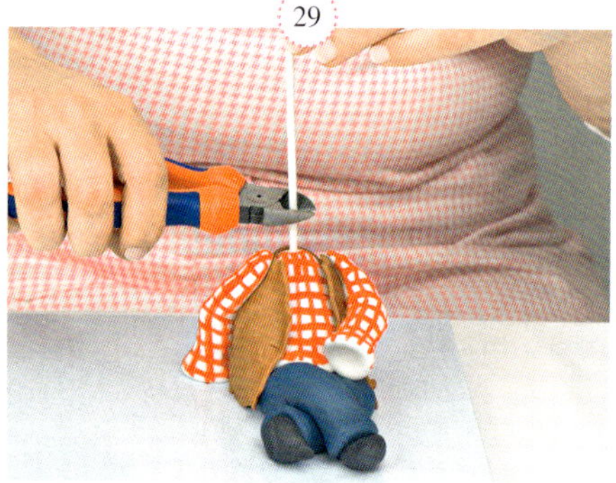

Etwa einen Zentimeter über dem Oberkörper den Stiel abschneiden. 90 g Modellierfondant wird mit Elfenbein und etwas Pfirsich eingefärbt, damit der Hautton etwas natürlicher wird.

30

Vom hautfarbenen Fondant werden zwei Kugeln von 1 cm Durchmesser abgenommen, die zum Kegel geformt und flach gedrückt werden. Die Finger werden geformt, indem zunächst ein etwas breiterer Daumen mit einer Schere in den Fondant geschnitten wird. Dann noch drei schmalere Schnitte für die anderen Finger machen.

31

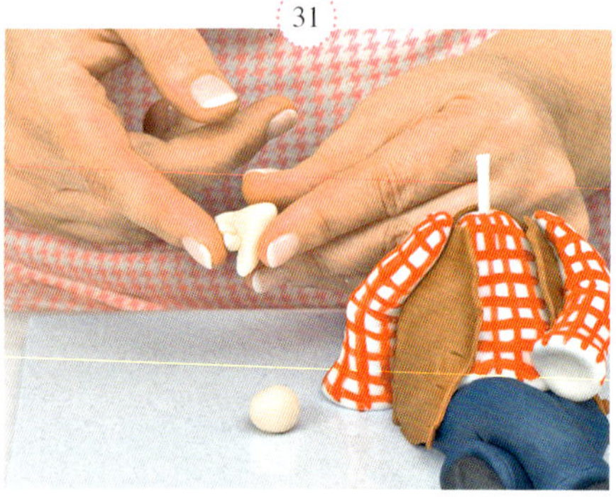

Die Finger vorne etwas abrunden. Den Daumen zur Seite biegen und die anderen vier Finger einknicken. Auf gleiche Weise die andere Hand formen.

Wichtig: Bei der anderen Hand den Daumenschnitt an der anderen Seite machen.

32

Am Ärmel nun etwas Kleber auftragen. Den Ärmel der abstützenden Hand eventuell noch etwas hochbiegen, um die Hand darunter zu befestigen.

33

Die Hände am Hemd anbringen und darauf achten, dass die Handinnenfläche gegenüber dem Ellenbogen liegt. Auch hier bietet es sich an, selbst zu überprüfen, wie man die Hände in verschiedenen Situationen legen würde.

34

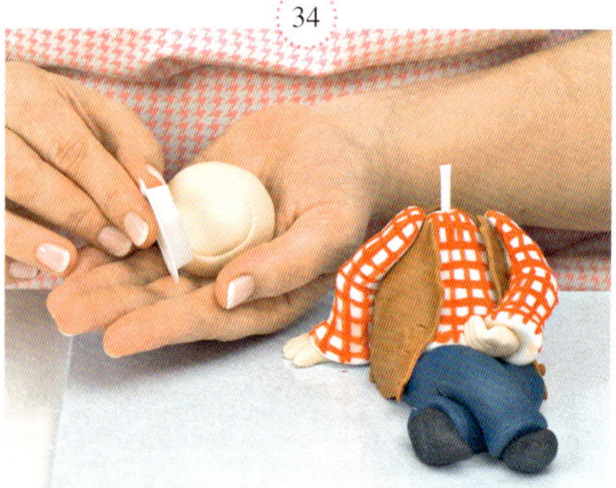

Von der hautfarbenen Fondantmasse eine Kugel von 1 cm Durchmesser abnehmen und für Nase und Ohren weglegen. Aus dem verbleibenden Stück eine faltenfreie Kugel formen. Den Mund mit der zweitgrößten Blattgröße des Rosenausstecher-Sets über die Kugel wiegen. Alternativ können Sie auch einen Kreisausstecher mit 3 cm Durchmesser verwenden.

35

Jetzt den Lollystiel mit Kleber einstreichen und den Kopf in der gewünschten Position aufsetzen.

Achtung: Den Kopf bis zu diesem Zeitpunkt in der Hand halten und nicht ablegen, damit er rund bleibt.

36

Das restliche hautfarbene Stück zu einem leichten Strang rollen und dritteln. Daraus im Anschluss drei Kugeln formen.

37

Eine Kugel als Nase in Höhe der Mundwinkel mittig aufsetzen.

38

Aus den anderen zwei Kugeln die Ohren als Tropfen formen und in Höhe der Mundwinkel links und rechts ankleben. Mit dem Veining Tool die Ohrmuscheln von unten eindrücken. Alternativ können Sie auch einen Zahnstocher verwenden.

39

Eine kastaniengroße Menge Dunkelbraun für den Hut vorbereiten, indem zusätzlich etwas Schwarz unter die Masse gearbeitet wird. Daraus eine Kugel formen und diese halbieren.

40

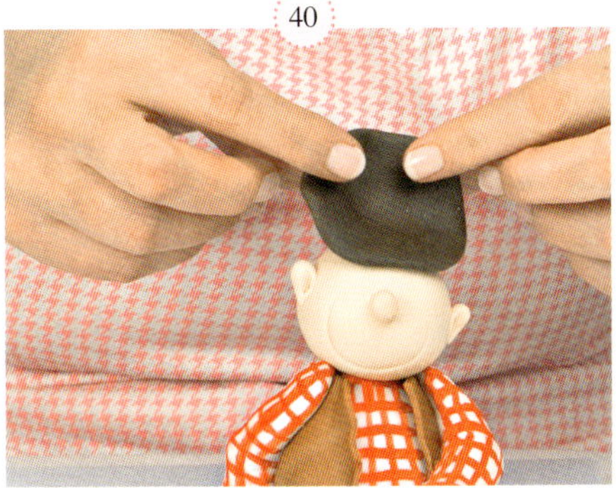

Die eine Hälfte zur Kugel formen und diese komplett flach drücken. Einen kleinen Punkt Kleber auf die Kopfmitte geben und die runde Platte darauflegen.

41

Die zweite Hälfte der dunkelbraunen Masse ebenfalls zur Kugel und dann zu einem spitzen Oval formen. Die untere Fläche flach drücken, sodass sich die Form einer Bohne ergibt.

42

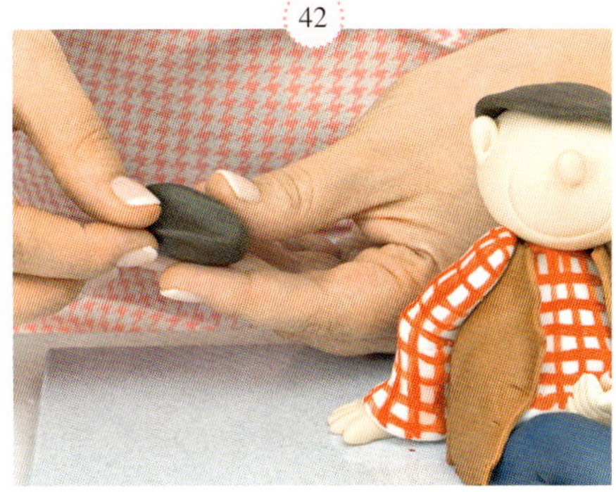

Auf der gewölbten Seite wird noch mit dem Daumen eine Kante eingearbeitet.

43

Jetzt die entstandene Form auf die Krempe kleben und noch etwas zurechtdrücken.

44

An den Seiten des Hutes Kleber anbringen und die Krempe links und rechts hochbiegen.

45

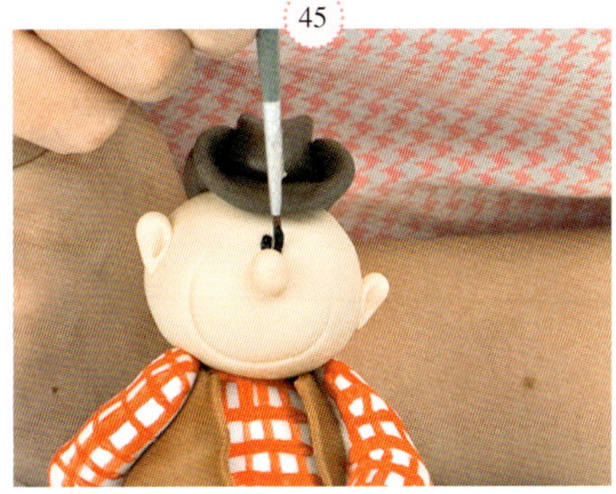

Die Augen nun mit „Edible Paint Black“ und einem Pinsel anmalen. Alternativ kann man natürlich auch den schwarzen Lebensmittelstift verwenden.

46

Den Cowboy mit einem Messer oder einer Palette vom Modellierbrett abheben. Die Unterseite mit etwas Kleber bestreichen und die Figur etwas dezentral auf die Torte setzen.

47

Aus der Hälfte des grünen Modellierfondants verschieden große Kugeln rollen. Diese einzeln in locker zusammengeknüllte Alufolie drücken, damit sie Struktur erhalten.

48

Die so erstellten Sträucher auf der Torte verteilen und aufkleben.

49

Den restlichen grünen Modellierfondant in fünf unterschiedlich lange Stränge rollen, die an ihrer breitesten Stelle einen Durchmesser von circa 2 cm haben. Die Stränge dürfen ruhig unregelmäßig aussehen und oben etwas schmaler werden. Mit dem Veining Tool werden sie der Länge nach eingeritzt und erhalten so die Form von Kakteen.

50

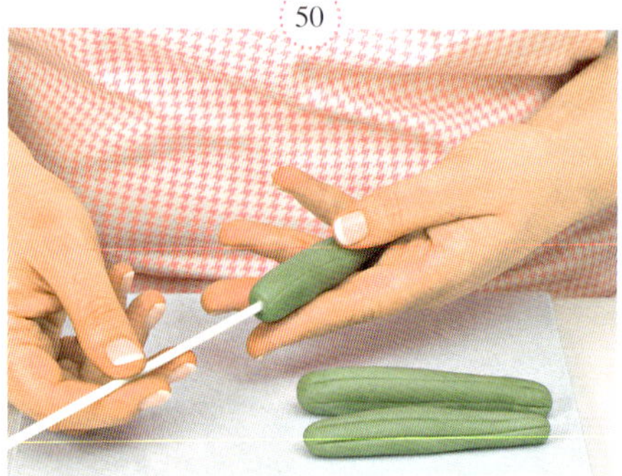

In zwei der Kakteen an der breiten Seite einen Lollystiel stecken, der zuvor in Kleber getaucht wurde. Darauf achten, dass der Lollystiel tief eingesteckt wird, damit die Pflanze einen guten Stand hat.

51

Die mit Lollystiel versehenen Kakteen in die Torte stecken und leicht auseinanderbiegen. Eventuell muss der Lollystiel etwas gekürzt werden.

52

Die restlichen Kakteen an die Tortenseite kleben.

53

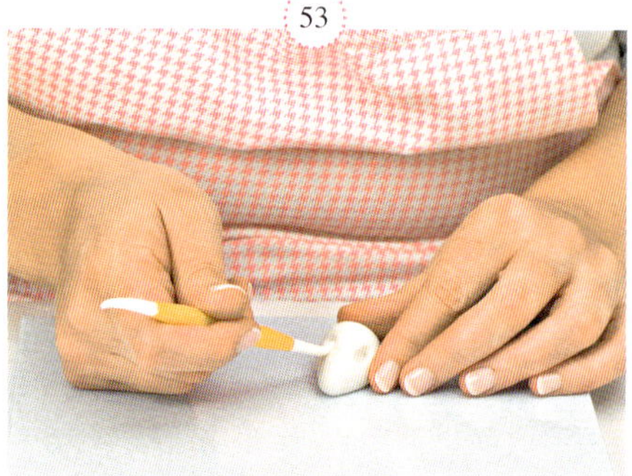

Die restliche Menge des weißen Modellierfondants zuerst zu einer Kugel und dann zum Tropfen formen. Mit der dicken Seite des Veining Tools die Augen eindrücken.

54

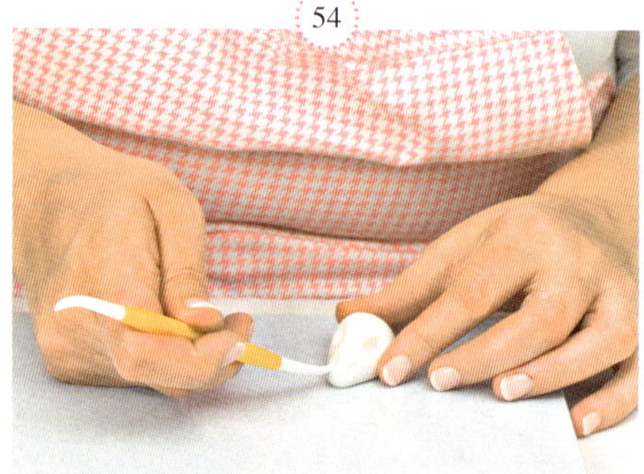

Mit der dünnen Seite des Veining Tools am Nasenknochen zwei Schlitze einritzen.

55

In gleicher Weise den Kiefer andeuten.

56

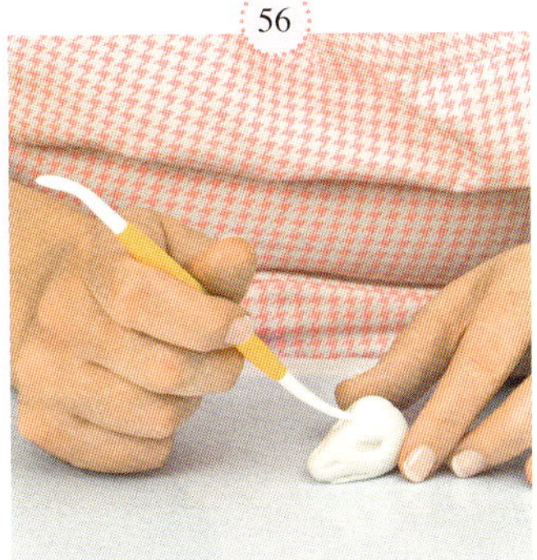

Danach die Schädeldecke einritzen, um die Knochennähte zu erhalten.

57

Mit dem kleinen Ball Tool die Vertiefungen für die Hörner eindrücken.

58

Zwei erbsengroße Kugeln aus mittelbraunem Modellierfondant, welches von der Weste übrig geblieben ist, rollen und diese zu langen Tropfen formen. In die zuvor eingedrückten Löcher kleben und leicht hochbiegen.

59

Den Schädel auf die Torte kleben.

60

Aus 50 g hautfarbenem, 50 g mittelbraunem und 20 g schwarzem Modellierfondant eine Holzstruktur wie auf Seite 12 beschrieben herstellen. Diese dünn ausrollen und in circa 25 mm breite und 5 mm lange Streifen schneiden.

61

Die Buchstaben wie zusammengenagelte Holzlatten übereinanderkleben.

62

Eventuell die Holzlatten halbieren, um zum Beispiel ein „P“ oder ein „Y“ zu formen.

63

Jetzt stecknadelkopfgroße Kugeln an den Schnittpunkten der Latten aufkleben.

64

In etwas Alkohol silberne Pulverfarbe anrühren und damit die Punkte bemalen. Alternativ kann man silberne Liebesperlen aufkleben. Das geht etwas schneller.

!

Tipp: Da der Cowboy etwas aufwändiger in der Herstellung ist, bietet es sich an, diesen vorher zu erstellen und ihn dann trocknen zu lassen. Nach zwei Tagen ist er komplett durchgetrocknet und man kann ihn problemlos auf die Torte setzen.

Küss mich!

Mr. Froggy

„Es war einmal …" „… sagte: Küss mich!" „… bis an ihr Lebensende."

Eines Nachts träumte Betty von dieser Torte. Sie stand daraufhin direkt auf und arbeitete so lange an Mr. Froggy, bis er auf einer mit Küssen übersäten Märchentorte saß. Schnell war ihr klar, dass diese Torte ihr Leben verändern wird. Und das tat sie auch. Innerhalb kürzester Zeit wurde Betty mit Mr. Froggy nicht nur in Deutschland bekannt. Deshalb darf der charmante Herzensbrecher natürlich auch nicht in ihrem Basic-Buch fehlen. Viel Spaß beim Nachbacken wünschen Betty und Froggy!

1	Torte 18 cm Durchmesser
1	Torte 26 cm Durchmesser
2870 g	Modellierfondant
300 g	Fondant
500 g	Eiweiß-Spritzglasur
3	Lollystiele
	Spaghetti
	Kleber

Cake-Board | Palette | Modellierbrett | Messer | weiches Kokosfett Rollschneider | Pinsel | feiner Haarpinsel | Alkohol (50 %) | Rollstab Spritzbeutel | Spritztülle Größe 4 und Größe 2 | Veining Tool Gefäß mit Leitungswasser

Modellierfondant eingefärbt mit:

Schwarz:	Extra Black	80 g
Hellblau:	Navy Blue	200 g
Grün:	Spruce Green	1725 g

Eiweißspritzglasur eingefärbt mit:

Rosa:	Pink	100 g

Pulverfarbe:

Gold:	Royal Gold

1

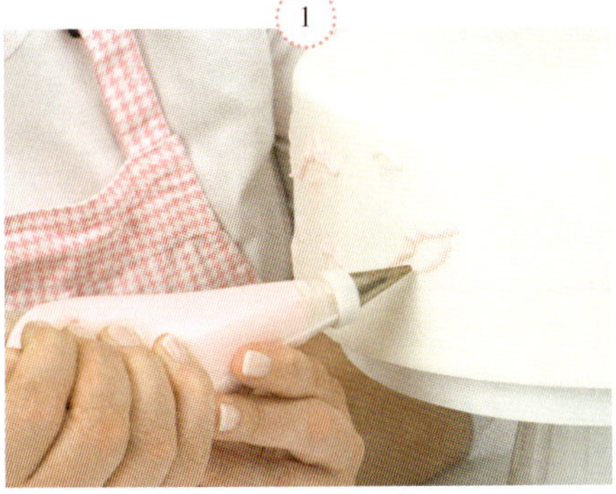

Bei dieser Torte wird damit begonnen, die Kussmünder zu „malen". Mit einer 4er-Tülle rosa eingefärbte Eiweißspritzglasur aufspritzen. Dabei die Glasur nicht zu dünn auftragen. Die Münder sollten unregelmäßig und unterschiedlich groß sein.

Tipp: Malen Sie sich Münder auf Papier und legen dann Backpapier darüber. Spritzen Sie zur Übung ein paar Münder auf das Backpapier, bis Sie sich sicher fühlen.

2

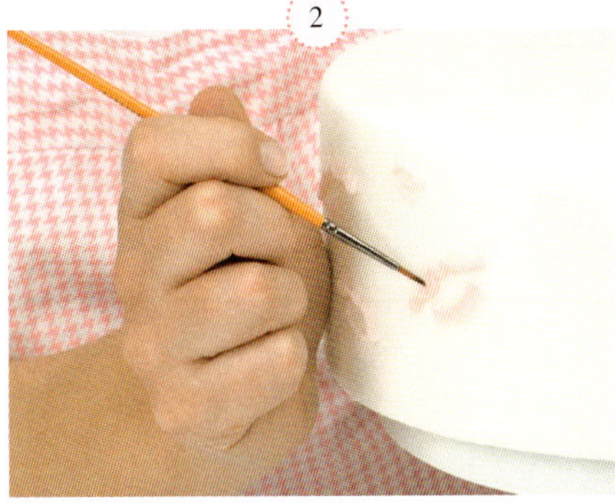

Direkt im Anschluss an die Fertigstellung eines gespritzten Mundes einen Pinsel in Wasser tauchen und die Eiweißspritzglasur von innen nach außen ziehen. Immer einen Mund fertigmalen, bevor der nächste aufgespritzt wird, da die Glasur sonst trocknen würde.

3

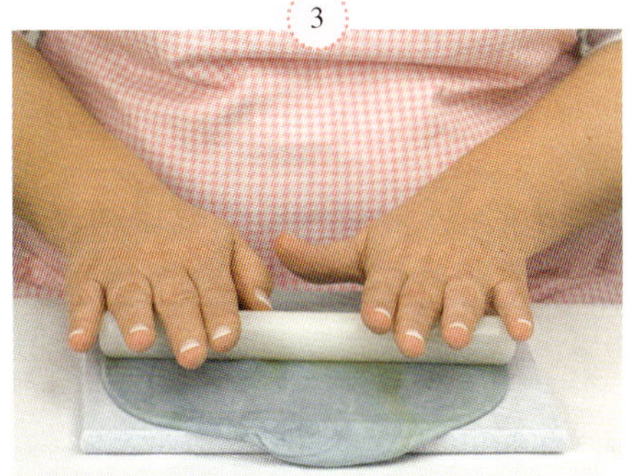

Mit 200 g hellblauem Modellierfondant, der nicht komplett vermengt wurde, und 25 g grünem Modellierfondant eine Marmorstruktur erstellen (siehe Seite 12).

Tipp: Schauen Sie sich die fertig marmorierte Masse vor dem Ausrollen an. An der Seite, die Ihnen das schönste Muster bietet, die Kugel flach drücken und die Masse dann ausrollen.

4

Jetzt wird die kleine Torte dekoriert. Die fertig überzogene Torte auf einen Tortenteller platzieren, um genügend Rand für die modellierte Steinmauer zu haben. Die Torte oben mit Kleber einstreichen und die ausgerollte blaue Masse auflegen.

5

Die Torte noch einmal in die Hand nehmen. Durch die Kappaplatte ist es kein Problem, die Torte an der Unterseite fest zu halten. Jetzt das überschüssige Material mit einem scharfen Messer abschneiden.

6

Mit dem Veining Tool Wasserwellen in die blaue Masse ritzen.

7

Mit einer 4er- und einer 2er-Lochtülle Kreise in die Masse drücken, die aufsteigende Luftblasen darstellen.

8

750 g weißen mit 75 g schwarzem Modellierfondant marmorieren. Daraus Stücke abziehen und zu unregelmäßigen Steinen formen. Das vorherige Rollen einer Kugel ist nicht notwendig.

9

Weiße Eiweißspritzglasur mit etwas schwarz eingefärbter Glasur unregelmäßig vermischen, sodass ein scheckiges Grau entsteht.
Tipp: Eiweißspritzglasur während des Arbeitens mit einem feuchten Tuch abdecken, damit sie nicht antrocknet.

10

Jetzt mit dem „Mauern" des Brunnens beginnen. Hierfür mit einer Palette oder einem Messer einen Teil der Torte einstreichen. Achtung: Die Eiweißspritzglasur nicht zu dünn auftragen.

11

Dann die vorbereiteten Steine auf den „Mörtel" drücken. Die Eiweißspritzglasur sollte dabei in den Fugen etwas herausquellen.

12

Schön ist es auch, wenn die Steine nicht ganz exakt nebeneinander gemauert werden, sondern auch eine größere Fuge entsteht.

13

Jetzt für den Brunnenrand noch ein paar tropfenförmige, flache Steine formen. Eiweißspritzglasur jetzt am Tortenrand auftragen und den Brunnenabschluss anbringen.
Tipp: Die Steine einzeln formen, damit man sie individuell nach Bedarf anpassen kann.

14

Bei der Anbringung des Randes sollte die Eiweißspritzglasur nicht zu dick aufgetragen werden. Etwas Stein-Fondantmasse sollte noch übrig bleiben, da später noch ein paar Steine geformt werden.

15

Jetzt den Brunnen wie auf Seite 18 beschrieben auf die größere Torte setzen. Anschließend den Text mit weißer Eiweißspritzglasur mit einer 4er-Tülle auf die Torte schreiben.
Tipp: Die Schrift vorher auf einem Brett ausprobieren, bevor sie auf die Torte gespritzt wird.

16

300 g weißen Fondant zu unregelmäßig großen Kugeln rollen. Da die Kugeln angemalt und nicht mit Farbpuder geschüttelt werden, verlieren sie auch nicht ihre Form. Deshalb ist es nicht notwendig, Modellierfondant zu verwenden.

17

Kleber auf dem Cake-Board an der Kante zur Torte auftragen. Dann die Kugeln darauflegen.
Tipp: Immer Stück für Stück arbeiten, da der Kleber zu schnell trocknen würde, wenn Sie ihn auf der gesamten Strecke auftragen.

18

Dann noch ein paar kleinere Steine formen und neben dem Brunnen aufkleben.

19

1700 g grünen Modellierfondant nach dem 1-2-3-Prinzip einteilen. Aus dem ersten Drittel eine Kugel für den Körper formen, die ganz leicht zum Tropfen geformt wird. Den Tropfen dann mit der Spitze nach oben auf die Arbeitsfläche legen, um ihn unten abzuflachen.

20

Der Körper sollte möglichst dick geformt sein. Nachdem die gewünschte Form erreicht ist, Kleber unter der Sitzfläche des Frosches an der Torte anbringen. Dann den Frosch auf die Torte setzen.

21

An der Vorderseite des Tropfens mit einem Zahnstocher ein Loch für den Bauchnabel mit kreisenden Bewegungen ausformen.

22

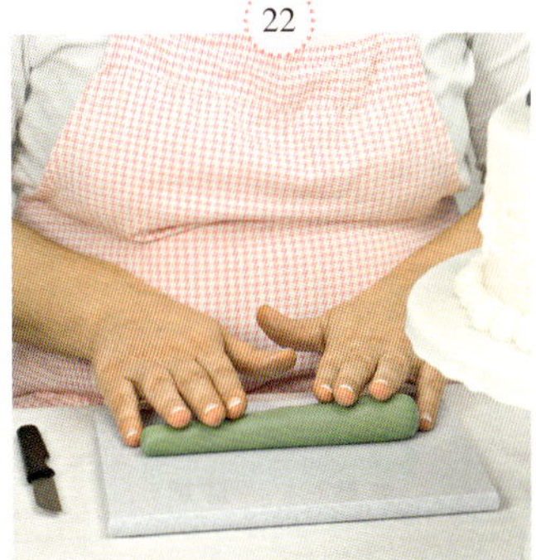

Einen konischen Strang etwa 20 cm lang formen.

23

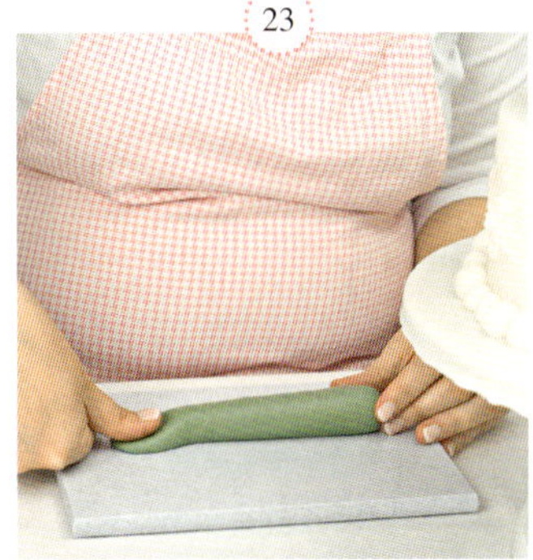

An der schmalen Seite etwa 3 cm des Strangs platt drücken, um den Fuß zu formen.

24

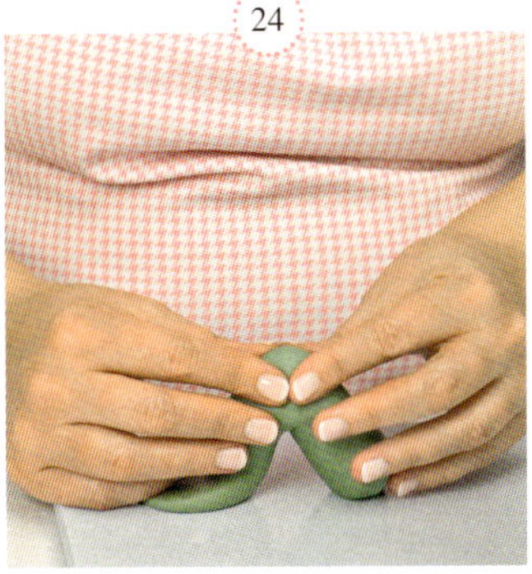

Das Bein anwinkeln und oben mit beiden Daumen und Zeigefingern ein Knie als Raute formen. Außerdem hinten den Schenkel ganz leicht flach drücken.

25

Den Fuß zweimal einschneiden.

26

Vorne werden die „Füße" ein wenig spitz geformt und dabei die scharfen Kanten abgerundet.

27

Die Innenseite des Oberschenkels mit Kleber bestreichen und ein wenig Kleber auf die Füße geben. Das andere Bein in gleicher Weise herstellen und anbringen.

28

Die Menge für einen Arm wird beim Frosch für zwei Arme verwendet, da die Arme sonst zu lang würden. Der verbleibende Teil für den zweiten Arm wird also nicht verwendet. Eine Kugel zu einem konischen Strang formen und die dünne Seite wieder flach drücken.

29

Auch die Arme dreimal einschneiden, um die Froschhand zu bilden.

30

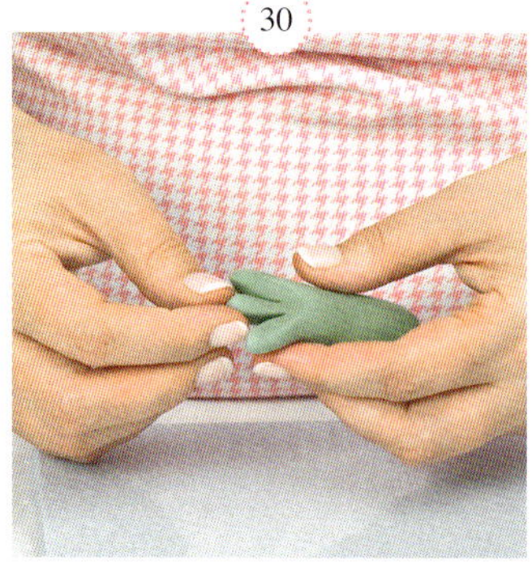

Die Finger werden ebenso wie die Füße spitz geformt. Auf die gleiche Weise den zweiten Arm herstellen.

31

Ohne Stütze würden die Arme absacken. Zur Stabilisierung der Arme deshalb einen in Kleber getauchten Lollystiel in den Körper des Frosches stecken und auf die notwendige Länge kürzen.

32

Die Lollystiele mit Kleber bestreichen und die Arme langsam auf den Stiel stecken. Alternativ können mehrere Spaghetti als Verbindung verwendet werden.

33

Vom Kopfdrittel ein Viertel abschneiden, da der Kopf sonst zu groß werden würde. Dieses Viertel zur Seite legen. Aus dem verbleibenden Stück eine Kugel formen und dann einen ganz leichten Kegel formen.

34

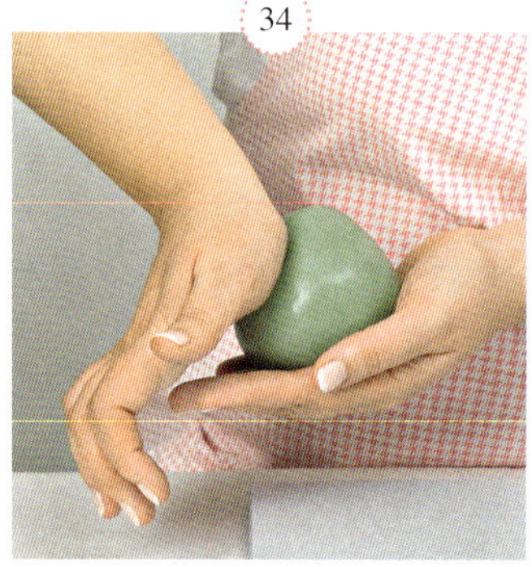

Den Kegel mit der Spitze in Richtung Fingerspitzen zeigend an einer Seite mit dem Handballen etwas eindrücken.

35

Mit dem Veining Tool einen breiten Mund einritzen und dabei darauf achten, dass die Mundwinkel etwas nach oben zeigen, damit es ein freundlich blickender Frosch wird.

36

Mit einem Zahnstocher zwei Nasenlöcher formen.

37

Einen Lollystiel zuerst mit der Spitze in Kleber tauchen, dann in den Körper stecken und zum Schluss auf die benötigte Länge kürzen.

38

Den Kopf in gewünschter Position auf den Körper stecken.

39

Für die Lippen zwei erbsengroße Stücke halbmondförmig formen.

40

Die Lippen oberhalb und unterhalb des Mundes aufkleben.

41

Dann mit einem Zahnstocher in die Oberlippe eine Einkerbung hinzufügen.

42

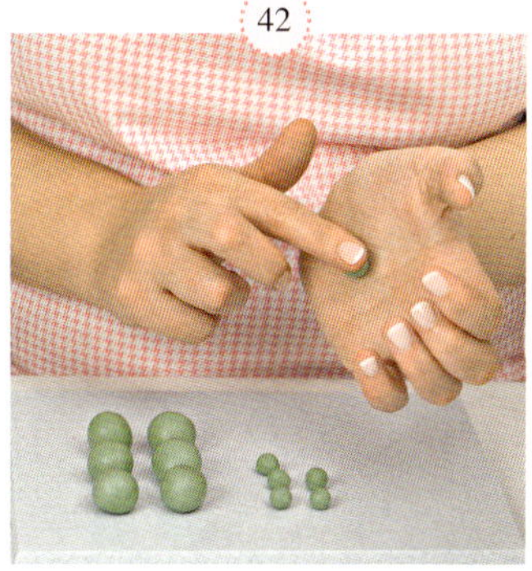

Je sechs Kugeln in der Größe 15 mm und 4 mm formen.

43

Die großen Kugeln auf die Füße kleben. Eventuell müssen die Kugeln mit Spaghetti befestigt werden, damit sie nicht herunterrollen.

44

In Kleber getauchte Spaghetti in die Hände stecken. Dann die herausragenden Spitzen mit Kleber bestreichen und die kleinen Kugeln aufstecken.

45

Zwei weintraubengroße Ovale aus weißem Modellierfondant bilden die Augen. Sie werden etwas nach vorne gesetzt auf dem Kopf aufgeklebt.

46

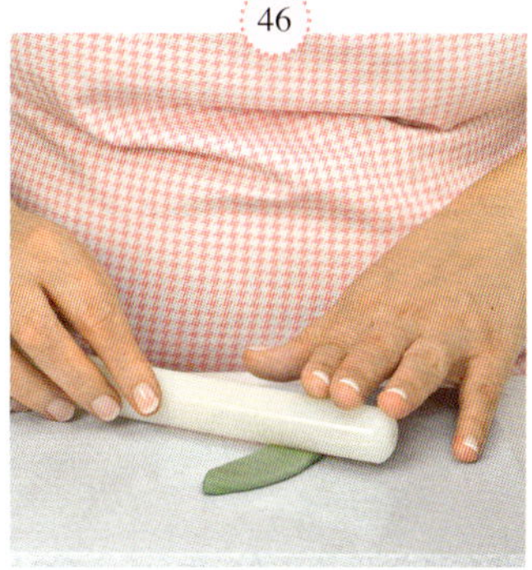

Ein weintraubengroßes Stück des grünen Modellierfondants wird zum Strang geformt, der an den Enden spitz zusammengedrückt wird, bevor man ihn ausrollt.

47

Die Augen hinten mit etwas Kleber bestreichen und den ausgerollten grünen Strang über die Augen legen.

48

An der Hinterseite beginnend mit dem Veining Tool die grüne Masse zwischen den Augen eindrücken. Achtung: Nicht zu viel eindrücken, da Mr. Froggy sonst böse schauen kann.

49

100 g weißen Modellierfondant dritteln. Aus zwei Dritteln wie ab Seite 44 beschrieben die Krone modellieren. Aus dem verbleibenden Drittel kleine Kugeln abnehmen und diese mit Spaghetti an der Krone befestigen. Aus einer walnussgroßen Kugel zum Schluss noch einen Strang formen, der um die Krone geklebt wird.

50

Zwei kleine Erbsen aus schwarzem Modellierfondant rollen. Wichtig ist, dass sie absolut gleich groß sind. Diese leicht oval formen, flach drücken und auf die Augen kleben. Jetzt noch eine walnussgroße Kugel aus weißem Modellierfondant formen und vor dem Frosch aufkleben.

51

Zum Schluss die Krone, die Kugelbordüre, die Froschkugel und die Schrift in Gold bemalen. Hierfür goldene Pulverfarbe mit Alkohol milchig anmixen.

„... bis an ihr Lebensende."

Papillon

Die Form der Hortensienblüten bietet sich gerade für Anfänger optimal an, da man für deren Herstellung keine zusätzlichen Werkzeuge benötigt und auch ungeübte Modelleure schnell zu guten Ergebnissen kommen.

Darüber hinaus können echte Hortensien bei manchen Menschen Allergien auslösen, weshalb sie auf einer Torte nichts zu suchen haben. Deshalb sollten Sie sich Ihren Hortensientraum also immer mit Zucker formen.

1	Torte 26 cm Durchmesser
1150 g	Modellierfondant
200 g	Blütenpaste
	Kleber

Cake-Board | Palette | Modellierbrett
Messer | weiches Kokosfett | Rollschneider | Pinsel | Alkohol (50 %)
Rollstab groß u. klein | Zahnstocher
18er- & 24er-Draht weiß oder grün
Musterschablone | Schere | Perlenform 9 mm | Floristikband | Seitenschneider | Briefmarkenzange
Ausstecher Schmetterling und Efeublatt | Blumensteckmasse

Modellierfondant eingefärbt mit:

Karamell:	Ivory	1000 g

Blütenpaste eingefärbt mit:

Grün:	Spruce Green	80 g

Pulverfarbe:

Perlglanz:	Pearl White
Silber:	Pearl Silver
Grün:	Moss Green
Rosa:	Dusky Pink

1

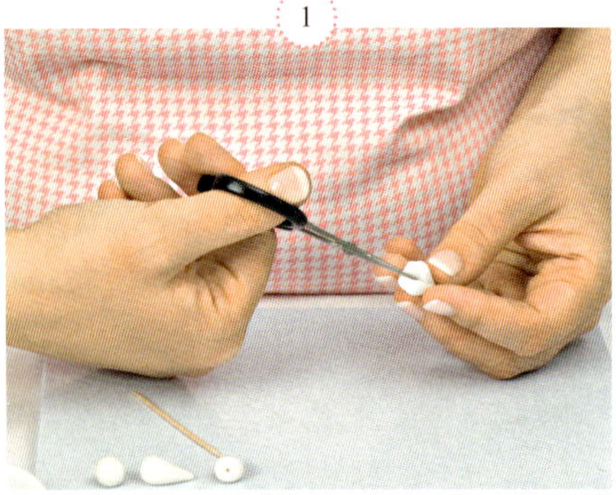

Aus weißer Blütenpaste eine erbsengroße Kugel zum Tropfen rollen. Dann einen zuvor in Kokosfett getauchten Zahnstocher in das dicke Ende des Kegels stecken und ein Loch ausformen. An der mit dem Zahnstocher geöffneten Stelle vier Schnitte machen, so dass sich ein Kreuz ergibt.

2

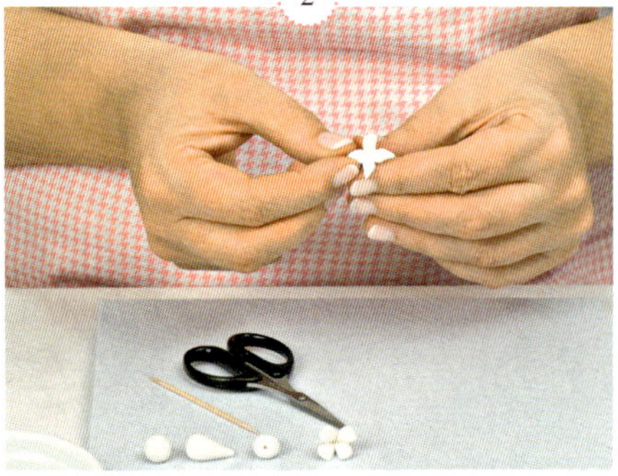

Die Blüte etwas öffnen und die Blätter spitz drücken. So formen Sie die Blätter in ihrer Grundform gleichmäßig.

3

Mit dem Zeigefinger von unten und mit dem Daumen von oben das Blatt greifen. Nun schiebt der Daumen in die Mitte des Blütenkegels und der Zeigefinger zieht das Blatt unten nach außen. Alle Blätter auf diese Weise vorbereiten.

4

Kokosfett auf das Mittelgelenk des Zeigefingers auftragen und die Blüte mit einem Blatt von vorne darauflegen. Dann mit einem gefetteten Zahnstocher mit gleichmäßigem Druck über das Blatt rollen. So dünnt man das Blatt aus und erhält gleichzeitig die Blattstruktur.

5

Den kurzen Blumendraht nur ganz leicht mit der Spitze in Kleber tauchen. Der Kleber darf nicht tropfen. Den Draht mit der nicht klebenden Seite nun von oben durch die Blüte führen und dabei den Draht fortwährend drehen.

6

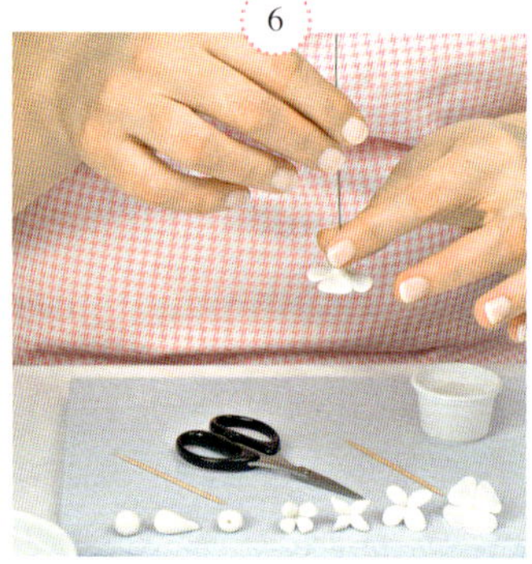

Zum Schluss die Blütenpaste unten etwas an den Draht pressen und den Blütenkegel ausformen.

7

Die fertige Blüte in Blumensteckmasse stecken, die in Frischhaltefolie gewickelt ist. Jetzt wird der Blütenstempel eingefügt. Hierfür die Blütenmitte mit etwas Kleber versehen.

8

Eine stecknadelgroße Kugel Blütenpaste auf die mit Kleber bestrichene Stelle legen.

9

Zum Schluss die Kugel kreuzförmig einschneiden. Jetzt müssen die Blüten über Nacht trocknen, bevor sie bemalt werden, da sie sonst zerfallen können. Auf diese Weise mindestens 25 Blüten mit und 5 Blüten ohne Draht erstellen.

10

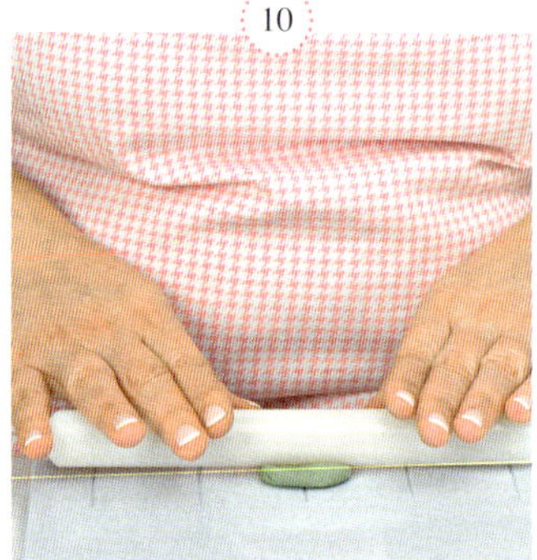

Eine Rille des Cake-Boards einfetten. Für das Efeu eine haselnussgroße Menge grüner Blütenpaste auf die eingefettete Rille legen und 1 mm dünn ausrollen.

11

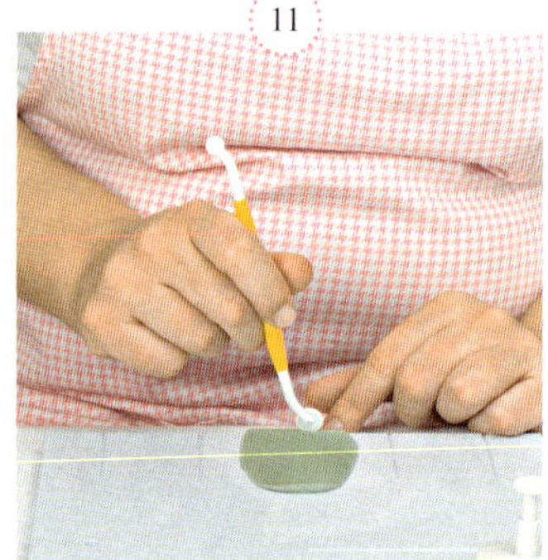

Das überschüssige Material unten mit einem Rollschneider abschneiden, damit man die Mittelrille sehen kann.

12

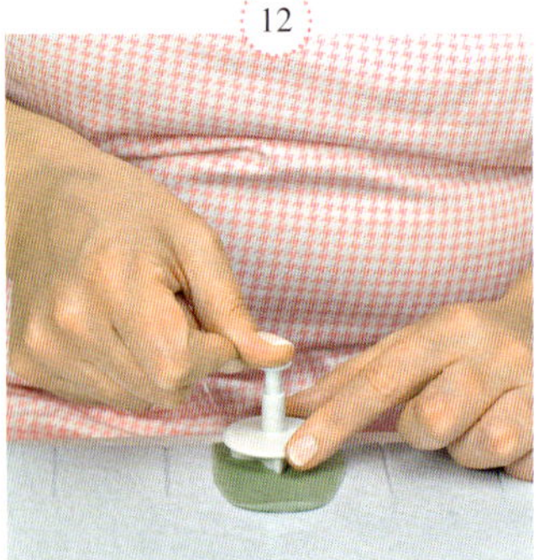

Dann die Unterkante des Efeus an der Brett-Unterkante anlegen. Die Rille sollte sich in der Mitte des Blattes befinden. Nun das Blatt ausstechen. Indem der im Ausstecher eingebaute Stempel aufgedrückt wird, erhält das Blatt eine Aderstruktur.

13

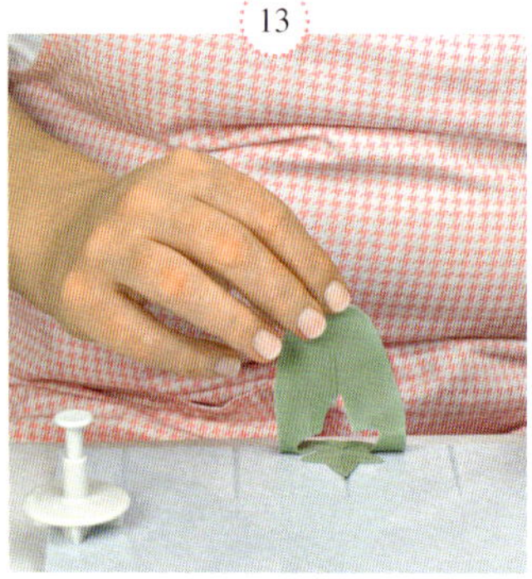

Den Ausstecher abnehmen und überschüssige Blütenpaste entfernen.

14

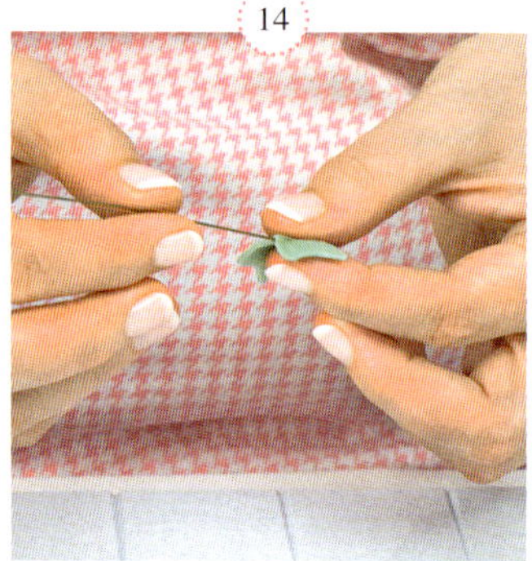

Den Draht ganz leicht in Kleber tauchen. Jetzt das Blatt mit der Erhöhung nach oben zwischen Daumen und Zeigefinger legen und den Draht mit leichten Drehbewegungen bis zur Hälfte des Blattes in den Grat stecken.

15

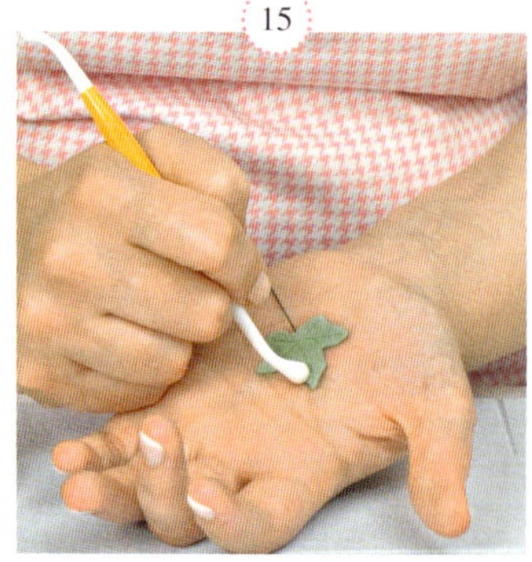

Dann die Kanten mit dem Ball Tool auf der Oberseite des Blattes ausformen. Hierzu das Efeublatt auf die Handfläche legen und das Werkzeug zur Hälfte auf der Hand und zur Hälfte auf dem Blattrand entlangführen.

16

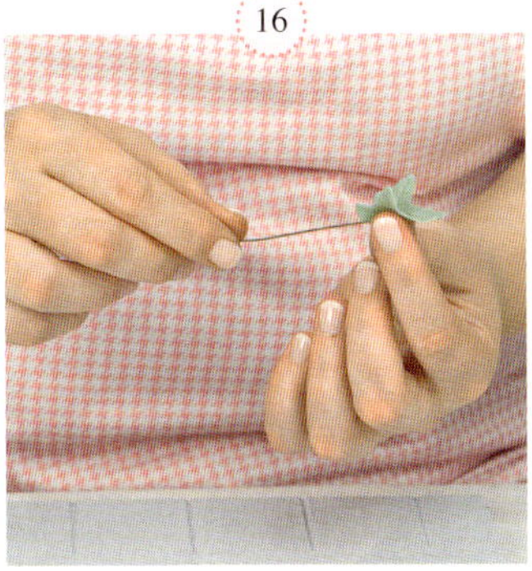

Zum Schluss wird das Blatt in der Mitte geknickt.

17

Zum Trocknen wird das Blatt auf leicht geknüllte Alufolie gelegt. Auf diese Weise werden insgesamt 9 Blätter hergestellt.

18

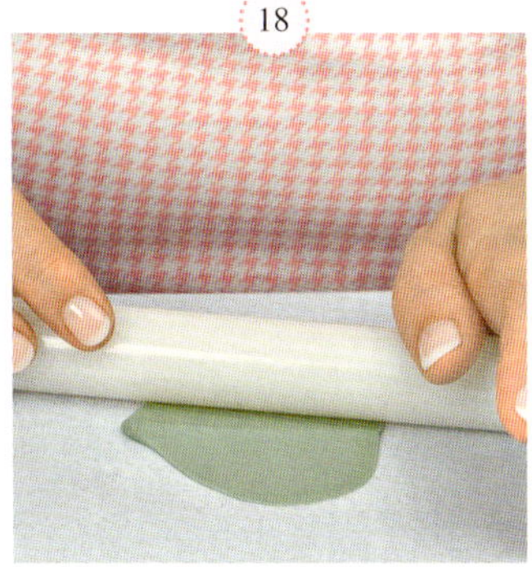

Alternative Herstellung des Grates ohne Modellierbrett mit Schlitz: Beim Ausrollen einen Grat formen, indem ein Strang fortwährend nach vorne und hinten gerollt wird. Dann den Blattausstecher aufdrücken.

19

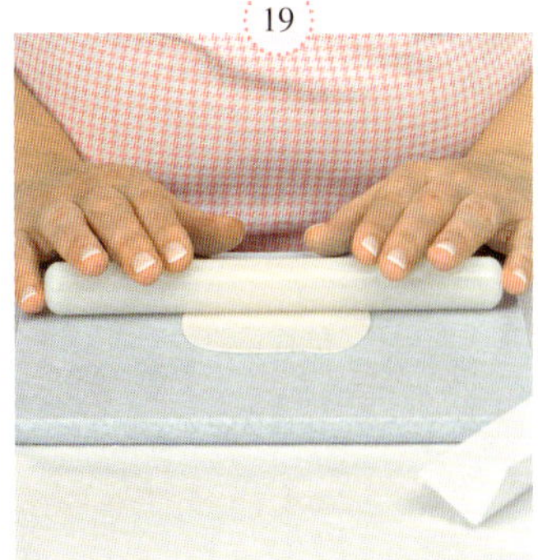

Für die Schmetterlinge weiße Blütenpaste ganz dünn ausrollen. Tipp: Arbeiten Sie mit Blütenpaste immer Schritt für Schritt in Einzelteilen oder decken diese während der Arbeit ab, da die Blütenpaste sehr schnell trocknet.

20

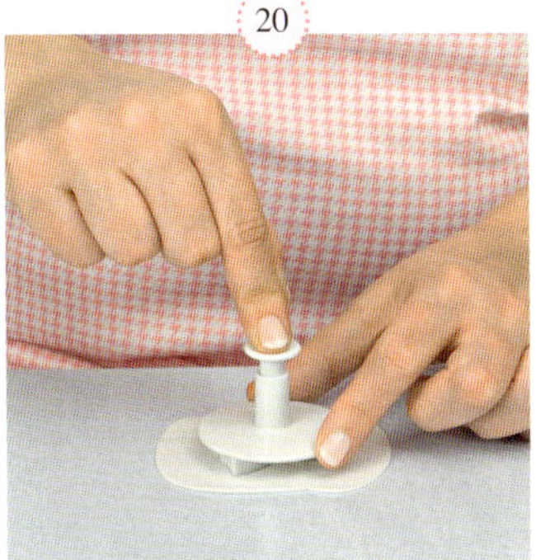

Den Ausstecher aufsetzen und die Struktur mit dem eingebauten Stempel aufdrücken.

21

Das überschüssige Material wegnehmen.

22

Ein festes Papier zum Streifen schneiden und in der Mitte knicken. Jetzt den Schmetterling zum Trocknen in die Faltung legen.

23

Die getrockneten Blüten mit rosafarbener Pulverfarbe von außen nach innen einpudern. Hierfür die Farbe mit dem Pinsel aufnehmen und auf einem Taschentuch abtupfen, damit nicht zu viel Farbe am Pinsel ist. In der Mitte der Blüte den Stempel mit etwas Farbe betupfen.

24

Auf die gleiche Weise die Blätter mit grünem Puder färben. Diesmal jedoch von innen nach außen die Farbe auftragen und den Rand unberührt lassen.

25

Mit einem schwarzen Lebensmittelstift die Mitte des Schmetterlings bemalen.

26

Zum Schluss die Schmetterlinge mit Pearl White abstäuben, damit sie einen schönen Glanz erhalten.

27

1000 g karamellfarbenen Modellierfondant ausrollen. Die Arbeitsfläche sollte sorgfältig mit Kokosfett eingefettet sein. Jetzt mit einem großen Rollstab den Modellierfondant auf gewünschte Größe und Stärke ausrollen. Dann eine Dekorschablone auflegen und noch einmal leicht darüberrollen.

28

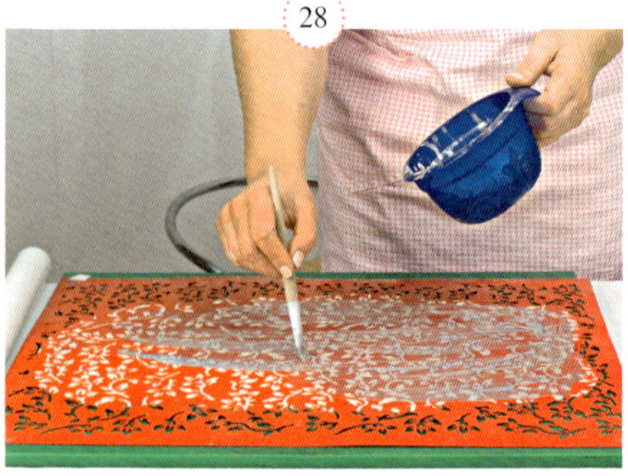

Silberne Pulverfarbe mit Alkohol verdünnen und mit einem breiten Pinsel auf den Fondant streichen.

29

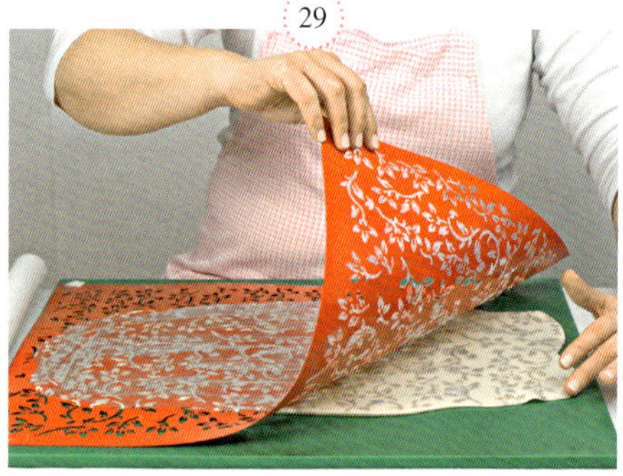

Danach die Schablone vorsichtig abziehen.

30

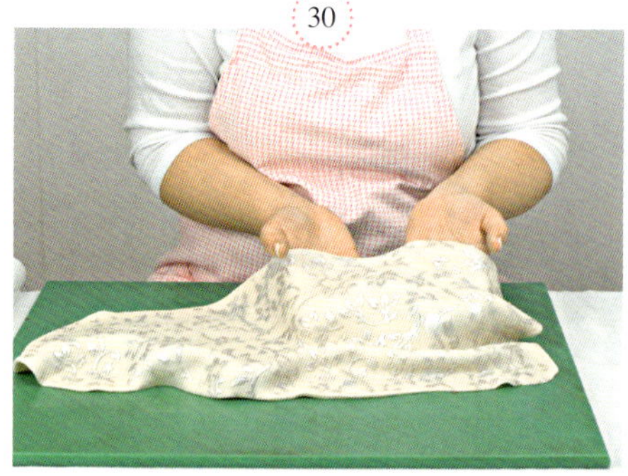

Den Fondant wie ein Stück Stoff auf der Unterlage in Falten legen. Wichtig ist, dass die langen Seiten zum Schluss noch ein wenig nach unten eingeschlagen werden.

31

Jetzt einen Teil der Tortenoberseite mit Kleber bestreichen. Danach die Drapierung vorsichtig und langsam hochnehmen.

32

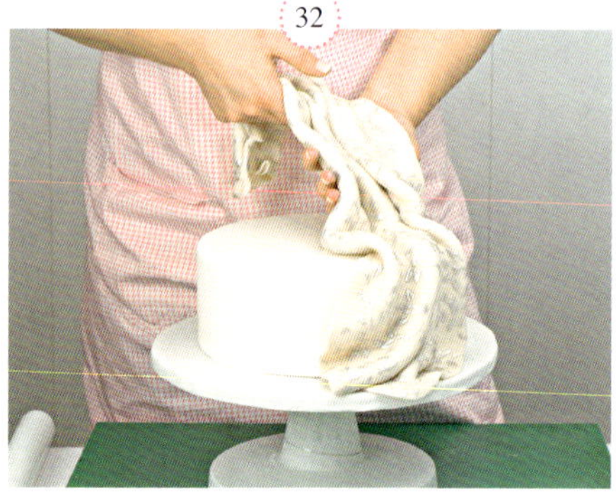

Den Fondant in gewünschtem Verlauf über die Torte legen. Bei dieser Torte beschreibt die Drappierung einen Bogen.

33

Eventuell das zu lange Material mit einem scharfen Messer entlang der Kante abschneiden.

34

Perlen von Hand zu rollen ist möglich, aber schwierig. Hierfür gibt es deshalb eine Perlenform. Aus dem restlichen weißen Modellierfondant eine aprikosengroße Menge abnehmen und daraus zuerst eine Kugel und dann einen Strang in der Länge der Perlenform rollen. Der Durchmesser des Strangs sollte etwas dicker sein als die Perlenform.

35

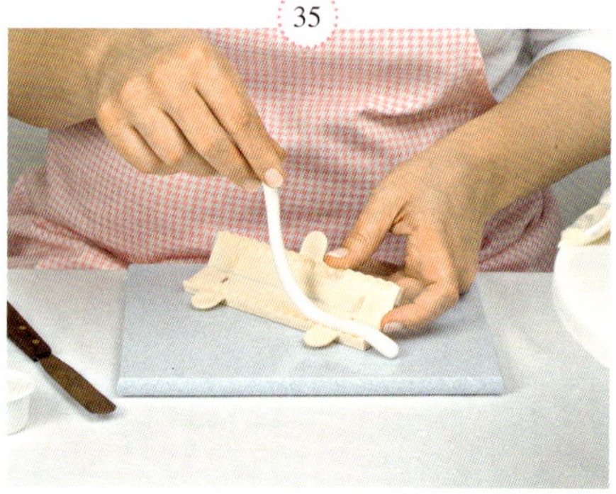

Den Strang in die Form legen und die Enden links und rechts herausragen lassen.

36

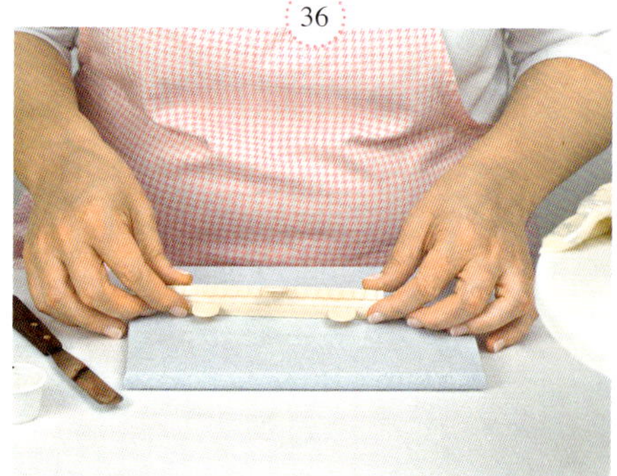

Jetzt die Schablone zusammendrücken.

37

Nachdem die Form ganz fest zusammengedrückt wurde, lassen sich die Enden ganz leicht abnehmen.

38

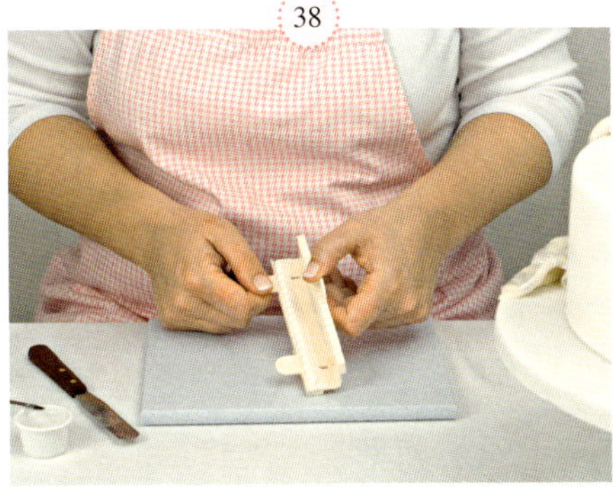

Das überschüssige Fondant von der Form entfernen.

39

An der vorgesehenen Schnittkante mit einer Palette oder einem stumpfen Messer den entstandenen Grat abschneiden und abnehmen.

40

Etwas Kleber in der Länge des Stranges auf dem Cake-Board am unteren Rand der Torte verteilen. Dann den Perlenstrang vorsichtig herausnehmen.

41

Strang für Strang um die Torte legen. Beim letzten Stück den Strang am Ende ansetzen und am Ende des zuvor aufgelegten Stranges abschneiden.

42

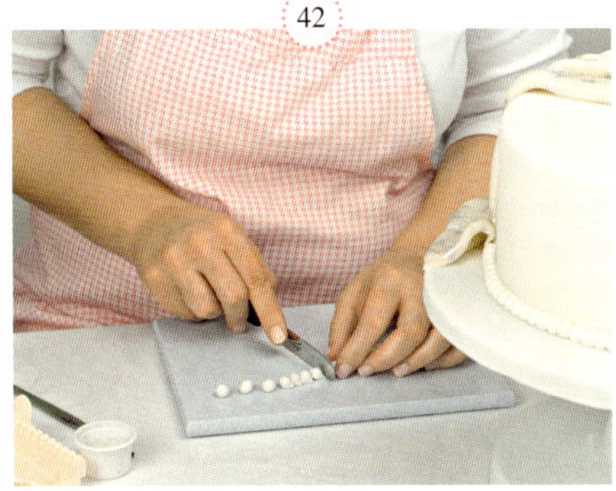

Ein paar Perlen mit einem Messer oder einer Palette abteilen. Diese Stücke zu Kugeln rollen.

43

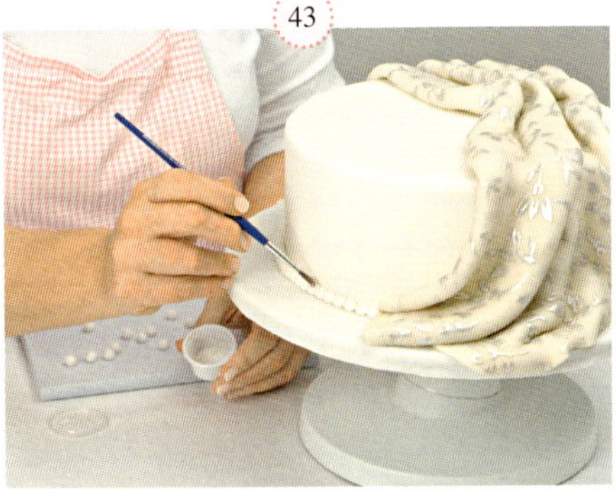

Den Perlenstrang mit silberner Puderfarbe bestäuben. Das Anmixen mit Alkohol ist nicht notwendig. Überschüssigen Puder ganz einfach wegpusten.

44

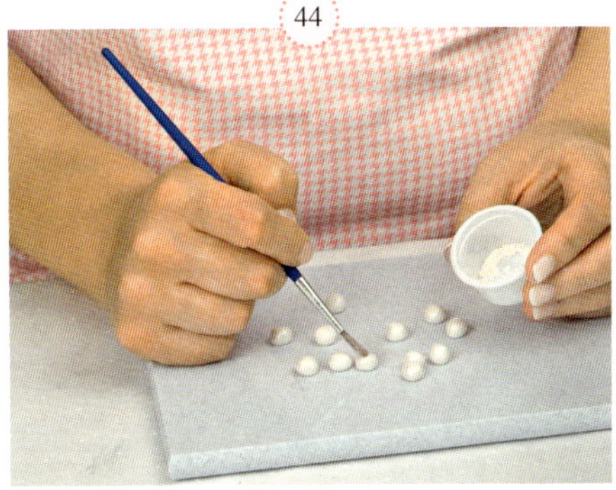

Ebenso werden die einzelnen Perlen bestäubt. Alternativ könnten die Perlen natürlich auch geschüttelt werden. Allerdings lohnt sich der Aufwand bei dieser Torte nicht, da nur wenige Perlen benötigt werden.

45

Ein Stück braunes Floristikband abschneiden.

46

Das Floristikband halbieren, um das Wickeln der Blüten zu erleichtern.

47

Das Band zunächst um den Draht einer Blüte schlagen. Dabei etwas unterhalb der Blüte ansetzen. Mit dem Fingernagel das umgeschlagene Ende festdrücken.

48

Jetzt mit Daumen und Zeigefinger der anderen Hand festhalten und drehen. Dabei das Floristikband leicht ziehen. Dadurch beginnt das Band zu kleben.

49

Auf diese Weise Blüte für Blüte nebeneinander hinzufügen und nach jeder Blüte die Drähte einmal mit Floristikband umwickeln.

50

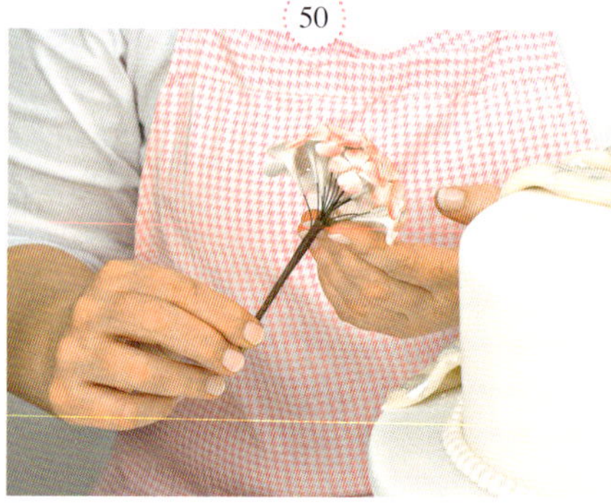

Die Blüten ergänzen bis eine halbkugelförmige Dolde entstanden ist. Dann den kompletten Draht mit Floristikband umwickeln. Zum Schluss die Blüten noch ein wenig ausrichten.

51

Die Hortensiendolde nun unter die Drappierung legen, da der Draht ja nicht mit dem Inneren der Torte in Kontakt kommen sollte. Vor dem Verzehr kann man die aufgrund des Drahtes nicht essbaren Zuckerblüten ganz einfach abnehmen.

52

Jetzt noch ein paar der nicht angedrahteten Hortensienblüten in die Torte stecken.

53

Zur Herstellung eines Efeustranges das geteilte Floristikband an der Spitze circa 2–3 cm lang zwirbeln, indem man es ganz einfach zwischen den Fingern dreht.

54

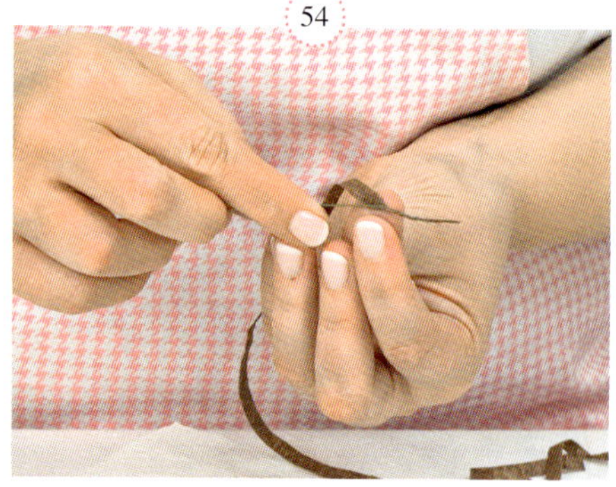

So bildet sich eine Tasche, in die man einen Draht hineinlegen kann. Quetschen Sie das Band an dieser Ansatzstelle um den eingefügten Draht und drehen das Band circa 1 cm um den Draht.

55

Jetzt das erste Blatt an den Draht legen und beide Drähte ablaufend etwa 3 cm umwickeln.

56

Jetzt das zweite Efeublatt so an der Bindung anlegen, dass die Spitze des Blattes unter dem Ende des ersten Blattes liegt.

57

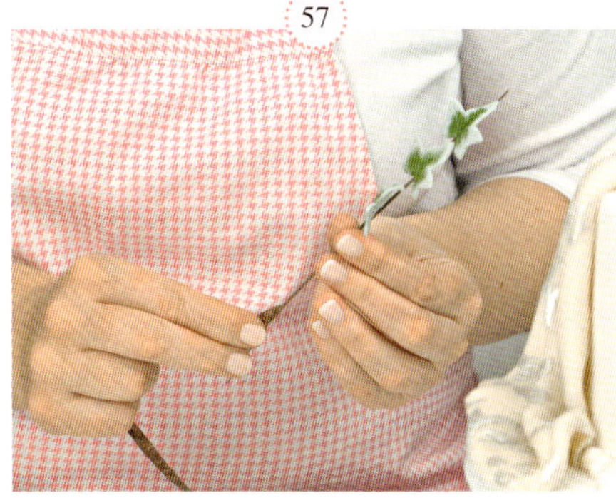

Auf gleiche Weise das dritte Blatt ergänzen.

58

Mit einer Briefmarkenzange zuerst ein Efeublatt senkrecht hochbiegen, indem man in der Mitte des Drahtes angreift, an dem das Blatt befestigt ist. Danach den Draht im rechten Winkel umknicken.

Tipp: Diese Schritte nicht mit den Fingern ausführen, da die Gefahr besteht, dass das Blatt abbricht.

59

Zum Schluss noch den Drahtstrang nach links und rechts in Form biegen, damit er natürlicher aussieht.

60

Nun die Efeustränge ebenfalls unter die Drapierung stecken. Besonders schön ist es, wenn ein Efeuzweig nach oben steht. Hierfür den Draht zuerst waagerecht unter die Drapierung stecken und dann nach oben biegen.

61

Die Schmetterlinge und die Perlen abschließend auf der Torte verteilen und ankleben.

Betty erstellt immer erst alle Hortensienblüten und ergänzt dann den Blütenstempel in der Mitte. Das ist effektiver.

Anstelle des Modellierfondants können Sie auch normalen Fondant für die Drapierung verwenden. Für ungeübte Tortenbäcker ist der Modellierfondant in der Handhabung jedoch einfacher.

Die Musterschablone erhalten Sie im Baumarkt. Sie können im Grunde alle Schablonen verwenden, die man zur Wanddekoration nutzt.

Wenn Sie keine Perlenform kaufen möchten, können Sie den Fondant ausrollen und mit einer Lochtülle Kreise ausstechen. Daraus dann gleichmäßige Kugeln formen.

Die Blüten, Blätter und Schmetterlinge unbedingt einen Tag vorher herstellen.

Willkommen

Nicht nur zur Willkommens-Party des neuen Erdenbewohners oder zur Taufe ist diese Torte geeignet. Hier lernen Sie auch wieder ganz viele unterschiedliche Techniken wie zum Beispiel das Erstellen von Buchstaben.

Wenn Sie die Fondantmenge des Teddys erhöhen, dann könnten Sie ihn wie das Pferd auf einen Geburtstagsgugelhupf setzen. Wenn Sie die Turnschuhe vergrößern, sind diese optimal für eine Teenie-Torte geeignet.

Ihrer Kreativität sind also keine Grenzen gesetzt.

1	Torte 26 cm Durchmesser
650 g	Modellierfondant
250 g	Blütenpaste
1	Lollystiel

Cake-Board | Palette | Modellierbrett | Messer | weiches Kokosfett
Rollschneider | Rollstab | Pinsel
Quilting Tool | Spritztülle Größe 10
Veining Tool | Schere | Zahnstocher
Lineal | Patchwork Cutter Alphabet

Modellierfondant eingefärbt mit:

Elfenbein:	Caramel Ivory	400 g
Grün:	Mint	250 g
Melone:	Melon	

Blütenpaste eingefärbt mit:

Grün:	Mint	125 g
Melone:	Melon	

1

Die Schuhe werden aus 125 g weißer und 125 g grüner Blütenpaste erstellt. Das Grün wurde diesmal aus Mint und Melone gemischt. Zuerst die weiße Paste 2 mm dünn ausrollen. Dann das Schnittmuster der Sohle (Teil A) von Seite 175 auflegen und mit dem Rollschneider ausschneiden.

2

Das überschüssige Material abnehmen. Dabei bleibt die fertige Form auf dem Board liegen.

3

Jetzt erst das Papier abheben. Die Sohle(n) über Nacht trocknen lassen.

Tipp: Obwohl in dieser Anleitung ein Schuh bereits fertiggestellt wurde, bietet es sich an, beide Schuhe gleichzeitig herzustellen. Bei dem zweiten Schuh müssen Sie die Vorlage umdrehen, um einen linken bzw. einen rechten Schuh zu erhalten.

LISA

4

Nachdem die Sohle getrocknet ist, kann der Schuh weiter modelliert werden. Ab diesem Schritt ist schnelles Arbeiten notwendig, da die Blütenpaste sehr schnell trocknet. Jetzt die Hälfte des grünen Fondants ebenfalls 2 mm dünn ausrollen und das Schnittmuster B und C auflegen. Ebenfalls mit dem Rollschneider ausschneiden.

5

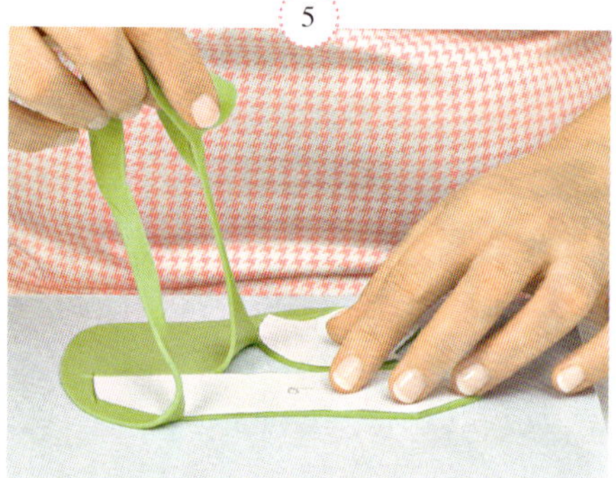

Das überschüssige Material um die Ausschnitte herum abnehmen.

6

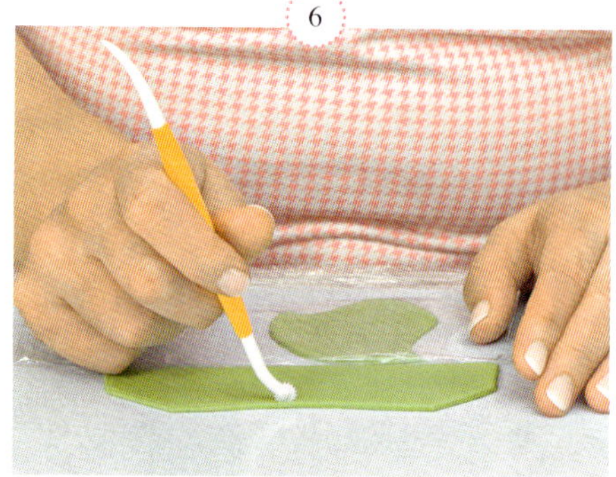

Das Teil, welches gerade nicht bearbeitet wird, mit Folie abdecken und einmal kurz über die Folie streichen, damit die Blütenpaste nicht austrocknet. Das Teil B mit dem Quilting Tool umranden und so eine Naht andeuten.

7

Jetzt mit einer Lochtülle Größe 10 entlang der schrägen Seiten je drei Löcher ausstechen.

8

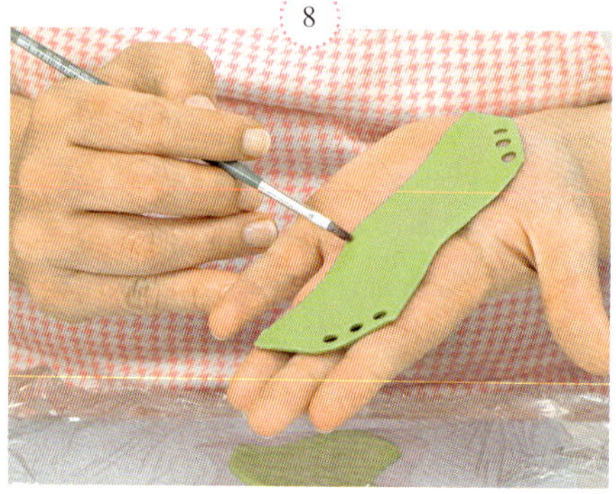

Dann mit Kleber die lange Seite bestreichen.

9

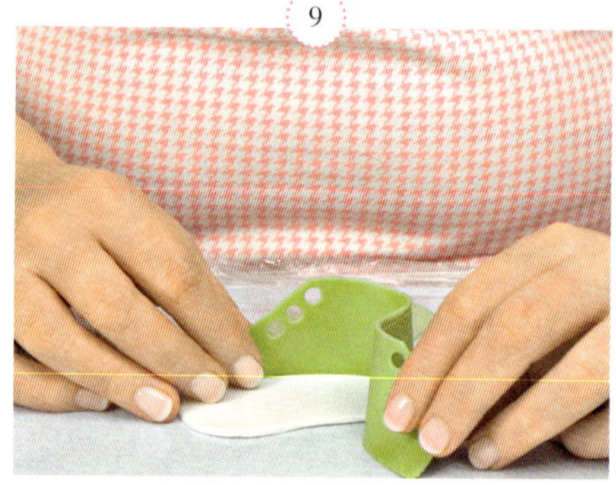

Den Ausschnitt nun von hinten beginnend mittig um die Sohle legen.

10

Jetzt ein etwa kastaniengroßes Stück halbmondförmig formen. Diese Unterfütterung ist nicht zwingend notwendig, erleichtert das Arbeiten jedoch enorm.

11

Etwas Kleber vorne auf die Spitze der Sohle streichen und den Halbmond auf den vorderen Teil des Schuhs legen. Die vordere Rundung des Halbmondes noch etwas nacharbeiten.

12

Jetzt die Schuhlasche (Teil C) an der breiten Seite mit Kleber bestreichen.

13

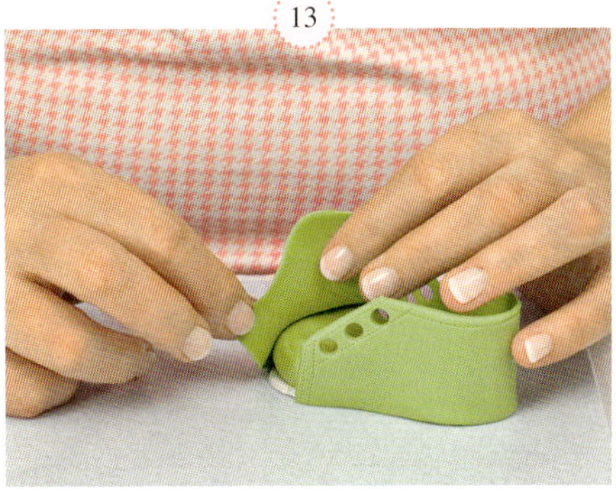

Die Lasche mit der breiten Seite nach vorne auf die Schuhspitze legen und über die Unterfütterung formen.

14

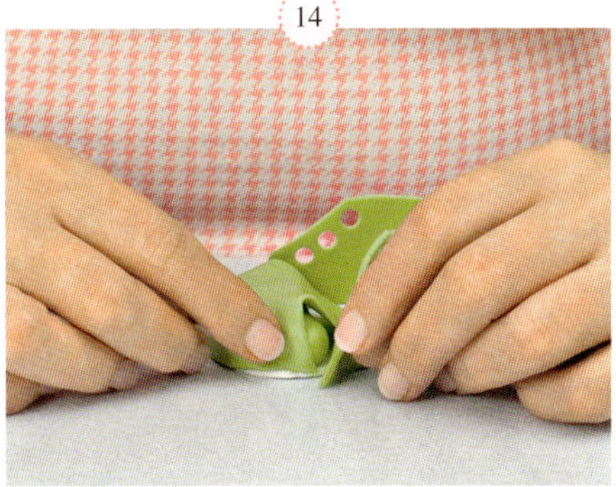

Die Kanten des hinteren Teils an der Seite ein wenig abziehen und an der Schuhspitze wieder ankleben.

15

Mit einem Taschentuch wird die Lasche innen abgestützt, damit sie nicht nach innen absacken kann. Wichtig ist, dass die Löcher des Schuhs frei liegen, nachdem die Lasche eingefügt wurde, damit man die Schnürsenkel durch den Schuh ziehen kann.

16

Dann die weiße Blütenpaste dünn ausrollen und die restlichen Schnittmusterteile D, E und F auflegen. Beachten Sie, dass das lange Teil F komplett aufliegt. Nachdem das überschüssige Material abgehoben wurde, Teil D aufnehmen und die Streifen wieder mit Frischhaltefolie abdecken.

17

Das Teil D komplett mit Kleber einstreichen.

18

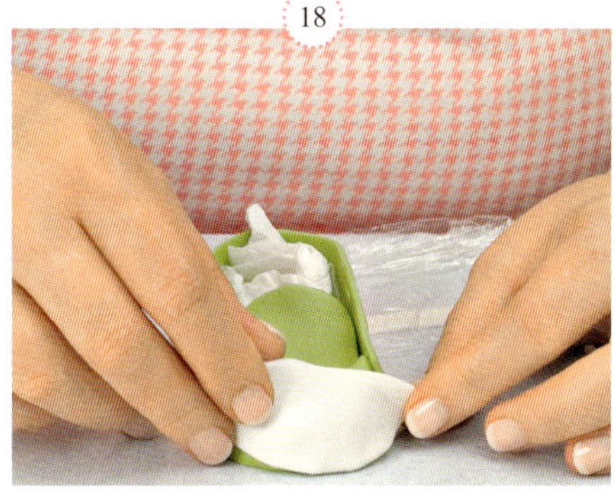

Die Schuhspitze auflegen und nach unten ziehen, um die grüne Unterlage komplett zu ummanteln.

19

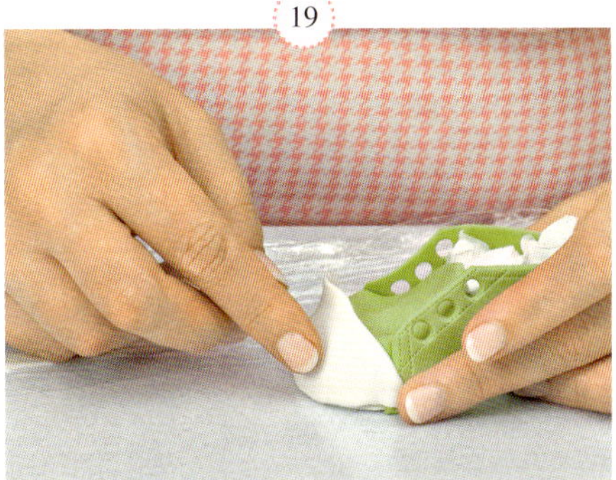

An der Seite beginnend jetzt die komplette weiße Kappe nach oben streichen und festdrücken.

20

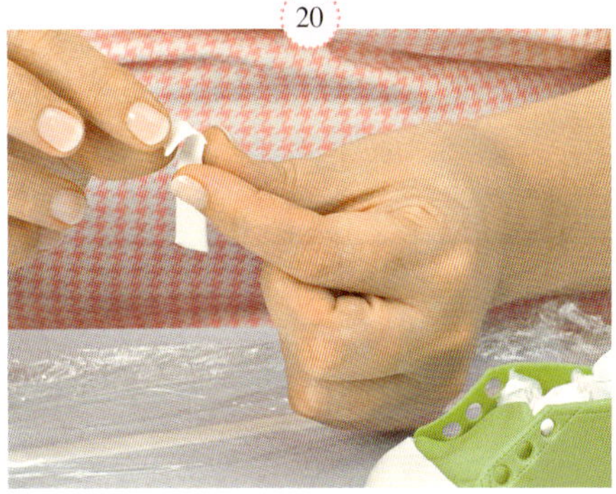

Das Teil E oben etwa einen halben Zentimeter umlegen, sodass sich eine kleine Schlaufe bildet.

21

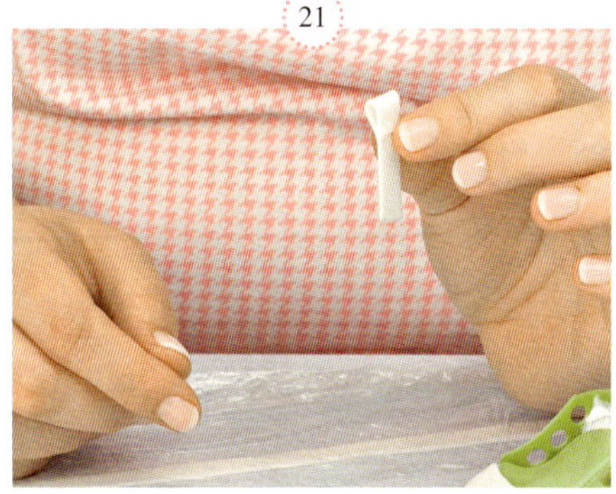

Die Schlaufe klebt durch das auf dem Modellierbrett aufgetragene Kokosfett von alleine. Jetzt den Streifen an der Seite, die auf den Schuh geklebt wird, einstreichen.

22

Den Streifen hinten auf den Schuh kleben.

23

Teil F komplett auf der Unterseite mit Kleber einstreichen. Auf der Rückseite des Schuhs beginnend das Band um den Schuh legen.

24

Die beiden Enden aneinander stoßen und rund um den Schuh festdrücken.

25

Ein walnussgroßes Stück weiße Blütenpaste zu einer Kordel von 5 mm Stärke rollen. Die Schnürsenkel dann durch die Löcher führen. Wichtig ist, dass das Band zu Beginn der Bindung gleich lang eingeführt wird.

Tipp: Wenn Sie eine Sugar Paste Gun haben, können Sie entweder mit der flachen oder der runden Scheibe die Schnürsenkel ebenmäßig formen.

26

Um Schnürsenkel zu einer Schleife zu binden, zunächst die durch die Löcher gezogenen Schnürsenkel zusammendrücken und das Abstehende abschneiden.

27

Jetzt einen Strang etwa 12 cm lang in gleicher Stärke wie die bereits eingezogenen Schnürsenkel rollen. Dann etwas Kleber auf die Schnittstelle geben.

28

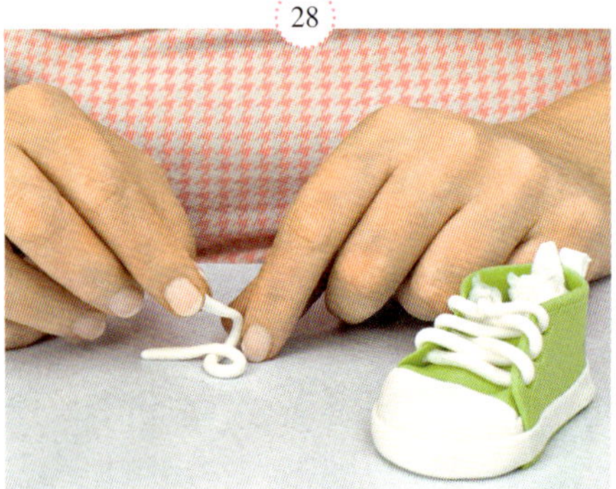

Daraus wird die Schleife gelegt, indem zuerst eine Schlaufe über das Band gelegt wird und dann die andere Seite darüber gekreuzt wird.

29

Jetzt in der Mitte der Schleife mit einem Zahnstocher ein kleines Loch eindrücken und so die Schlaufen miteinander verbinden.

30

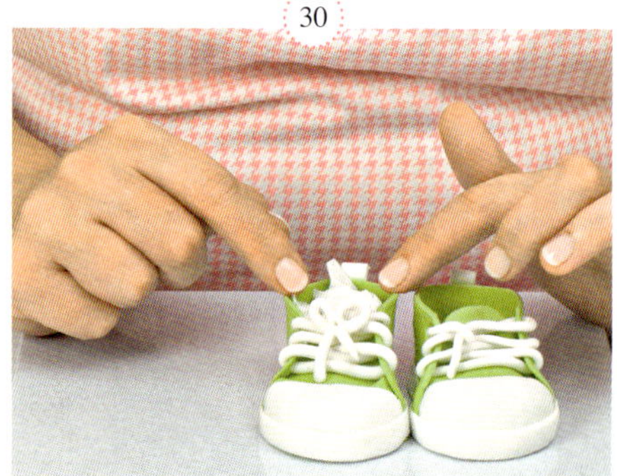

Zum Schluss die Schleife auf die mit Kleber bestrichene Stelle legen. Die Schuhe nun zum Trocknen wegstellen.

31

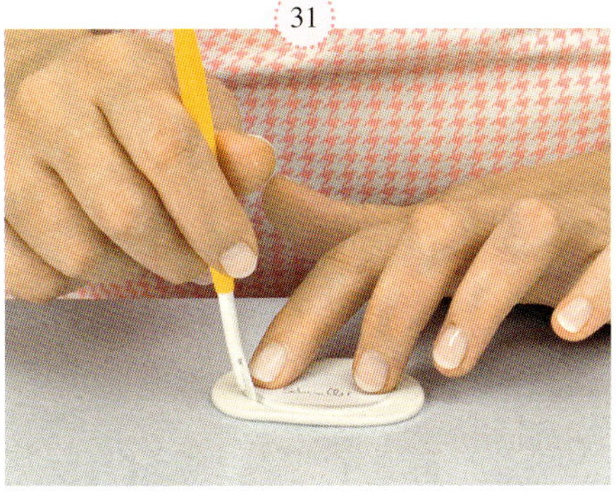

Jetzt noch die Schnullerplatte herstellen, damit auch diese trocknen kann. Ein haselnussgroßes Stück weiße Blütenpaste auf 2–3 mm ausrollen und mit dem Schnittmuster die Schnullerplatte ausschneiden.

32

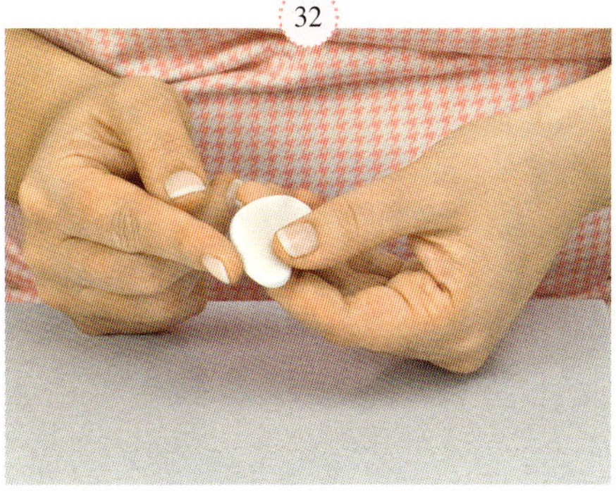

Die Kanten der Schnullerplatte ein wenig mit dem Finger glätten.

33

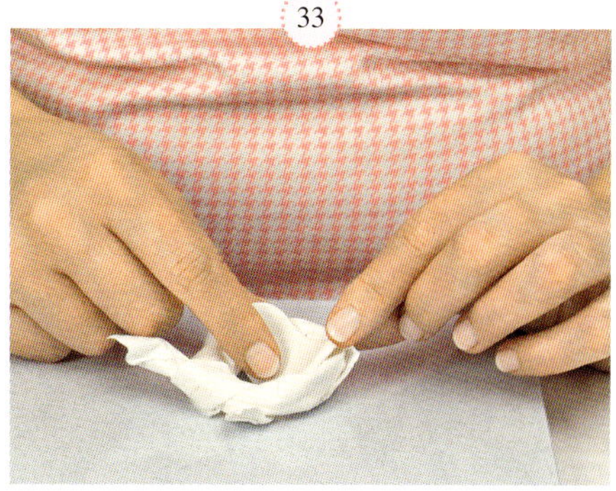

Ein Kosmetiktuch oder ein Taschentuch wie auf Seite 13 beschrieben zur Trockenunterlage formen und die Schnullerplatte hineinlegen. Sie sollte eine leichte Wölbung erhalten.

34

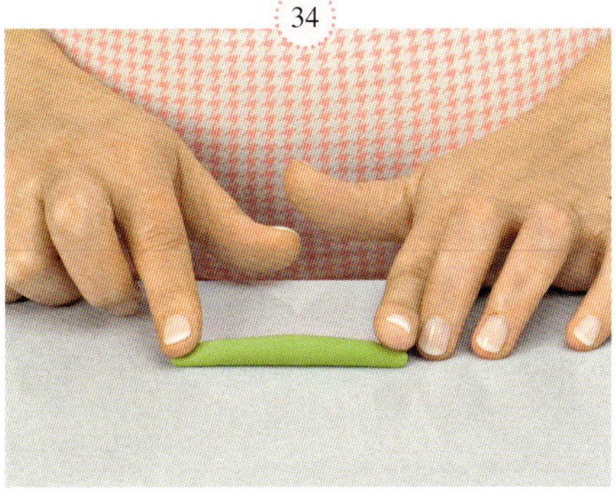

Nachdem die Schnullerplatte getrocknet ist, ein haselnussgroßes Stück der grünen Modellierpaste zur Kugel formen und in einen circa 8 cm langen Streifen rollen, der an den Enden verjüngt ist.

35

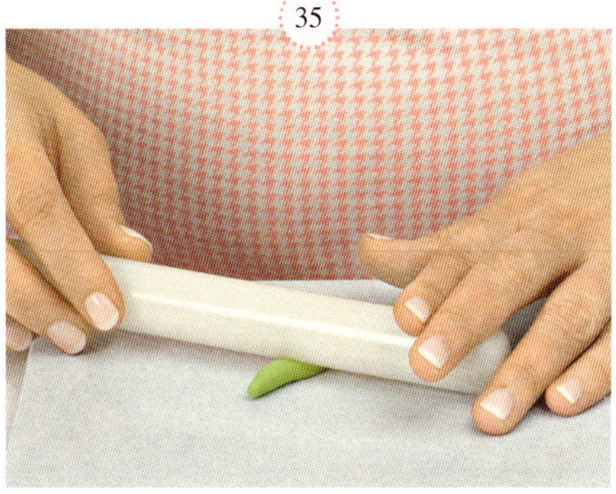

Den Streifen mit dem Rollstab etwas plätten.

36

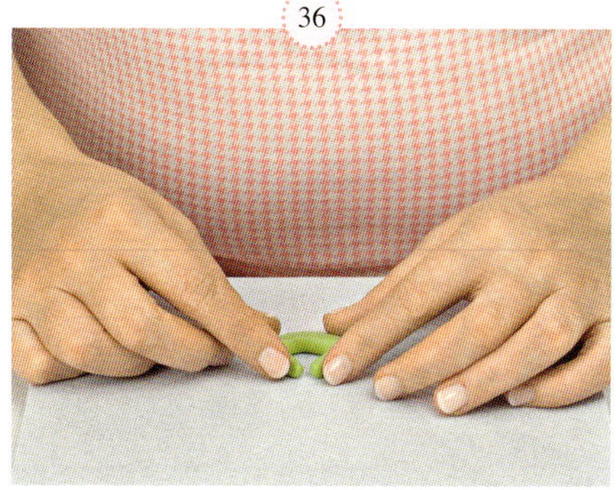

Den Strang in einen Kreis legen und Kleber auf die beiden Spitzen geben.

37

Die getrocknete Schnullerplatte auflegen.

38

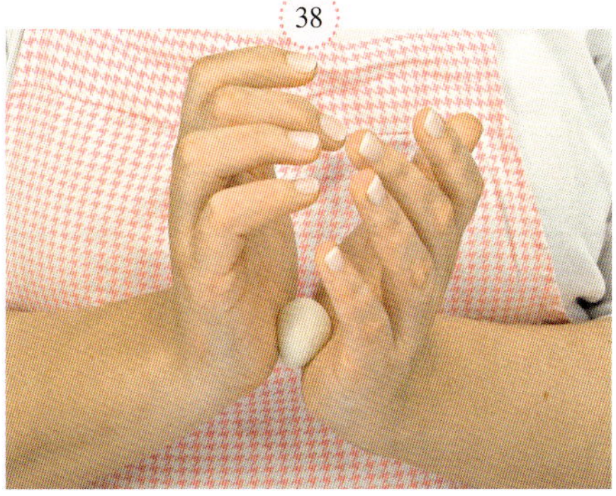

Aus einem kastaniengroßen Stück karamellfarbenem Modellierfondant eine Kugel und dann einen Tropfen formen.

39

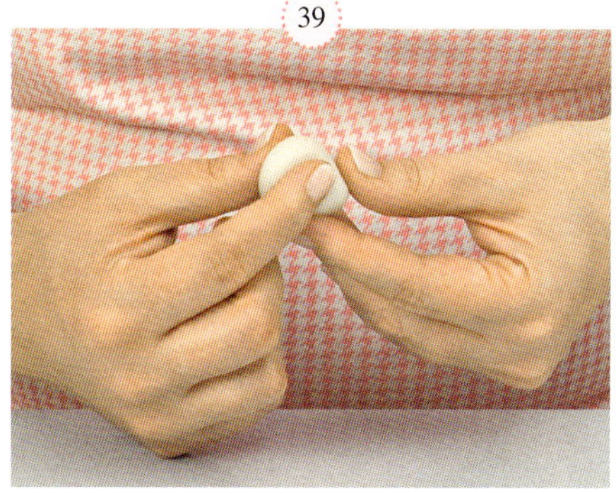

Den Tropfen platt drücken.

40

Den Sauger aufkleben und an der Spitze etwas nach oben biegen.

41

Mit einem Papiertaschentuch etwas abstützen und trocknen lassen.

42

Aus dem restlichen karamellfarbenen Modellierfondant nach dem 1-2-3-Prinzip die Teile für den Teddy bemessen. Aus dem ersten Drittel zuerst eine Kugel und dann einen Tropfen formen.

43

Den Tropfen jetzt auf die Arbeitsfläche stellen und mit dem Quilting Tool eine Naht über den Körper rollen.

44

Mit einem Zahnstocher ein Loch als Bauchnabel in kreisender Bewegung ausformen.

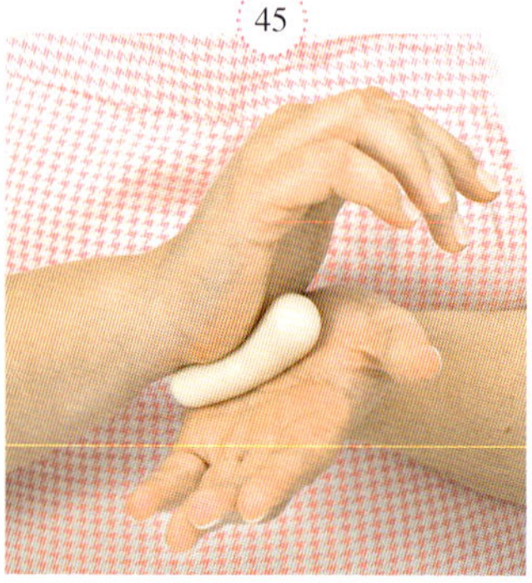

45

Die Stücke für die Beine zur Kugel und dann zu einem konisch zulaufenden Strang formen.

46

Das dickere Ende flach drücken.

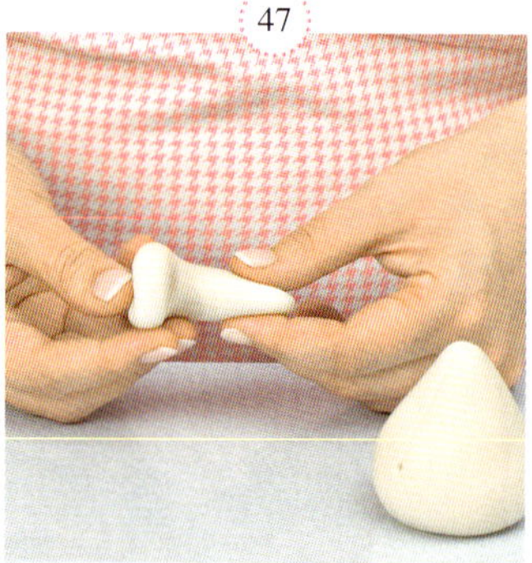

47

Den Fuß jetzt anwinkeln und das Bein auf der anderen Seite flachdrücken, um das Bein später am Körper befestigen zu können.

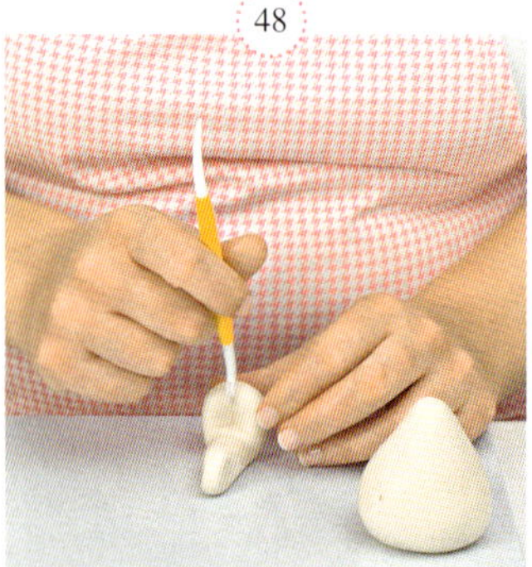

48

Jetzt das Bein mit Hilfe des Quilting Tools mit einer Naht versehen, die vorne über das Bein läuft. Mit Kleber auf der Innenseite bestreichen und am Körper in gewünschter Haltung ankleben. Das zweite Bein auf gleiche Weise formen.

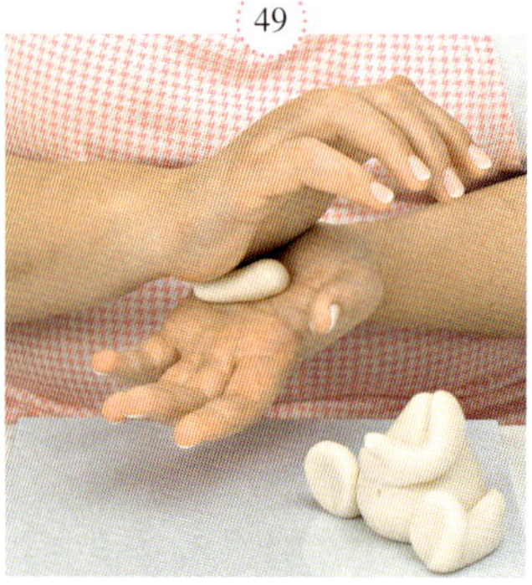

49

Die Stücke für die Arme zu einer Kugel formen und dann wieder jeweils einen konisch zulaufenden Strang rollen.

50

Das dickere Ende wieder zwischen Daumen und Zeigefinger flach drücken.

51

An einer Seite mit einem scharfen Messer einschneiden, damit ein Daumen entsteht. Den Arm hochnehmen und die Spitze des Daumens ein wenig abrunden. Achten Sie beim zweiten Arm darauf, dass sich der Daumen auf der anderen Seite befindet.

52

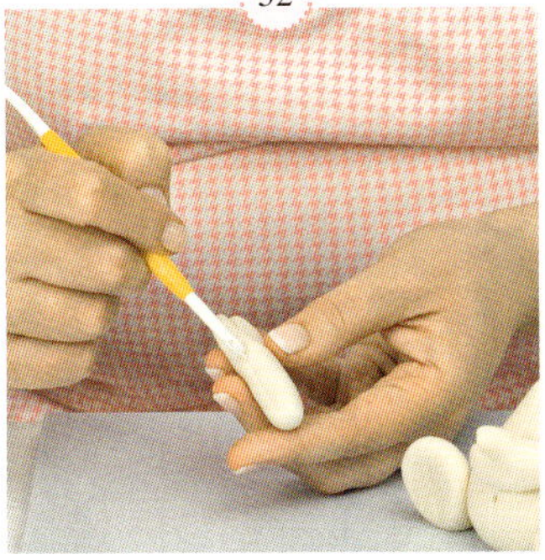

Den Arm mit einer Naht versehen, die seitlich verläuft.

53

Um die Arme am Körper anbringen zu können, die dünne Seite des Stranges ein wenig flach drücken. Auf der Innenseite mit Kleber einstreichen.

54

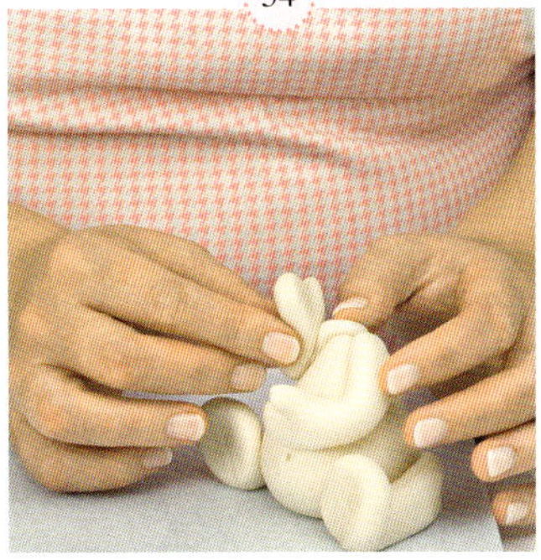

Den zweiten Arm hochbiegen, so dass der Teddy seinen Kopf darauf stützen kann.

55

Nun den Abschnitt für den Kopf zu einer Kugel formen, die an einer Seite nur leicht spitz ausläuft. Außerdem den oberen Verlauf der Schnauze ausbilden, indem der Handballen leicht in den Tropfen gedrückt wird.

56

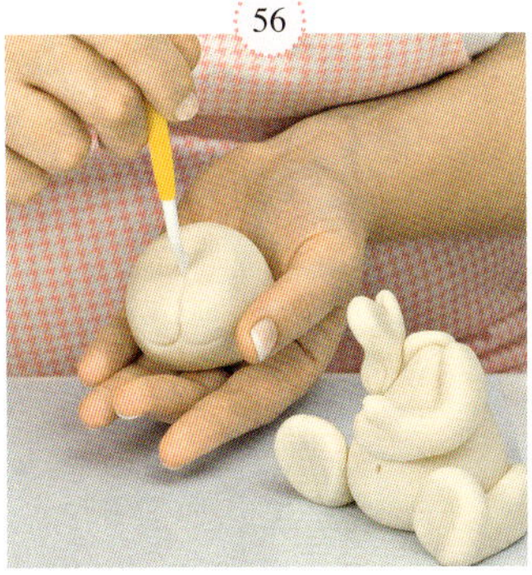

An der spitzen Seite wie bei der Katze auf Seite 66 mit dem Veining Tool oder dem kleinen Rollschneider den Mund einritzen. Zusätzlich eine senkrechte Naht an der Nase beginnend eindrücken.

57

Einen Lollystiel in Kleber tauchen und in den Körper stecken. Falls er zu lang sein sollte, den Lollystiel etwas kürzen.

58

Nun den Kopf in gewünschter Position aufstecken und die abstützende Hand mit Kleber am Kopf befestigen.

59

Eine erbsengroße Menge der grünen Blütenpaste zur Kugel rollen und dann zum Dreieck formen. Tipp: Selbstverständlich können Sie für die grünen Elemente des Teddys auch Modellierfondant verwenden. Allerdings ist bei dieser Torte noch grüne Blütenpaste übrig.

60

Die Nase etwas flach drücken und aufkleben. Die Füße an der nach vorne zeigenden Seite mit etwas Kleber bestreichen. Dann zwei erbsengroße Mengen grüne Blütenpaste zur Kugel formen. Die Füße mit Kleber bestreichen und die grünen Kugeln auf die Füße drücken.

61

Zwei 1 cm große Kugeln aus beigefarbenem Modellierfondant rollen. Zusätzlich zwei stecknadelgroße Kugeln aus der grünen Blütenpaste formen. Eine grüne Kugel auf eine beigefarbene Kugel legen und diese gemeinsam flach drücken.

62

Eine Seite des so entstandenen Ohres mit Daumen und Zeigefinger spitz formen.

63

Nun die Ohren auf den Kopf kleben und mit dem Veining Tool zwei Schlitze einfügen.

64

Jetzt eine haselnussgroße Menge grüner Blütenpaste zur Kugel formen und als Schwänzchen ankleben.

65

Die Augen nun mit „Edible Paint Black“ anmalen. Alternativ kann man natürlich auch einen schwarzen Lebensmittelstift verwenden.

66

250 g Modellierfondant, der mit Mintgrün und Melone gefärbt wurde, ausrollen. Einen Doppelrollschneider auf 2 cm Breite einstellen und aus der Masse einen Streifen schneiden.

67

Den unteren Rand der Torte mit Kleber einstreichen und die Bordüre entlang der unteren Kante anbringen. Sollte nur ein kleines Stückchen fehlen, um die Torte komplett zu ummanteln, den Fondant einfach ein wenig dehnen. Mit einem Glätter andrücken.

68

Ein weiteres Stück aus dem restlichen grünen Modellierfondant ausrollen und in gleicher Breite ausschneiden.

69

Das Band auf 20 cm abschneiden und die übrigen Abschnitte noch nicht wegpacken.

70

Den Streifen umdrehen und auf die Mitte etwas Kleber streichen.

71

Jetzt die Seiten zur Mitte zusammenlegen.

72

Auf der Rückseite Kleber aufstreichen und die Schleife anbringen.

73

Nun etwas Kleber auf die Mitte der Schleife auftragen. Das restliche Stück unten ansetzen, um die Schleife legen und mit dem Rollschneider abschneiden.

74

Es bietet sich an, die Einzelteile in Ruhe vorzubereiten und trocknen zu lassen. Dann können Sie sich voll und ganz auf das Backen der Torte konzentrieren und müssen nur noch alle Teile zusammensetzen.

75

Jetzt zuerst alle Figuren auf der Torte arrangieren und dann festkleben.

76

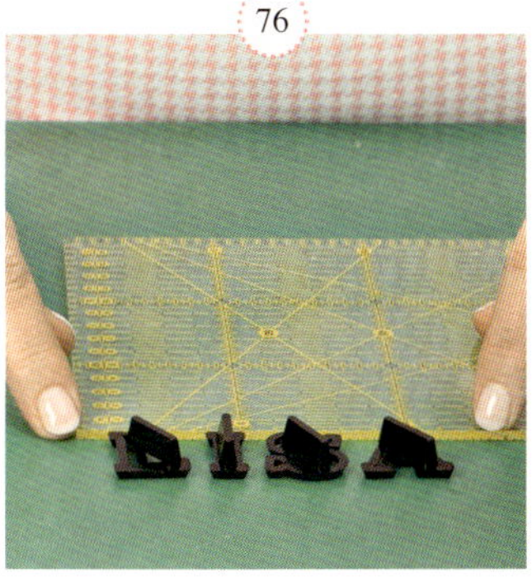

Den gewünschten Text mit dem Patchwork Cutter Alphabet auslegen, um die benötigte Plattengröße zu ermitteln. Links, rechts, oben und unten einen Zentimeter für den Rand dazu rechnen. Bei diesem Beispiel ergibt dies eine Größe von 5 x 12 cm (L x B).

77

Jetzt die Unterlage des Namensschildes in ermittelter Größe aus karamellfarbenem Modellierfondant ausschneiden.
Tipp: Sollten Sie noch etwas weiße Blütenpaste übrig haben, können Sie diese mit der karamellfarbenen Masse vermengen.

78

Das Schild auf der Unterseite mit Kleber einstreichen und über der Schleife aufkleben.

79

Die grüne Blütenpaste ganz dünn ausrollen. Wichtig ist, beim Ausrollen die Blütenpaste nicht mehr hochzuheben. Kurz die Blütenpaste antrocknen lassen und dann die Ausstecher in der Hand anfetten und danach aufdrücken.

80

Die Ausstecher festhalten und den überschüssigen Fondant über die Ausstecher ziehen. So kann man auch prima kontrollieren, ob alles ausgestochen wurde.

81

Die Zwischenteile, wie zum Beispiel bei den Buchstaben S oder A, mit einem Zahnstocher entfernen.

82

Dann vorsichtig die Buchstaben ablösen.

83

Die Buchstaben mit einer Palette abheben und eventuell noch ein kleines bisschen antrocknen lassen, bevor sie aufgeklebt werden. Dann können sie sich nicht so leicht verziehen.

84

Die Unterseite der Buchstaben mit Kleber einstreichen.

85

Die Buchstaben verteilen, indem der Abstand zuvor abgemessen und mit einem Zahnstocher kurz markiert wurde. Wer möchte, kann auch zuerst die Buchstaben auf dem beigefarbenem Schild aufbringen und beides dann gemeinsam aufkleben.

86

Zwei Ecken des Schildes mit einem Zahnstocher einrollen.

87

Jetzt noch mit dem Quilting Tool eine Naht am Schild aufbringen.

Shopping Queen

Einem Mädchen zum 18. oder der besten Freundin zum Geburtstag eine solch elegante Torte zu backen, ist ein wundervolles Geschenk.

Dabei sind die Elemente gar nicht schwierig zu erstellen, wenn man zuvor bereits ein anderes Tortenprojekt gemeistert hat. Und sicher werden Sie so einen großen Spaß an der Fertigung von Blüten haben, dass Sie gleich noch mehr auf Vorrat herstellen möchten.

1	quadratische Torte 24 x 24 cm
410 g	Blütenpaste
etwas	Eiweiß-Spritzglasur
	Kleber

Cake-Board | Palette | Modellierbrett
Messer | weiches Kokosfett | Schere
Rollschneider | Rollstab | Pinsel
weißer 24er-Draht | Strohhalme
Spritztülle Größe 4 | Schaumstoff-Pad | Blüten Veiner Tool | Spritzbeutel | Quilting Tool | Ball Tool
Blumensteckmasse | Doppelrollschneider | Orchideenausstecher
Floristikband

Blütenpaste eingefärbt mit:

Schwarz:	Black	310 g
Karamell:	Caramel Ivory	40 g

Pulverfarbe:

Gelb:	Primrose Yellow
Perlglanz:	Pearl White

1

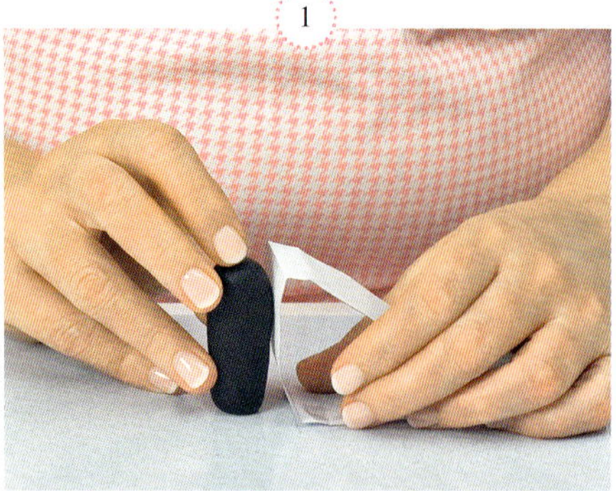

Zuerst das Schnittmuster von Seite 174 kopieren und ausschneiden. Die Form für den Absatz (Teil A) an den markierten Stellen knicken und zusammenkleben. Für den Stiletto benötigen Sie ungefähr 80 g schwarze Blütenpaste. Aus einem Teil der schwarzen Masse eine Kugel mit 4 cm Durchmesser rollen, die zu einem Kegel geformt wird, der die Höhe der kurzen Seite der Vorlage hat.

2

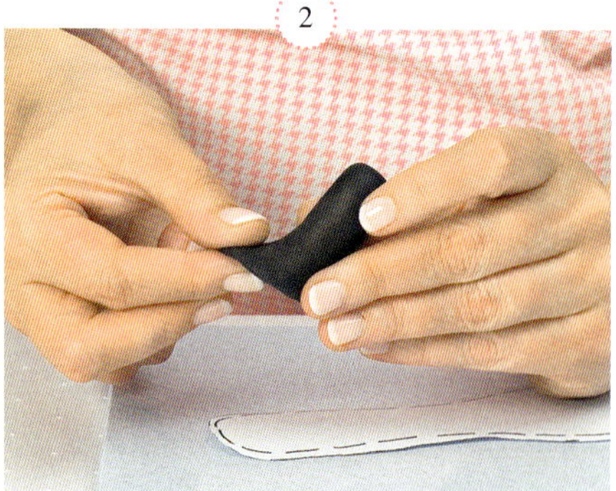

Dann beginnt man, den Kegel an der breiten Stelle flach zu drücken und nach hinten auslaufend zu formen. An der auslaufenden Seite zum Absatz hin sollte ein schöner Bogen entstehen.

3

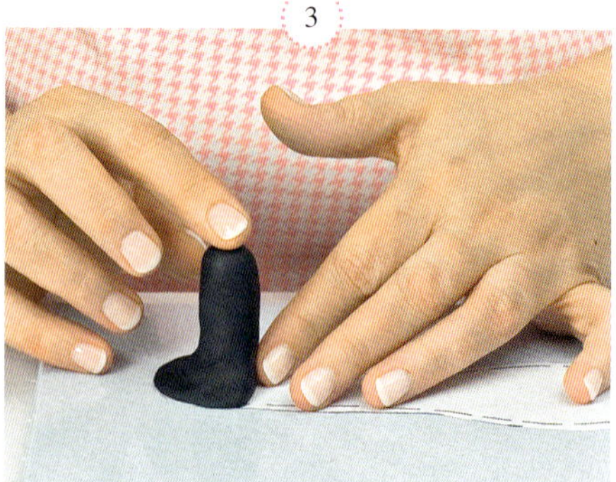

Immer wieder die Größe des Absatzes mit Hilfe der Schablone der Sohle (Teil B) kontrollieren. Wichtig ist auch, dass die Spitze des Absatzes gerade nach oben verläuft.

Tipp: Es ist sehr hilfreich, sich beim Formen die eigenen Schuhe genau anzusehen.

4

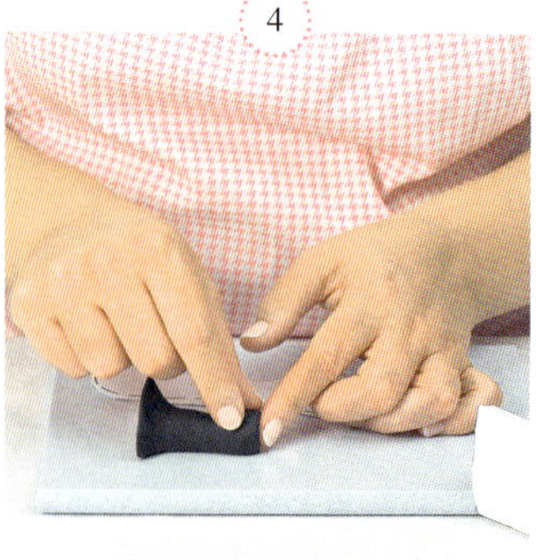

Zum Schluss noch die schmalere Stelle flach drücken. Anschließend wieder die Höhe des Schuhs kontrollieren und den Absatz etwas schlanker formen, falls er zu klein sein sollte.
Wichtig: Der Absatz sollte nach der Fertigstellung zwei Tage trocknen.

5

Jetzt für die Sohle ein Stück Blütenpaste 2 mm dünn ausrollen und das Schnittmuster B darauflegen. Mit dem Rollschneider die Form ausschneiden.

6

Die hintere Seite des Schuhs mit Kleber bestreichen.
Tipp: Wenn man Kleber auf schwarze Masse aufträgt, sollte man danach immer den Pinsel säubern, weil die Farbe sonst auf andere Farben abfärbt.

7

Dann den getrockneten Absatz aufkleben.

8

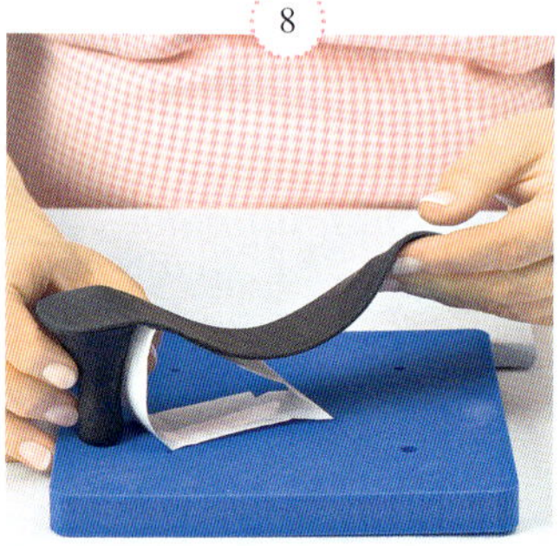

Die Form umdrehen und über die Vorlage legen.

9

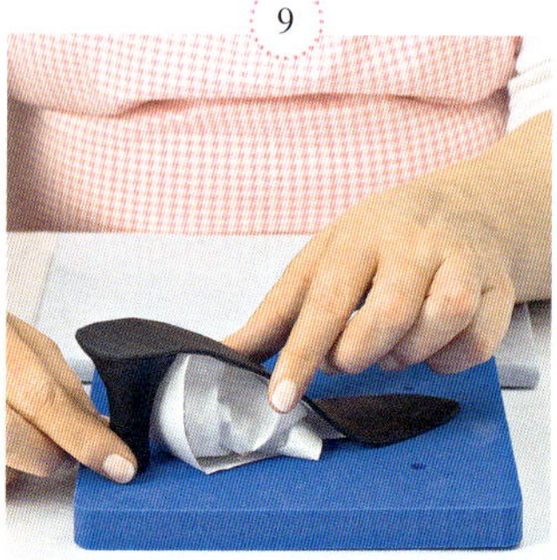

Jetzt die Sohle mit einem Papiertaschentuch unterstützen und von unten rund formen.
Tipp: Achten Sie darauf, dass der Absatz auch gerade steht, denn sonst würde der Schuh schräg trocknen.

10

In der gleichen Stärke wie die Sohle wieder ein Stück schwarze Blütenpaste ausrollen und die Form des Riemchens (Teil C) ausschneiden.

11

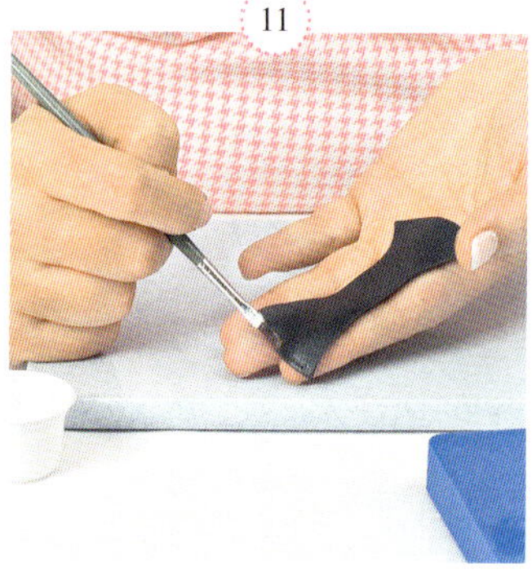

Das Riemchen auf der Rückseite an den Seiten mit Kleber bestreichen.

12

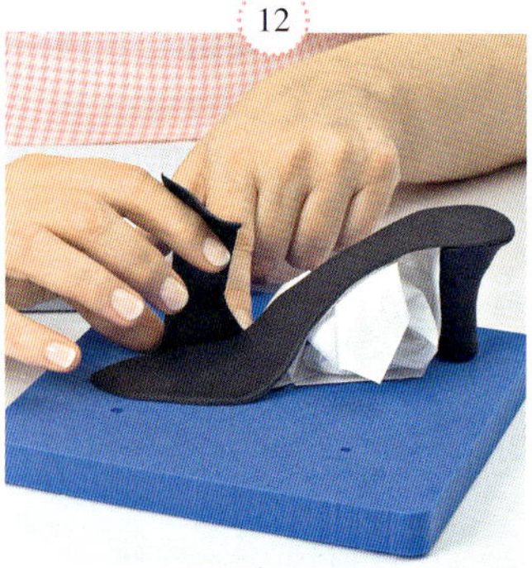

Das Riemchen an die Außenkanten des Schuhs kleben. Wenn die eine Seite angebracht wurde, ein halbes Taschentuch unter die Mitte legen und damit unterbauen.

13

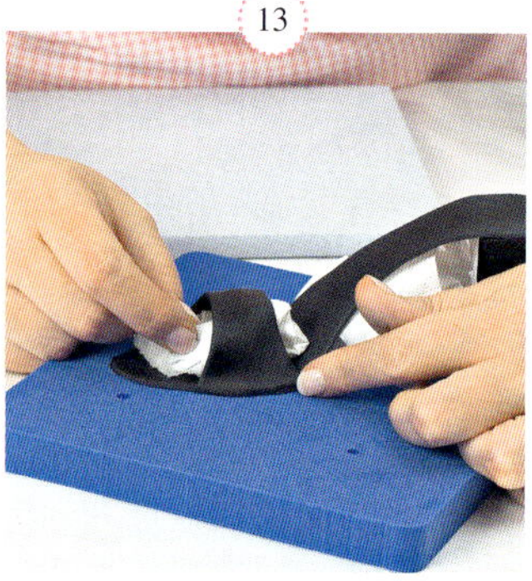

Den Schuh jetzt noch ausformen, sodass das Riemchen schön gebogen auf der Form liegt. Den Schuh danach in dieser Position 15 Minuten trocknen lassen.
Tipp: Nach dem Arbeiten mit schwarzer Modelliermasse die Hände waschen oder während des Arbeitens Handschuhe anziehen.

14

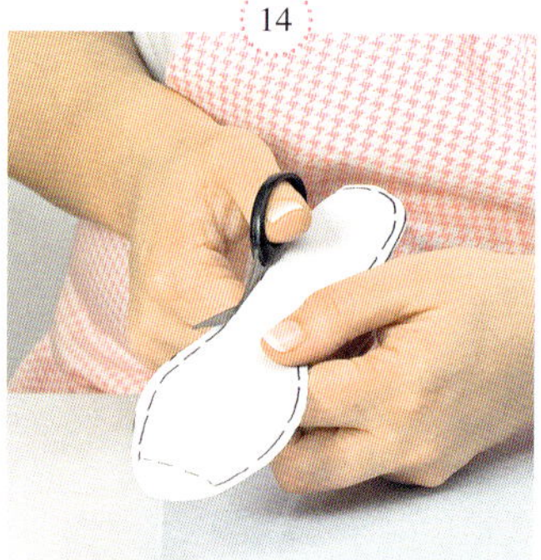

Die Schablone nun an der gestrichelten Linie erneut ausschneiden, um das Fußbett herzustellen.

15

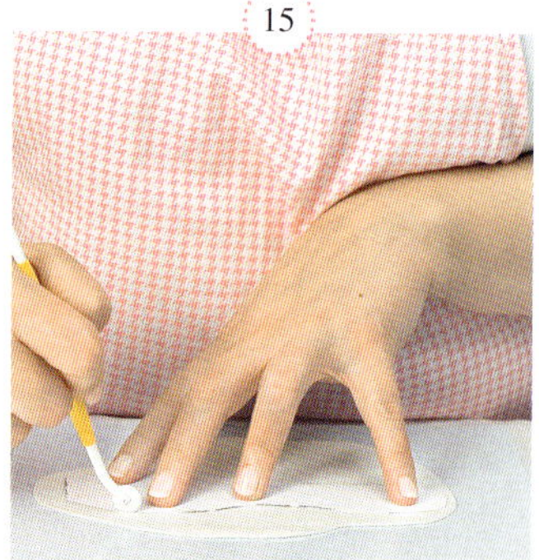

Karamellfarbene Blütenpaste so dünn ausrollen, dass man fast schon die Struktur des Modellierbrettes sehen kann. Achten Sie darauf, die Schablone in der gleichen Richtung wie die Sohle aufzulegen. Das heißt für einen rechten oder einen linken Schuh.

16

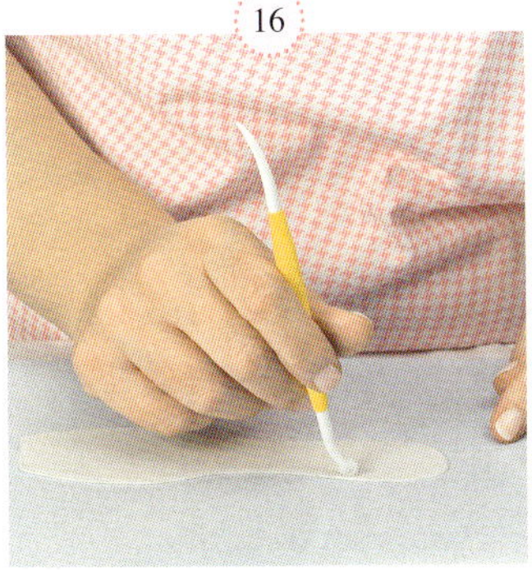

An der Kante des ausgeschnittenen Fußbetts mit dem Quilting Tool leicht entlangfahren, um so eine Naht zu imitieren.

17

Jetzt die Blütenpaste mit einer Palette ganz vorsichtig aufnehmen. Die Unterseite mit Kleber einstreichen. Darauf achten, dass vor allem der Rand gut bedeckt ist.

18

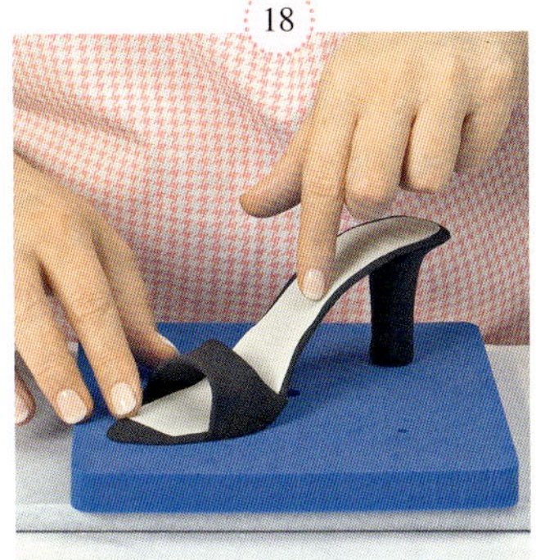

Jetzt das Fußbett auf den Schuh legen. Zu diesem Zeitpunkt sollten Sie die schwarze Masse noch leicht bewegen können, um das Fußbett dazwischen aufbringen zu können. Nach der Fertigstellung sollte der Schuh noch einen Tag trocknen.

19

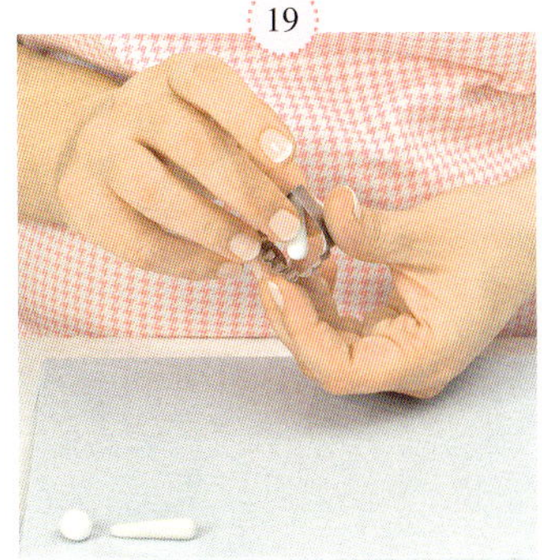

Für die Orchideenstempel jetzt eine Kugel von 1 cm Durchmesser rollen und daraus einen langen Tropfen formen, der 2/3 der großen Orchideen-Ausstecher-Form einnimmt. Für diese Torte benötigen wir zwei Orchideen. Deshalb benötigen Sie zwei Stempel.

20

Mit der großen Seite des Ball Tools das dickere Ende des Tropfens eindrücken.

21

Die Außenkanten dann um das Ball Tool biegen.

22

Weißen 24er-Draht leicht in Kleber tauchen und das benetzte Ende in die schmale Spitze des Stempels stecken.

23

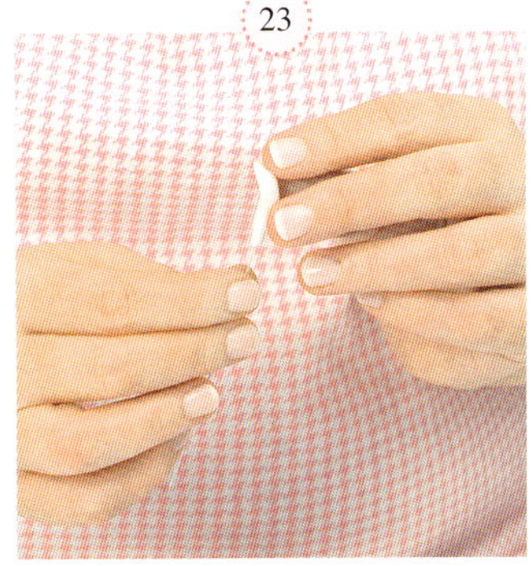

Den Blütenstempel danach oben ein wenig umbiegen.

24

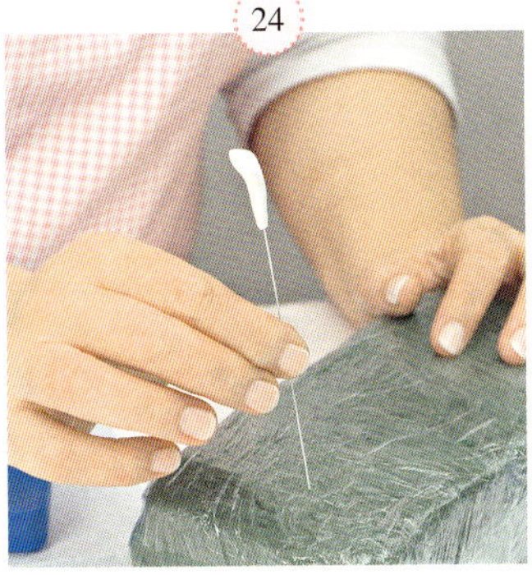

Die fertige Form in die in Frischhaltefolie eingewickelte Steckmasse stecken und über Nacht trocknen lassen.

25

Am nächsten Tag die Blütenpaste ganz dünn ausrollen. Den Ausstecher für die Lippe eindrücken und leicht hin und her wiegen. Das überschüssige Fondant entfernen und die Lippe mit einer Palette hochnehmen.

26

Nun die Lippe auf dem Schaumstoff-Pad ausdünnen, indem sich das Ball Tool halb auf der Blütenpaste und halb auf dem Pad befindet. Auf diese Weise um das obere Blütenblatt fahren.

27

Links und rechts V-förmig unterhalb der ausgedünnten Form etwas Kleber aufstreichen.

28

Dann die Lippe um den angedrahteten Stempel kleben.

29

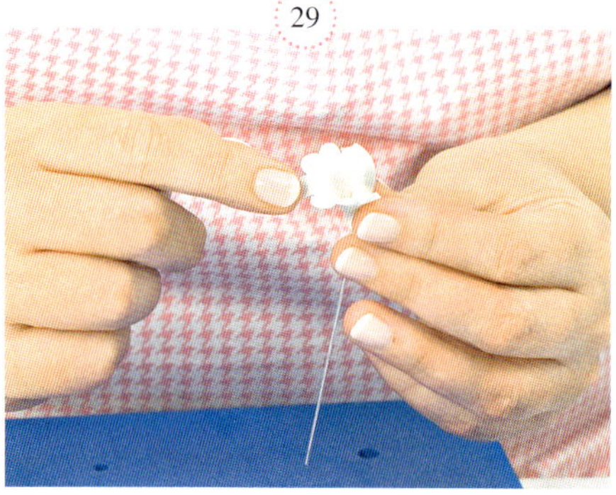

Die Orchideenlippe jetzt ein wenig nach unten formen.

30

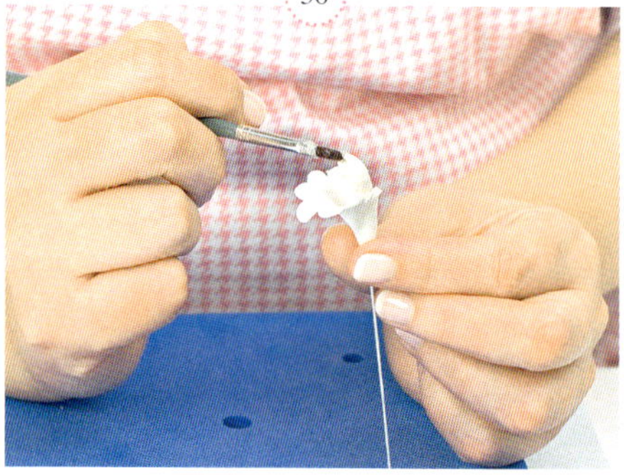

Etwas Kleber auf dem Stempel auftragen und darauf eine stecknadelgroße Kugel aus weißer Blütenpaste aufkleben.

31

Nun die Kugel mit dem Rollschneider teilen.

32

Auch während des Arbeitens die Blüten immer wieder in die Steckmasse stecken, damit sie nicht zerstört werden. In gleicher Weise nun die Lippe für die zweite Orchidee herstellen.

33

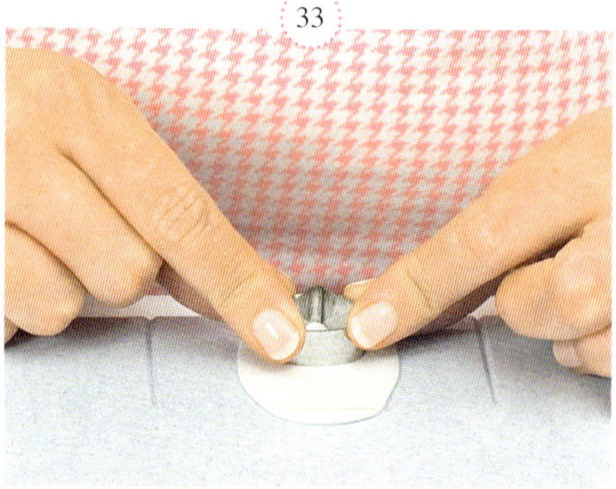

Eine Rille des Cake-Boards einfetten. Weiße Blütenpaste in haselnussgroßer Menge auf die Rille legen und 1 mm dünn ausrollen. Unten den Rand mit einem Rollschneider abschneiden, damit man die Mittelrille sieht. Jetzt den Ausstecher unten ansetzen und ein seitliches Blatt ausstechen.

34

Den Draht ganz leicht in Kleber tauchen. Jetzt das Blatt mit der Erhöhung nach oben zwischen Daumen und Zeigefinger legen und den Draht mit leichten Drehbewegungen bis zur Hälfte des Blattes in den Grat stecken.

35

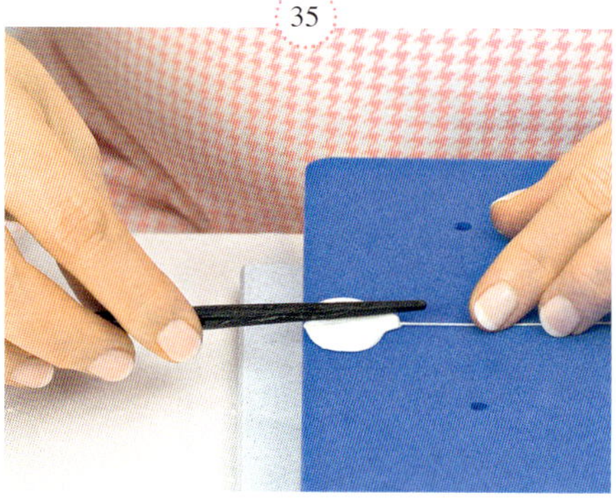

Nun das Blatt an die Kante des Schaumstoff-Pads legen und mit einem Blüten Veiner Tool die Adern des Blattes ergänzen, indem der Stab ganz einfach darübergerollt wird. Gleichzeitig wird das Blatt auf diese Weise ausgedünnt. Hiervon benötigt man pro Blüte zwei Blätter. Tipp: Alle Blätter einzeln ausstechen und ausformen, da die Blütenpaste sehr schnell trocknet.

36

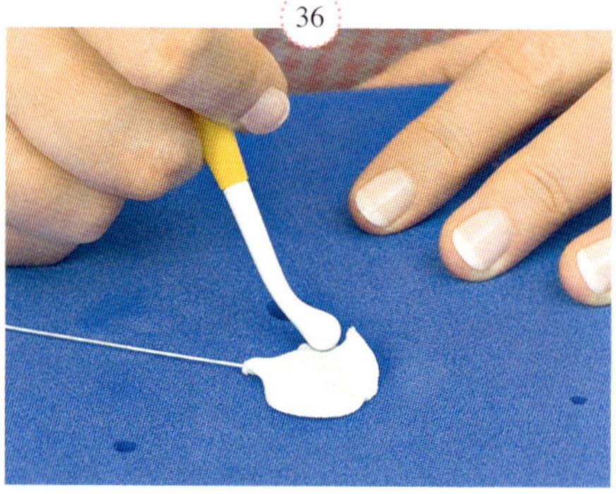

Nun zusätzlich den Blütenrand auf dem Schaumstoff-Pad ausdünnen, indem sich das Ball Tool halb auf der Blütenpaste und halb auf dem Pad befindet. Wichtig ist auch, die Blüten immer wieder vom Schaumstoff-Pad abzuheben, weil das Blatt sonst festklebt.

37

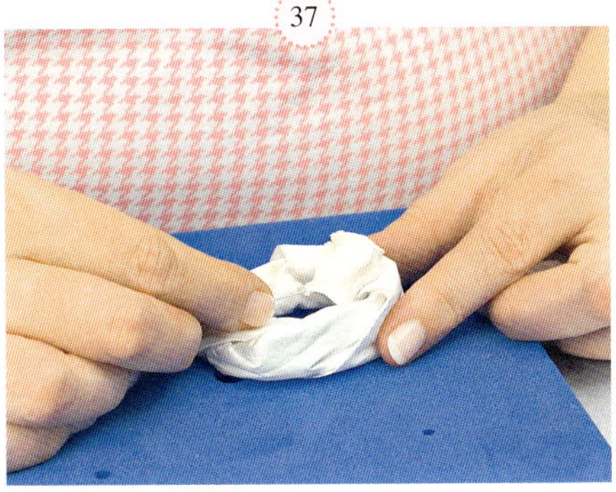

Die Blüten sollen sich leicht nach vorne biegen. Deshalb mit der Unterseite in den Trockenring legen und in die gewünschte Form bringen.

38

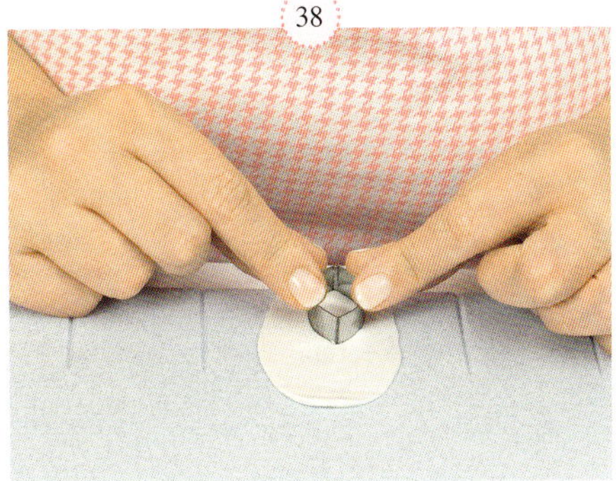

Eine Rille des Cake-Boards einfetten. Weiße Blütenpaste in haselnussgroßer Menge auf die Rille legen und 1 mm dünn ausrollen. Unten den Rand mit einem Rollschneider abschneiden, damit man die Mittelrille sieht. Jetzt den Ausstecher unten ansetzen und die letzte Blattform ausstechen.

39

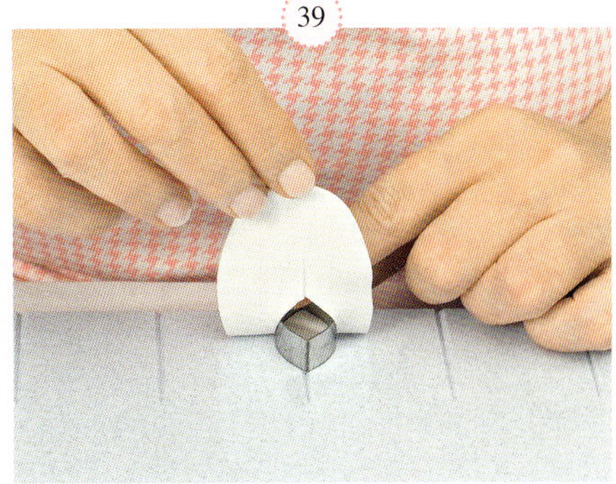

Wichtig ist hierbei, dass der Ausstecher festgehalten wird und dann das überschüssige Material weggenommen wird.

40

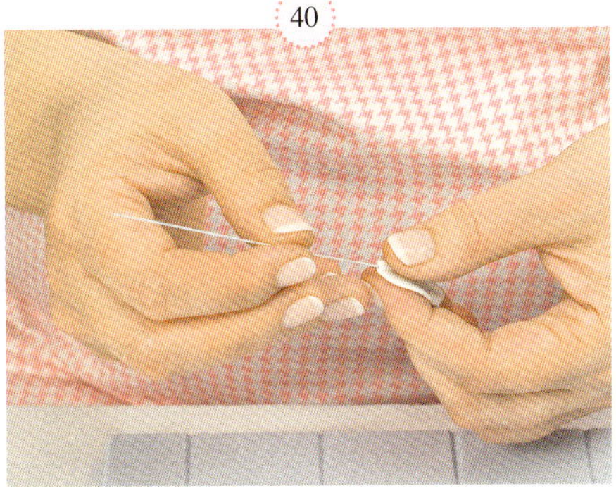

Den Draht ganz leicht in Kleber tauchen. Jetzt das Blatt mit der Erhöhung nach oben zwischen Daumen und Zeigefinger legen und den Draht mit leichten Drehbewegungen bis zur Hälfte des Blattes in den Grat stecken.

Tipp: Grüner Draht würde durch die Blütenpaste scheinen. Deshalb immer nur weißen verwenden.

41

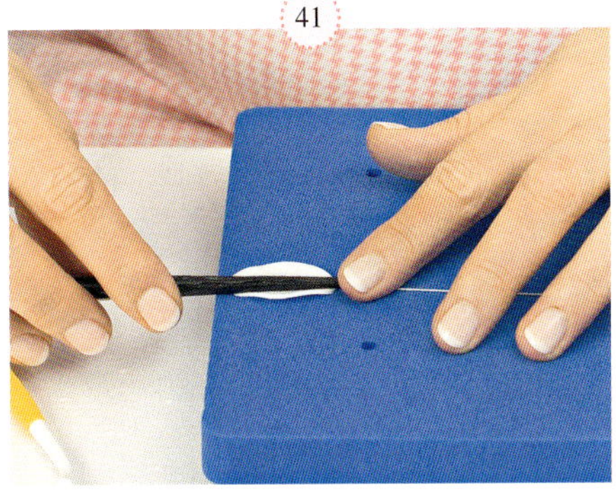

Jetzt das Blatt an die Kante des Schaumstoff-Pads legen und mit einem Blüten Veiner Tool die Adern des Blattes ergänzen, indem der Stab ganz einfach darübergerollt wird. Gleichzeitig wird das Blatt auf diese Weise ausgedünnt. Hiervon benötigt man pro Blüte drei Blätter.

42

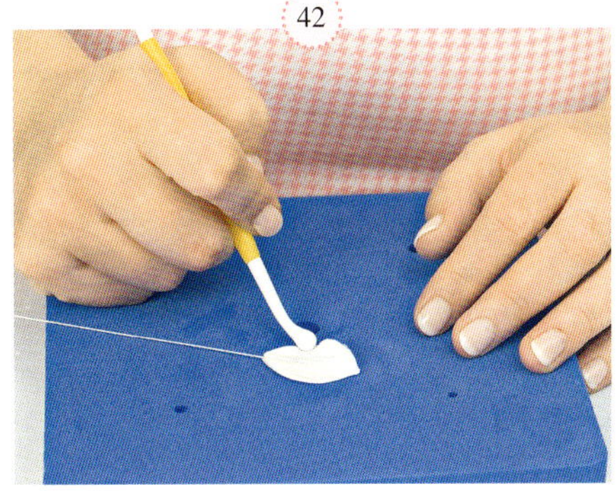

Nun wieder den Blütenrand auf dem Schaumstoff-Pad ausdünnen, indem sich das Ball Tool halb auf der Blütenpaste und halb auf dem Pad befindet. Auf diese Weise um beide Seiten fahren.

43

Diese Blätter jetzt von außen über den Taschentuch-Ring legen, da sie nach außen gewellt werden sollen.

44

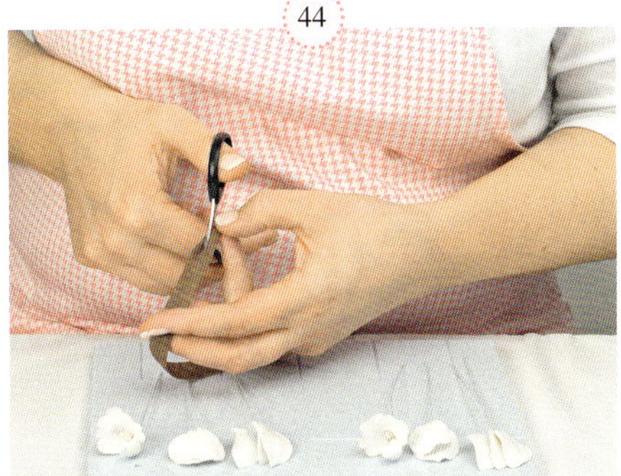

Für das Binden der Blüten Floristikband halbieren, damit das Aufbringen leichter wird.

45

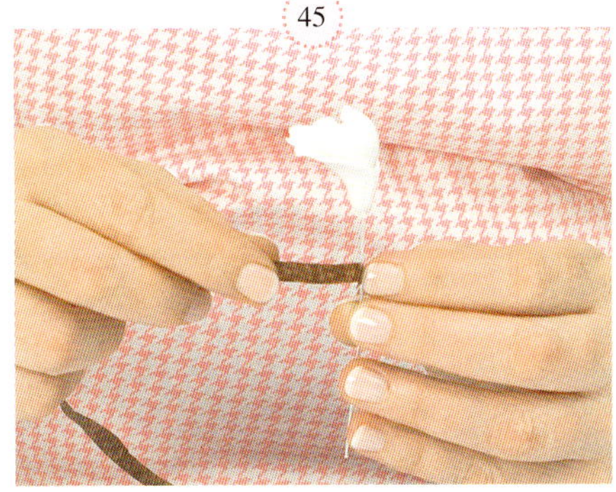

Jetzt das Floristikband am Draht befestigen, indem es einmal herumgelegt wird.

46

Mit dem Fingernagel das umgeschlagene Ende festdrücken.

47

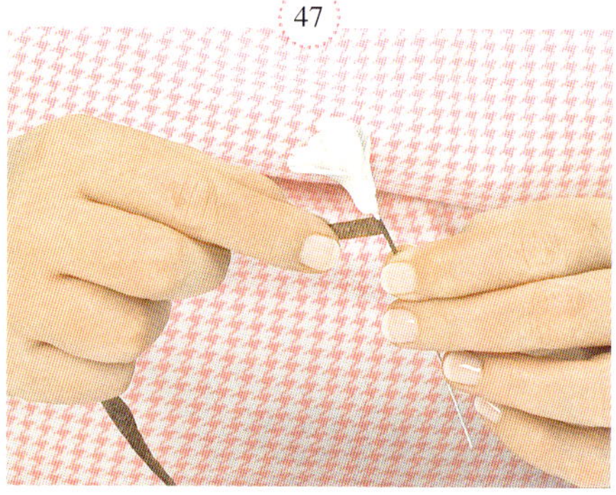

Das lange Ende vom Floristikband ziehen und den Draht um die eigene Achse bis hoch zur Blütenpaste drehen.

48

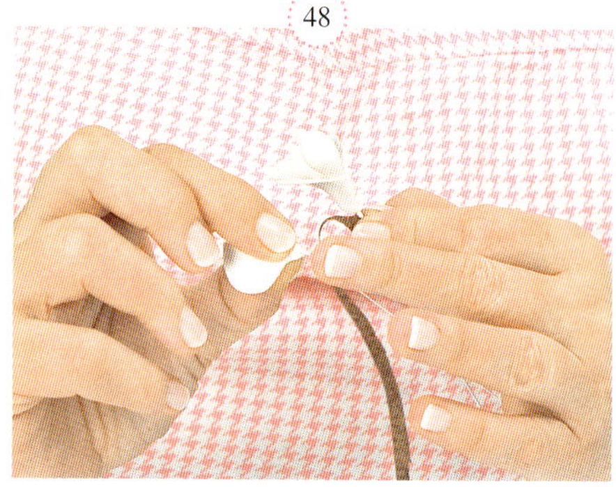

Mit Daumen und Zeigefinger das Blatt direkt am Draht festhalten und den Draht ganz vorsichtig umbiegen.

49

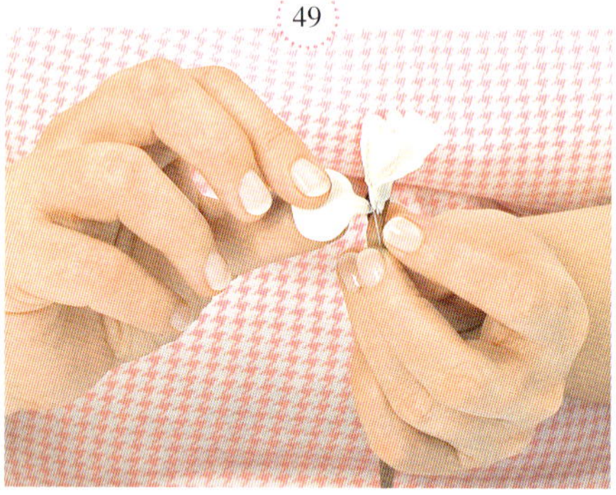

Das Blatt nun links und rechts von der Lippe anlegen und den Draht mit dem Floristikband umwickeln.

50

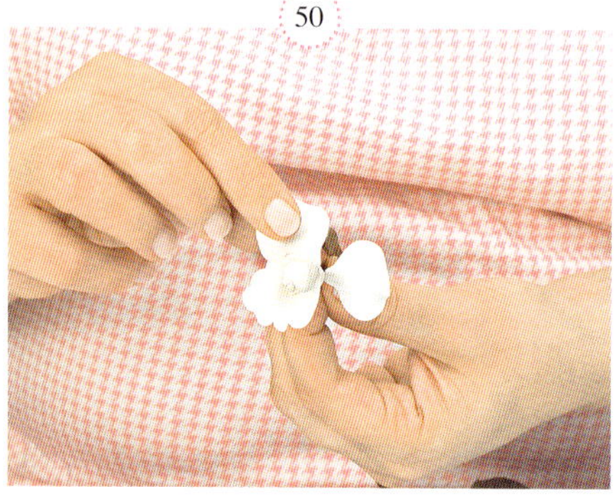

Auf der gegenüberliegenden Seite das zweite Blatt ergänzen. Nach dem Befestigen können die Blätter noch ein wenig ausgerichtet werden.

51

Nun die drei übrigen Blätter ebenfalls wie zuvor beschrieben knicken und eines mittig hinter den beiden zuvor angebrachten Blättern befestigen.

52

Die beiden anderen spitzen Blätter unten links und rechts anbringen.

53

Zum Schluss den Draht komplett mit Floristikband umwickeln und abziehen.

54

Jetzt die Stempelspitze und den Mittelkelch der Orchidee mit Primrose Yellow bepudern.

55

Danach noch mit ein wenig Farbe die Ansätze der Blätter färben.
Tipp: Die Farbe leicht nach außen auslaufen lassen und nicht zu stark auftragen. Deshalb den Pinsel vor dem Auftragen der Farbe gut abtupfen, damit nur noch wenig Puder am Pinsel ist.

56

Die Unterlage gut einfetten. Restliche schwarze Blütenpaste zu einer Rolle formen, flach drücken und dann mit einem Rollstab 2 mm dünn ausrollen. Einen Doppelrollschneider auf 2 cm Breite einstellen und aus der Masse zwei Streifen schneiden.

57

Den unteren Rand der Torte mit Kleber einstreichen und die Bordüre entlang der unteren Kante anbringen. Hierzu an der Ecke beginnen und bis zur gegenüberliegenden Kante die Blütenpaste herumlegen.

58

Dann wieder neu ansetzen, damit die Ansätze sich nicht in der Mitte einer Seite befinden. Die Bordüre mit einem Glätter andrücken und gleichzeitig glätten.

59

Die Unterseite der Sohle mit Kleber bestreichen und den Schuh etwas dezentral auf die Torte setzen.

60

Eine Orchidee wird nun in der Torte versenkt. Damit der Draht nicht mit der Torte in Berührung kommt, wird ein Strohhalm in die Torte gesteckt, der ungefähr die Höhe der Torte hat.

61

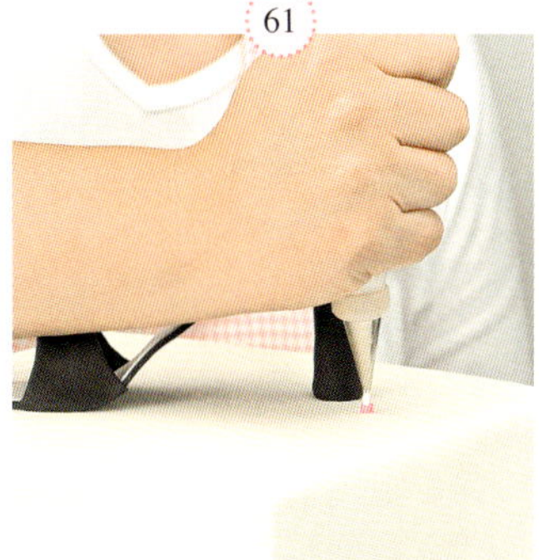

Jetzt in den Strohhalm etwas Eiweißspritzglasur geben.
Tipp: Den Strohhalm immer ein wenig herausgucken lassen, damit beim Anschneiden der Torte klar ist, dass hier etwas drin steckt.

62

Die Blüte nun in die Strohhalmöffnung führen. So steckt die Blüte fest in der Torte und kommt trotzdem nicht mit der Füllung in Kontakt.

63

Die zweite Blüte auf die gleiche Weise von vorne in die Torte stecken.

64

Zum Schluss die Torte mit Perlen dekorieren. Hierfür kleine Kugeln aus weißer Blütenpaste formen und diese mit Pearl White bepudern. Anschließend die Perlen auf die Torte kleben.

!

Es gibt sehr viele unterschiedliche Orchideenausstecher, um die verschiedenen Sorten herstellen zu können. Der Aufbau ist jedoch immer gleich.

Für diese Torte sollten Sie eine lange Vorbereitungszeit berücksichtigen, damit die Einzelteile lange trocknen können. Sie sollten mindestens drei Tage einplanen.

Zauberhaft

Eine kleine Elfe, die gute Besserung wünscht oder Mut gibt für den nächsten Tag, kann jeder gebrauchen. Sie ist ein kleiner Sonnenschein an regnerischen Tagen oder überbringt einfach nur eine fröhliche Botschaft. Auf jeden Fall wird sie ein kleiner Wegbegleiter werden, denn die süße Kleine wird garantiert niemand vernaschen.

1	Torte 18 cm Durchmesser
490 g	Modellierfondant
100 g	Blütenpaste
etwas	Eiweiß-Spritzglasur
1	Lollystiel
	Kleber

Cake-Board | Palette | Modellierbrett | Messer | weiches Kokosfett Rollschneider | Pinsel | Strohhalme weißer 24er-Draht | Spritzbeutel Spritztülle Größe 4 | Schaumstoff Pad | Ball Tool | Rollstab | Lebensmittelstift | Blütenausstecher-Set Rosenausstecher | Schmetterlingsausstecher | Alkohol (50 %) Zahnstocher

Modellierfondant eingefärbt mit:

Rosa:	Pink	10 g
Rot:	Extra Red	10 g
Grün:	Spruce Green	300 g
Elfenbein:	Ivory Caramel	175 g
Pfirsich:	Peach	
Melone:	Melon	10 g
Braun:	Dark Brown	10 g

Pulverfarbe:

Blau:	Petal Blue
Rosa:	Dusky Pink
Grün:	Forest Green
Gelb:	Buttermilk

1

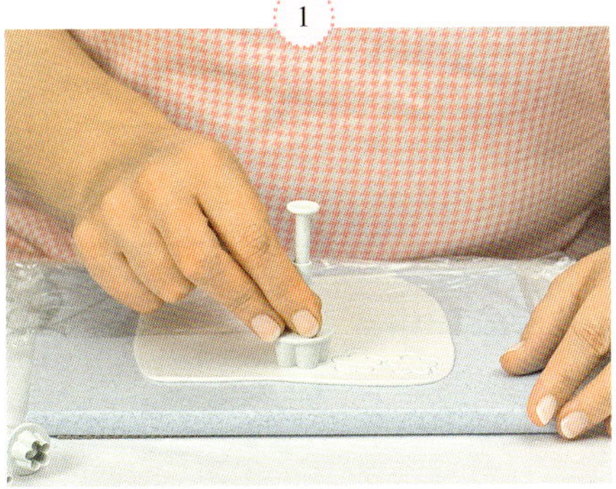

Blütenpaste ausrollen und einen Teil davon abdecken, während einige Blüten ausgestochen werden, damit das Material nicht trocknet. Die Blütenausstecher sind im 4-er-Set erhältlich. Für diese Torte werden die drei großen Blüten verwendet. Insgesamt sollen von jeder Größe jeweils zehn Blüten erstellt werden.

2

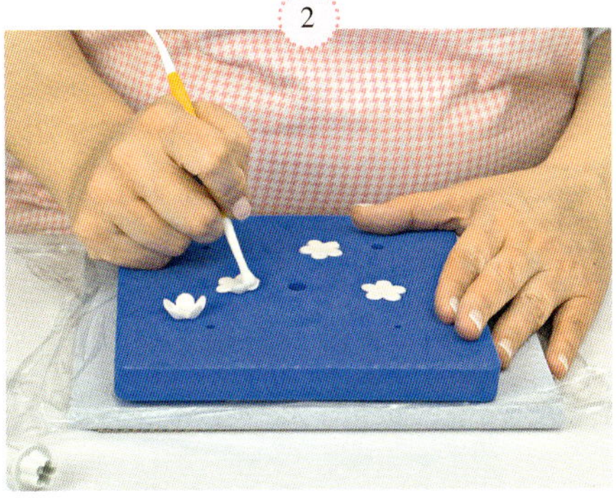

Die Blüten nun mit der großen Spitze des Ball Tools ausdünnen, indem mit dem Ball von außen in die Mitte gestrichen wird. Dabei wellen sich die Seiten nach oben.

3

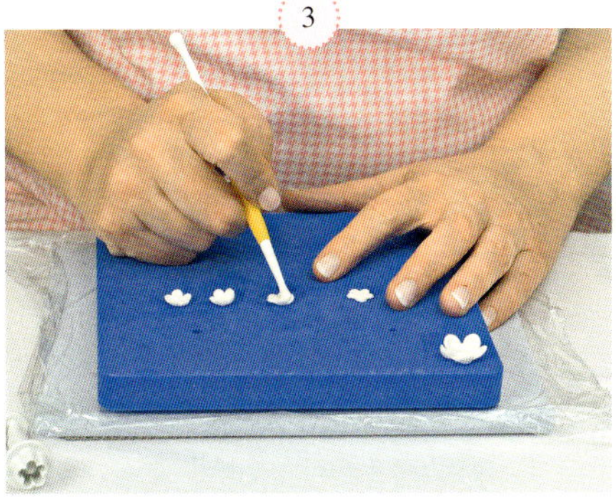

Die kleineren Blüten mit der kleinen Spitze des Ball Tools in gleicher Weise bearbeiten.

4

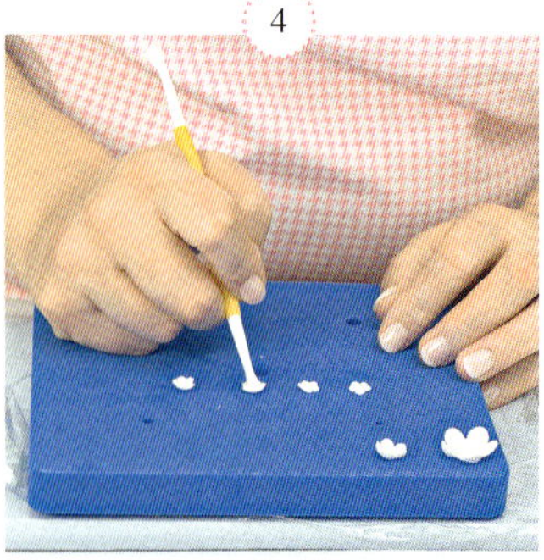

Bei den kleinsten Blüten lediglich die kleine Spitze des Ball Tools in die Mitte der Blüten drücken.
Tipp: Jetzt sollten Sie auch die Schmetterlinge, wie auf Seite 85 beschrieben, herstellen. Diese werden allerdings wie die Efeublätter angedrahtet (siehe Seite 84).

5

Für die Flügel eine haselnussgroße Menge Blütenpaste ausrollen, mit dem Rollschneider die Form der Elfenflügel ausschneiden (Seite 175) und über Nacht trocknen lassen.

6

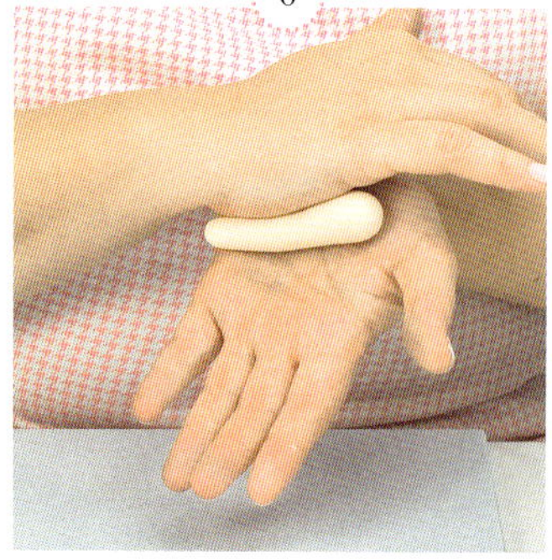

Für Beine, Arme und Kopf wird jetzt ein ganz neues 1-2-3-Prinzip eingesetzt. 150 g Modellierfondant mit Ivory und Pfirsich hautfarben eingefärbt zur Rolle formen. Die Masse in zwei Hälften teilen und dann die eine Hälfte in drei Stücke teilen.

7

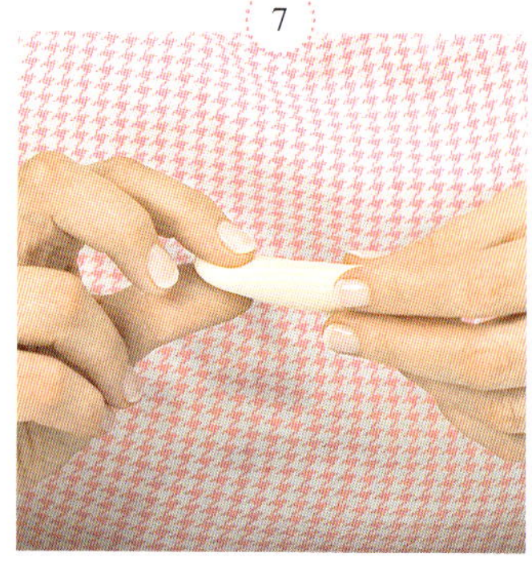

Mit je einem Drittel der einen Hälfte ein Bein formen, indem eine Kugel und dann ein konisch zulaufender Strang geformt wird (siehe Bild links). Die schmale Spitze wird flach gedrückt.

8

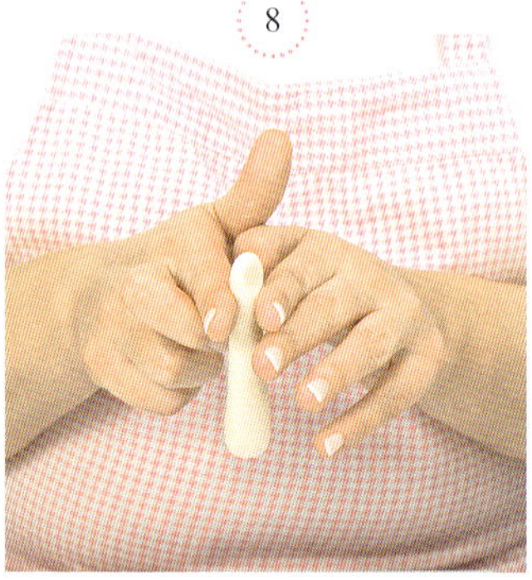

Zwischen den beiden Zeigefingern den Knöchel dünner rollen.

9

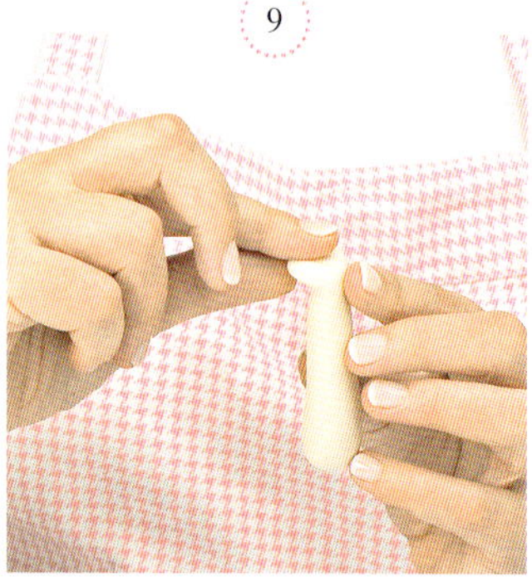

Dann den Fuß abwinkeln als würde er flach aufstehen.

10

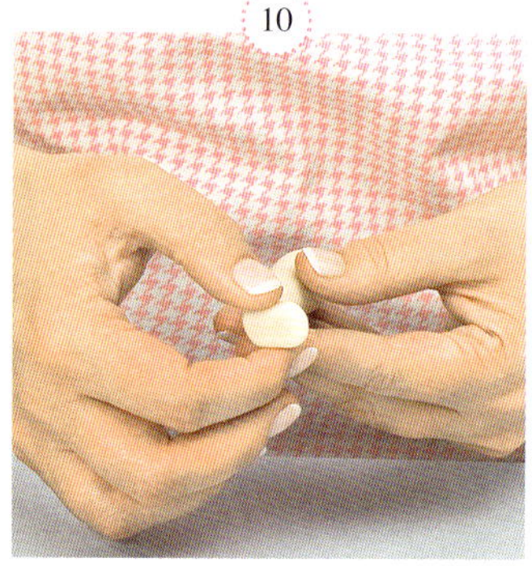

Jetzt wird der Fuß noch etwas schmaler geformt.

11

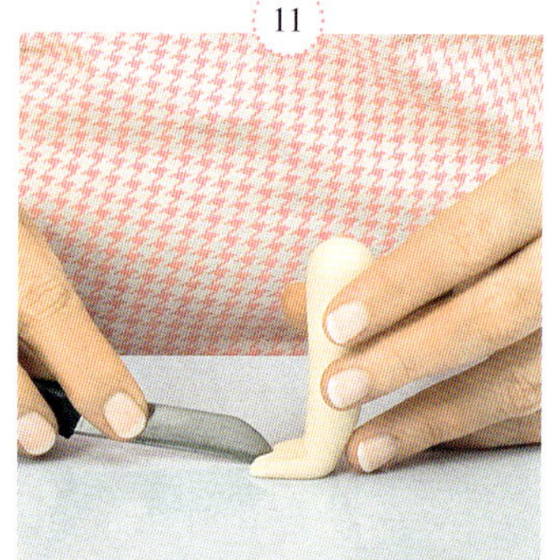

Viermal den Fuß einschneiden. Hierzu einen großen Zeh an der Seite einschneiden und dann noch drei weitere Schnitte machen.

12

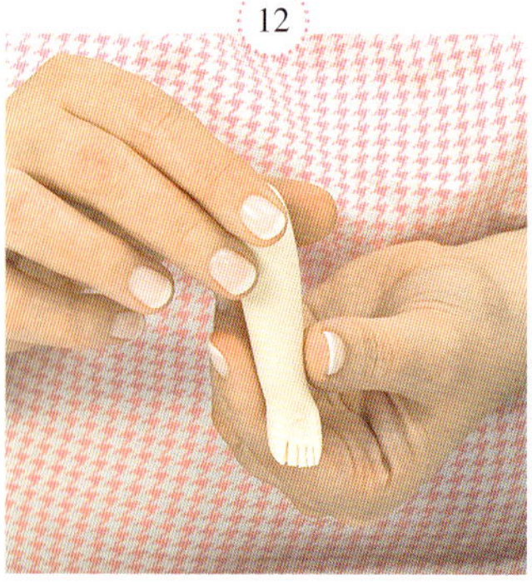

Achten Sie wieder darauf, dass der dicke Zeh einmal an der linken und einmal an der rechten Seite eingeschnitten werden muss.

13

Den großen Zeh oben abflachen.

14

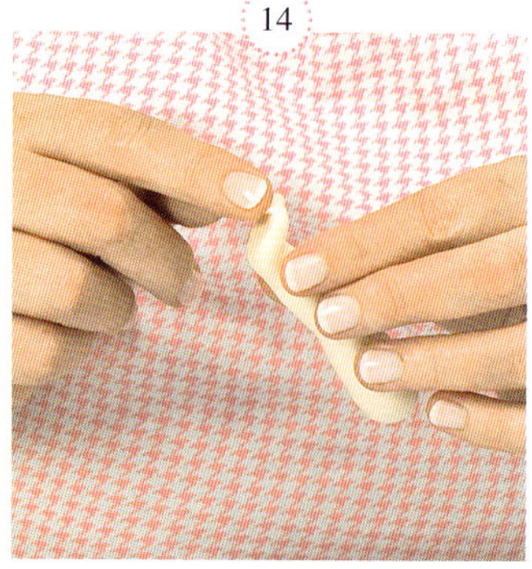

Die anderen Zehen etwas einrollen.

15

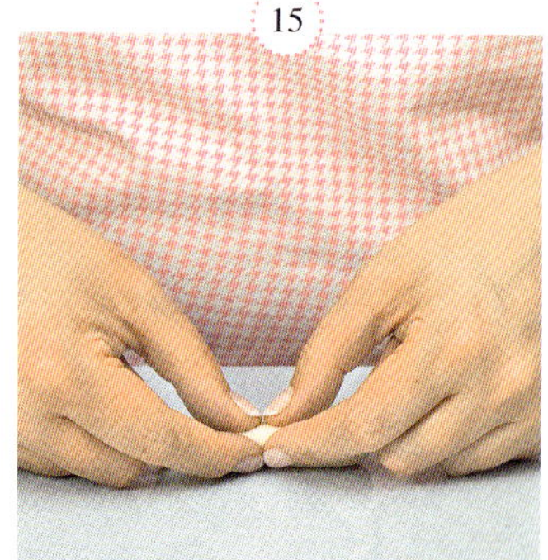

Mit beiden Daumen und Zeigefingern ein rautenförmiges Knie formen und die Beine nach hinten anwinkeln. Auf gleiche Weise das andere Bein formen.

16

150 g weißen Modellierfondant zur Kugel und dann zum Tropfen formen.

17

Die angewinkelten Beine nebeneinander legen. Dann die Proportionen des Kegels überprüfen, damit der Kegel nicht zu hoch und nicht zu niedrig ist.
Tipp: Der Tropfen sollte die gleiche Länge haben wie die Strecke des Knies bis zum Beinansatz.

18

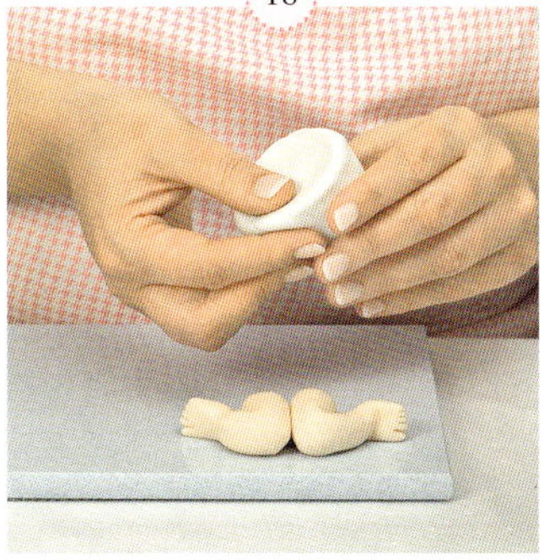

Jetzt das Kleid leicht glockig ausformen, indem der Kegel unten flach gedrückt wird. Dabei mit dem Daumen auf keinen Fall den Kegel aushöhlen. Das Kleid erhält also eine Dreiecksform wie ein Seppelhut.

19

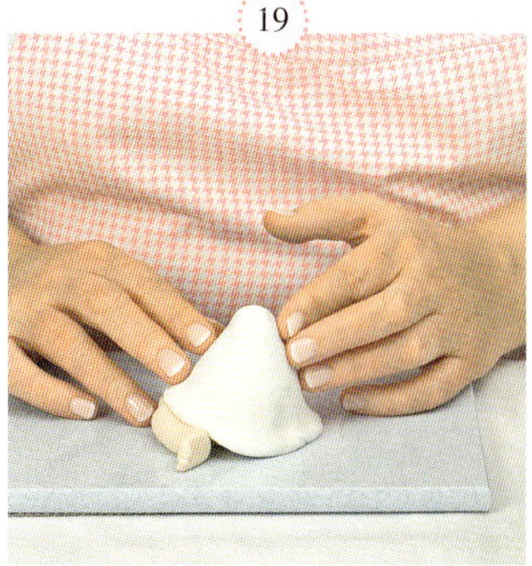

Kleber auf den Teil der Beine streichen, welcher mit dem Kleid überdeckt wird. Den Kegel aufsetzen und dabei darauf achten, dass die Spitze gerade nach oben zeigt.

20

Jetzt einen Lollystiel senkrecht in den Körper stecken.

21

Je ein weintraubengroßes Stück rosafarbenen und weißen Modellierfondant zum Strang rollen. Je dünner die Stränge gerollt werden, desto feiner wird das Muster.

22

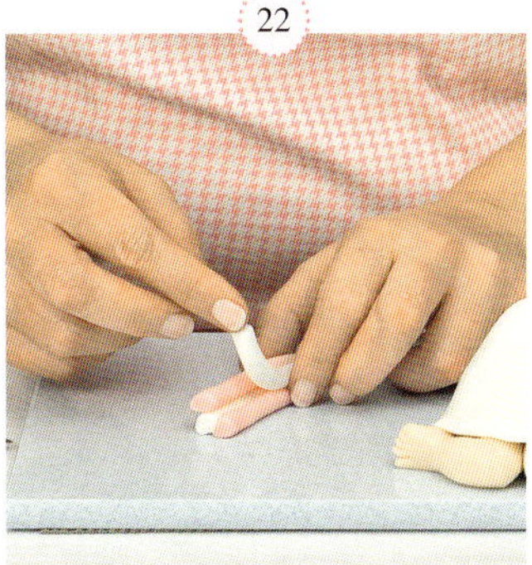

Die Stränge halbieren und mit ein wenig Kleber bestreichen. Diese nun zu einem Muster übereinandersetzen, wie man es auch bei Schwarz-Weiß-Gebäck tun würde.

23

Jetzt die Stränge etwas fest drücken und davon Scheiben abschneiden. Die Scheiben nebeneinander legen. Wichtig ist hier, dass das Messer nicht heruntergedrückt, sondern in Schneidebewegungen geschnitten wird. Sonst würde man das Muster zerstören.

24

Die fertige Platte dünn ausrollen.

25

Unten das Muster mit dem Rollschneider begradigen.

26

Jetzt ein Trapez ausschneiden, das die Höhe des Kegels hat.

27

Mit einem mittleren Rosenausstecher einen Halbkreis aus der Schürze abnehmen.

28

Mit einem Quilting Tool eine Naht um die Schürze machen.

29

Jetzt die Schürze auf den Oberkörper legen und die Ecken der Schürze leicht hochbiegen. Das Festkleben ist nicht notwendig, weil die Schürze locker auf dem Kleid liegen soll. Hier reicht die Klebkraft des Kokosfettes.

30

Auf der Rückseite des Kleides eine Linie mit Kleber aufstreichen und dort einen dünnen Strang rosafarbenen Modellierfondant als Schürzenband aufbringen.

31

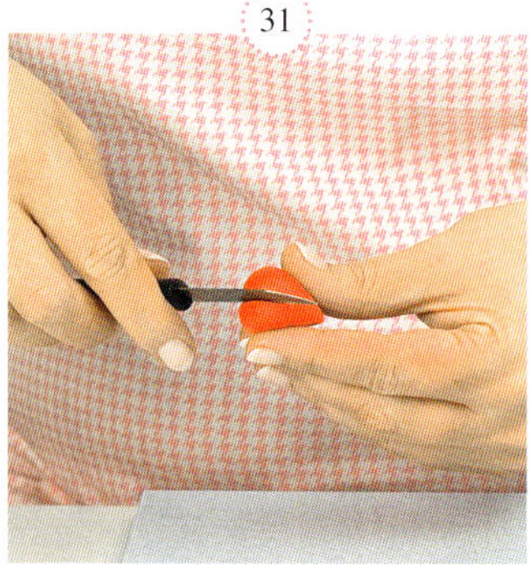

Ein Herz aus einem haselnussgroßen Stück roten Modellierfondant, wie auf Seite 125 beschrieben, erstellen.
Tipp: Wenn Sie nicht unbedingt rote Masse einfärben möchten, können Sie auch eine andere Farbe verwenden, die Sie gerade zur Hand haben.

32

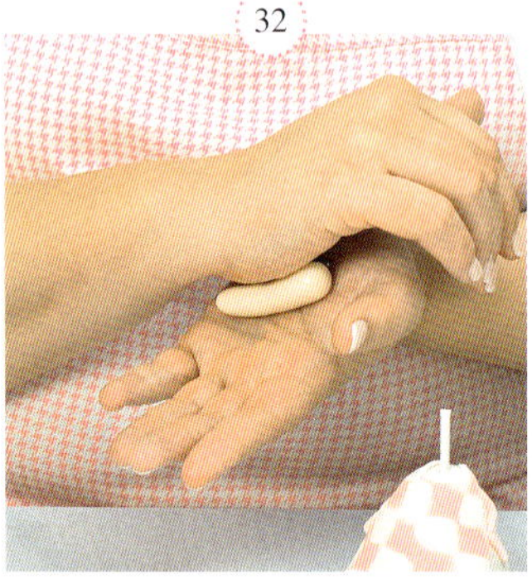

Jetzt den letzten Drittelabschnitt des hautfarbenen Modellierfondants in der Mitte teilen und daraus wieder einen konischen Strang formen. Dies wird der Arm der Elfe.

33

Der Arm sollte in etwa so hoch sein wie der Körper.

34

Jetzt die schmale Seite flach drücken, um die Hand zu bilden.

35

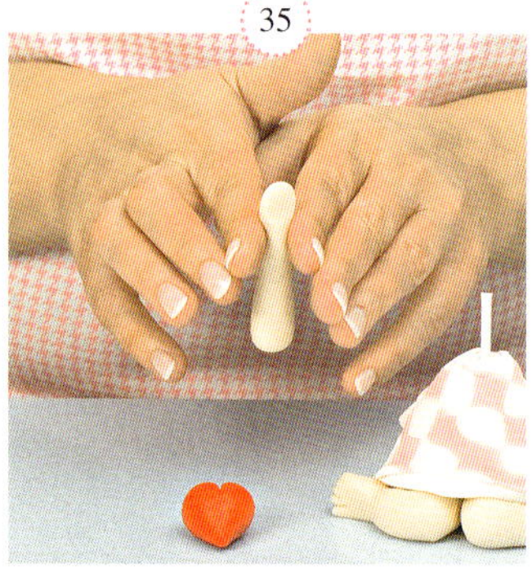

Das Handgelenk mit beiden Zeigefingern formen, indem der Strang ein wenig hin und her gewiegt wird.

36

Bei der rechten Hand den Daumen links etwas breiter schneiden. Dann noch drei weitere Schnitte für die restlichen Finger machen. Nun den Daumen etwas rund formen und die Finger leicht umbiegen.

37

Den Arm hinten etwas flach drücken und an der Innenseite mit Kleber bestreichen. Dann den Arm anwinkeln und in der gewünschten Position am Körper anbringen.

38

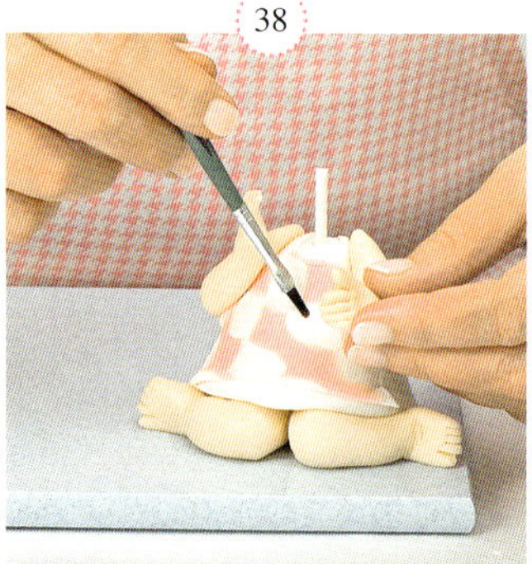

In gleicher Weise den linken Arm aus der anderen Hälfte herstellen und dabei darauf achten, dass der Daumen auf der rechten Seite eingeschnitten wird. Danach etwas Kleber an der Hand auftragen.

39

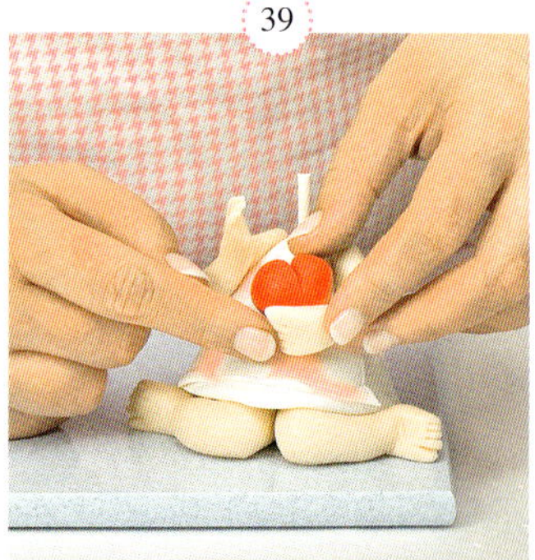

Jetzt das Herz an der hinteren Seite mit Kleber bestreichen und auf die Schürze kleben. Die linke Hand danach um das Herz fassen lassen und am Herz ankleben.

40

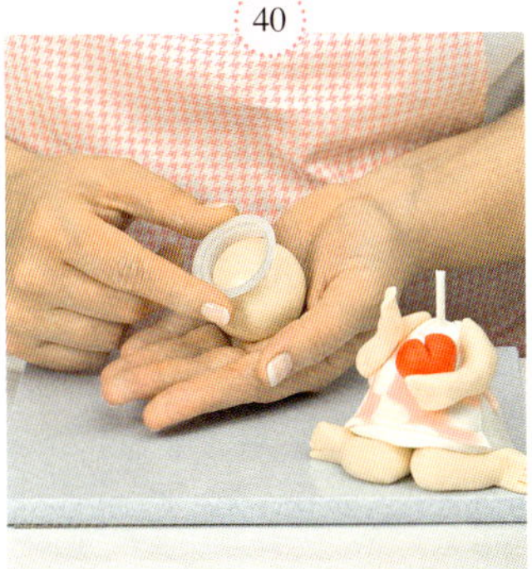

Aus dem verbleibenden Stück hautfarbener Modelliermasse eine faltenfreie Kugel formen. Den Mund mit dem zweitgrößten Rosenausstecher aufdrücken. Dabei darauf achten, dass nur die untere Wölbung eingedrückt wird.

41

Den Kopf nun bereits in gewünschter Haltung auf den Lollystiel stecken, aber noch nicht festkleben, da der Kopf noch einmal abgenommen wird.

42

Jetzt zwei weintraubengroße Kugeln Melone und Hautton sowie eine haselnussgroße Menge Braun, wie auf Seite 12 beschrieben, zur Holzstruktur verarbeiten. Dies werden die Haare.

43

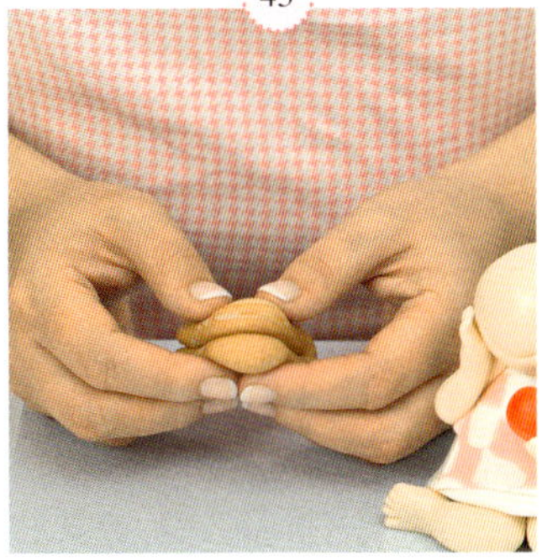

Die Struktur der Masse sollte ganz fein verarbeitet werden.

44

Jetzt die Masse auf eine Fläche von 5 x 15 cm (L x B) ausrollen und dabei darauf achten, dass eine lange Seite relativ gerade verläuft. Diese ergibt später den Haaransatz. Unten circa 1/3 abschneiden, da dies noch für die Locken benötigt wird.

45

Jetzt den Kopf wieder vom Lollystiel abnehmen. Die braune Platte ohne Kleber an der Stirn ansetzen und um den Kopf führen.

46

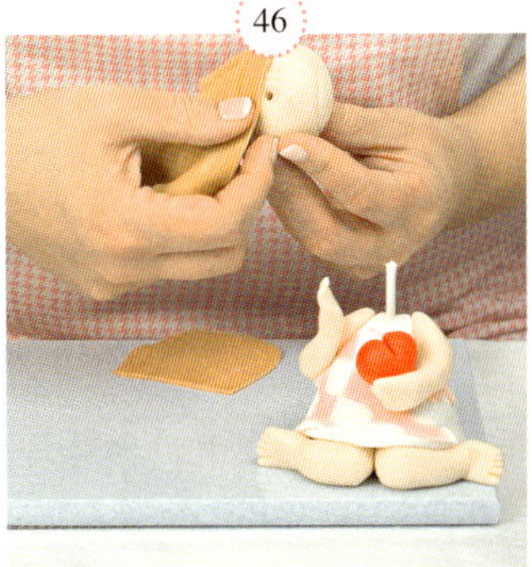

Dabei hinter dem Lollystiel-Loch vorbeiführen.

47

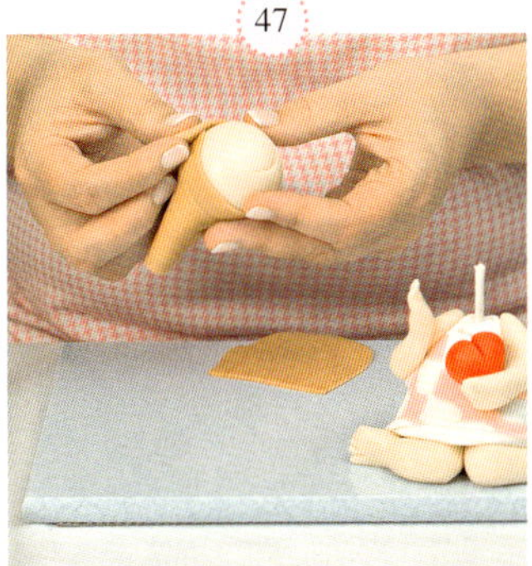

Schließlich die Platte wieder nach oben führen, als hätte man der Elfe ein Handtuch um den Kopf gewickelt.

48

Jetzt am oberen Hinterkopf die Masse zusammendrücken.

49

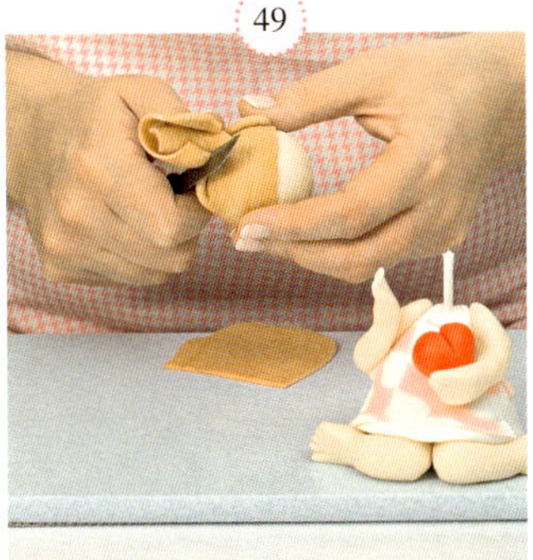

Alles, was nun noch über steht, mit einem Messer an der Quetschkante abschneiden.

50

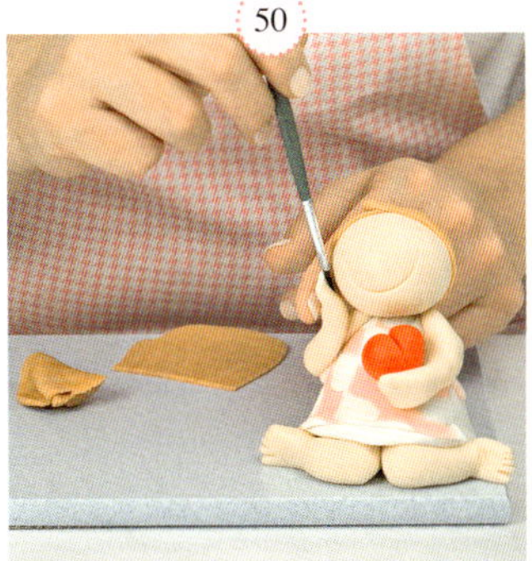

Nun den Kopf wieder auf den Lollystiel setzen, der jetzt zuvor mit Kleber bestrichen wurde. Außerdem die Hand an der Figur festkleben.

51

Die verbleibende braune Platte in 2–3 mm hohe Streifen schneiden.

52

Die Stränge nun zwischen Daumen und Zeigefinger nehmen und zwirbeln.

53

Die Kante an der Stirn mit Kleber einstreichen und dort zwei Locken auflegen. An der langen Seite wird eine zweite Strähne dahintergelegt.

54

Jetzt je eine Locke zur Hälfte nehmen und an dem Knick etwas zusammendrücken.

55

Diese Locken werden jetzt kreisförmig am Hinterkopf angebracht.

56

Zum Schluss noch eine letzte Locke auf die Mitte der Frisur kleben.

57

Auf der Höhe der Mundwinkel für die Nase Kleber punktuell in der Mitte des Gesichtes auftragen. Ebenso an den Seiten des Kopfes auf gleicher Höhe zwei Klebepunkte für die Ohren auftragen.

58

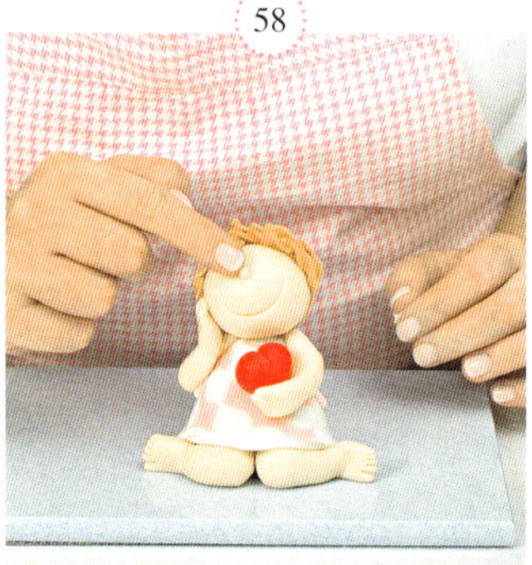

Nun drei 2–3 mm große Kugeln rollen. Eine davon als Nase aufkleben.

59

Dann die Ohren aufkleben und mit einem Zahnstocher eindrücken.

60

Um die getrockneten Flügel eine gestrichelte Linie mit einem Lebensmittelstift zeichnen. Die Flügelmitte mit Kleber bestreichen.

61

Jetzt die Flügel hinter die Elfe kleben und leicht andrücken.

62

Mit dem Lebensmittelstift ebenfalls die Augen aufmalen.

63

Nun die Elfe mit Hilfe einer Palette oder einem Messer anheben und mittig auf die Torte setzen.

64

Etwas Forest Green mit Alkohol aufgießen und noch nicht verrühren. Die hellen Gräser aufmalen, indem wenig vermischte Farbe aufgenommen wird und Striche von unten nach oben gezogen werden. Danach den Farbanteil stetig ansteigen lassen.

65

Außerdem ein paar Gräser (wie auf Seite 51 beschrieben) mit Eiweißspritzglasur an die Seiten kleben. Diese können notfalls auch frischgeformt angeklebt werden.

66

Außerdem mit einer 4er-Spritztülle kleine Punkte in 2 cm Abstand an den Übergang von Torte zum Cake-Board spritzen.

67

Die Blüten mit Dusky Pink, Petal Blue und Buttermilk abpudern. Wichtig ist hierbei, für jede Farbe einen eigenen Pinsel zu verwenden. Die Blüten von außen nach innen einpudern und nicht komplett mit Farbe bedecken.

68

Dann die Blüten mit etwas Eiweißspritzglasur aufkleben.

69

Auch oben auf der Torte ein paar Blüten verteilen.

70

Abschließend die Blüten mit einem Punkt Eiweißspritzglasur in der Mitte versehen.

71

Nach dem Trocknen werden die auf Draht gezogenen Schmetterlinge bemalt. Anschließend die Drähte wellen, indem man sie oben beginnend wie ein Schleifenband durch die Hände zieht.

72

Wie bei der Shopping Queen auf Seite 107 beschrieben, einen Strohhalm in die Torte stecken, diesen mit Eiweißspritzglasur füllen und die Drähte der Schmetterlinge in die Öffnung führen. Optional können Sie dafür auch eine Pinzette verwenden.

TIPP: Machen Sie sich vorher Gedanken, wie groß die Figur sein sollte. Vergleichen Sie doch mal Betty's Vorstellung vor der Erstellung dieser Torte (dieses Bild) mit dem fertigen Ergebnis (linkes Bild).

!

Die Flügel der Elfe, die Gräser, Blüten und die Schmetterlinge über Nacht trocknen lassen.

Wenn Sie die Flügel weglassen, könnte die Elfe auch ein einfaches Mädchen sein.
Denken Sie doch einfach mal darüber nach, wie Sie die Figur für Ihre Bedürfnisse mit wenigen Hilfsmitteln umändern können, damit Ihre Torte noch persönlicher wird.

Wintermärchen

Es war einmal ein Schneemann namens Snowy, der im wunderschönen Winterwald hinter den Bergen lebte. Zusammen mit seinen Freunden Piep und Schnuff machte er sich auf den Weg, das Land hinter den Bergen zu erkunden ...

Und wissen Sie, wo die drei sich verlaufen haben?

Schauen Sie doch einmal in Ihrer Backstube nach. Dort leben sie fortan glücklich bis an ihr Lebensende. Erstellen Sie den Dreien doch auch ein solch schönes Zuhause. Das Schöne daran ist, dass die Tannenbäume kinderleicht herzustellen sind.

1	Torte 26 cm Durchmesser
965 g	Modellierfondant
20 g	Blütenpaste
250 g	Eiweiß-Spritzglasur
1	Lollystiel
	Spaghetti
	Kleber

Cake-Board | Palette | Modellierbrett | Messer | weiches Kokosfett Rollschneider | Pinsel | Spritzbeutel Ball Tool | Rollstab | Lebensmittelstift | Schere | Veining Tool | Zahnstocher | Rosenausstecher-Set Schneeflockenausstecher

Modellierfondant eingefärbt mit:

Rot:	Extra Red	15 g
Grün:	Spruce Green	400 g
Blau:	Navy Blue	10 g
Rosa:	Pink	10 g
Gelb:	Melone	10 g
Schwarz:	Black	50 g
Braun:	Dark Brown	10 g
Elfenbein:	Ivory	10 g

Glitter:
weißer Kuchenglitter

1

Den grünen Modellierfondant in verschieden großen Portionen je nach gewünschter Größe des Tannenbaums zur Kugel formen und daraus einen spitzen Kegel formen. Diesen am dicken Ende abflachen, sodass er stehen kann. Die halben Tannenbäume, welche auf dem Cake-Board stehen, wie im Beispiel gezeigt, zusätzlich an einer Seite flach formen.

2

Das Modellierbrett etwas dicker mit Kokosfett einreiben, da er als Kleber dient. Eine kastaniengroße Menge weißer Modellierfondant je nach gewünschter Schneedicke ausrollen. In diesem Beispiel sind es 2 mm. Dann die weiße Fläche über den Kegel legen.

3

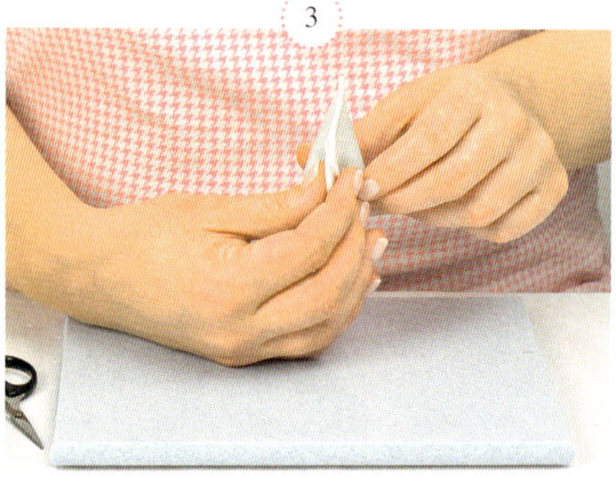

Komplett den Kegel umkleiden, auf der Rückseite zusammenfassen und den Überstand zusammendrücken.

4

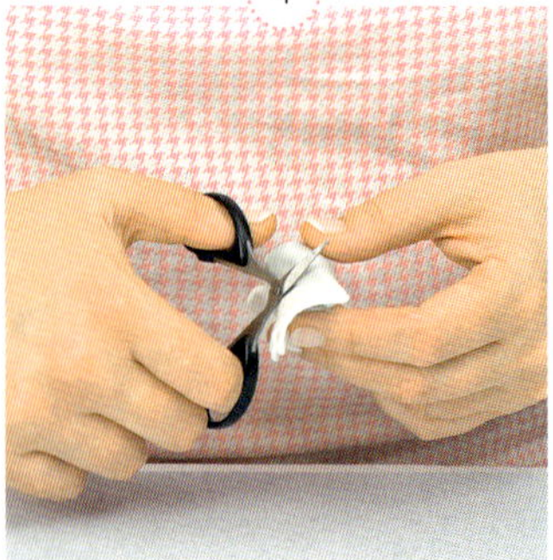

Überschüssigen weißen Modellierfondant mit einer Schere abschneiden.

5

Die Schere jetzt leicht in Kokosfett tauchen.

6

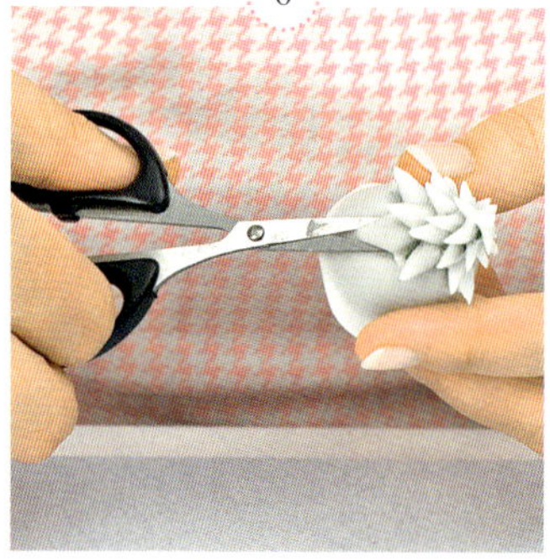

An der Spitze beginnen, den Tannenbaum von unten einzuschneiden. Die Spitzen in der nächsten Reihe etwas versetzt schneiden und auch unterschiedlich große Einschnitte machen, damit es natürlich wirkt.

7

Zum Schluss die Spitzen mit einem Zahnstocher anheben und das Grün zum Vorschein bringen. So formen Sie insgesamt einen großen und einen kleinen Tannenbaum sowie sechs halbe Tannenbäume in verschiedenen Größen für die Seiten.

8

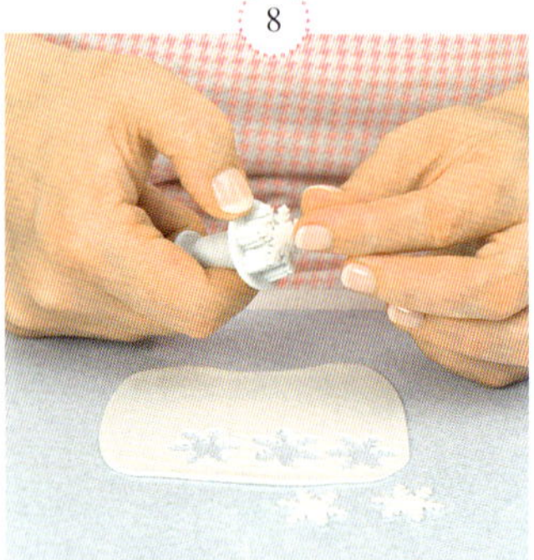

Weiße Blütenpaste 1 mm dünn ausrollen und danach kurz antrocknen lassen. Den Schneeflockenausstecher mit den Händen einfetten. Beim Ausstechen den Ausstecher leicht drehen und dann die Prägung aufdrücken. Die fertigen Schneeflocken einen Tag trocknen lassen.

9

350 g Modellierfondant dritteln. Aus einem Drittel wird der Kopf geformt und von den zwei Dritteln zwei walnussgroße Kugeln für die Arme abnehmen. Die verbleibende Menge zur Kugel und dann zu einem runden Tropfen formen. Den Bauch etwas eindrücken.

10

Mit dem kleinen Ball Tool drei Mulden in den Bauch eindrücken. Zusätzlich mit dem Veining Tool nach außen laufende Schlitze einfügen.

11

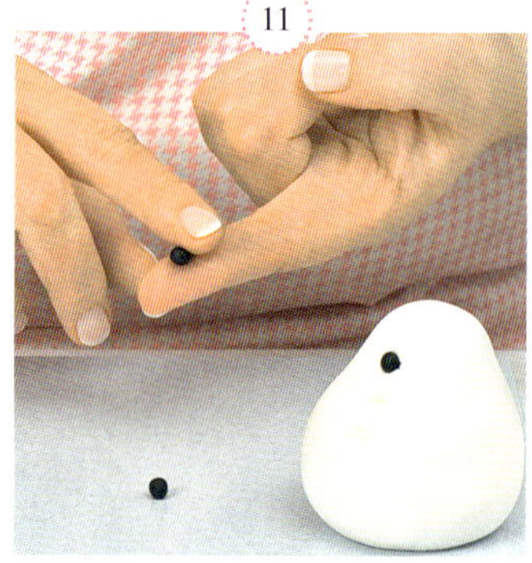

Vom schwarzen Modellierfondant drei kleine Punkte abnehmen. Diese werden in die zuvor geformten Mulden geklebt.

12

Eine walnussgroße Menge zur Kugel formen und dann zu einem konisch zulaufenden Strang rollen. An der schmalen Seite eine Hand ausformen, indem die Masse zwischen Daumen und Zeigefinger flach gedrückt wird.

13

Jetzt das Handgelenk zwischen beiden Zeigefingern rollen und dabei ausformen.

14

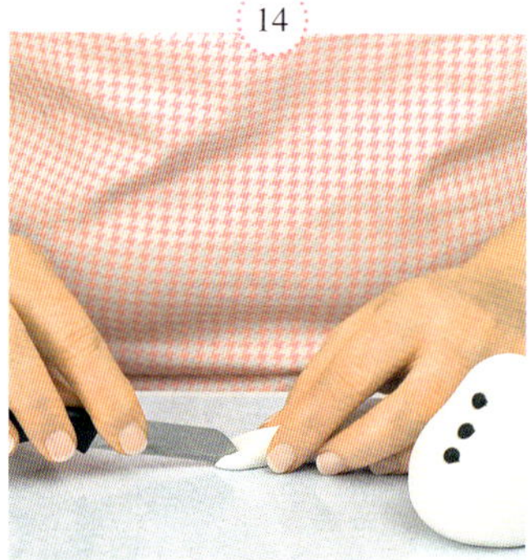

Mit dem Messer einen Daumen etwas seitlich einschneiden und diesen an der Spitze abrunden.

15

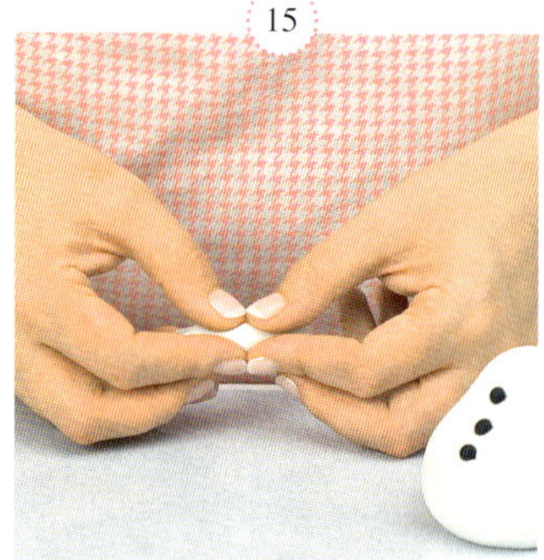

Jetzt einen Ellenbogen zwischen beiden Daumen und Zeigefingern zur Raute formen.

16

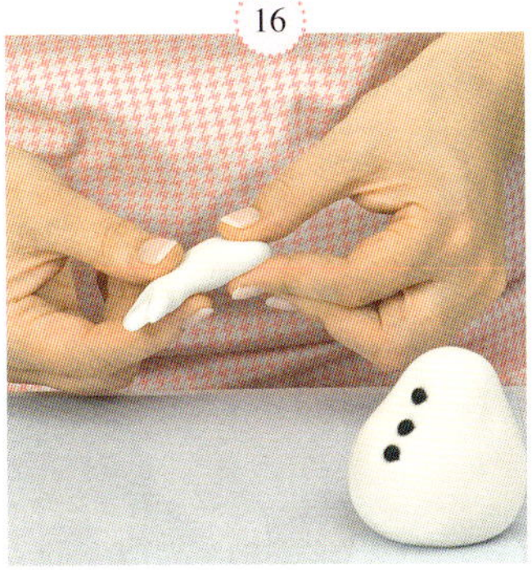

Hinten etwas flach drücken, um die Arme am Körper anbringen zu können. Die Innenseite des Armes mit Kleber bestreichen und den linken Arm angewinkelt anbringen. Die Handfläche zeigt nach oben, sodass ein Vogel darauf Platz nehmen kann.

17

Den anderen Arm in gleicher Weise herstellen. Diesen jedoch so beugen, dass die Hand in freudigem Ausdruck an der Wange ruht.

18

Einen Lollystiel in Kleber tauchen und senkrecht in den Körper stecken. Der Stiel sollte so lang sein, dass er Körper, Kopf und auch den Hut verbindet.

19

Das verbleibende Stück zur Kugel formen und mit dem zweitgrößten Rosenausstecher den Mund wiegend eindrücken.

20

Jetzt den Lollystiel mit Kleber bestreichen und darauf den Kopf setzen.

21

Etwa 10 g roten Modellierfondant zur Kugel und dann zu einem 20 cm langen Strang rollen. Diesen danach ganz dünn ausrollen und die schmalen Enden mit einem Rollschneider fransig schneiden.

22

Jetzt den Schal in Falten legen und drapieren.

23

Kleber um den Hals streichen und den Schal darüberlegen.

24

Jetzt die linke Hand mit Kleber bestreichen und am Kopf des Schneemanns festkleben.

25

Mittig zwischen den Mundwinkeln mit dem Ball Tool eine Mulde eindrücken.

26

Eine kleine Menge Rot und Gelb vermischen, sodass daraus Orange entsteht. Davon wiederum eine 5 mm große Kugel abnehmen, um einen spitzen Tropfen zu formen.

27

Den Tropfen in sich drehen, um eine Möhre zu imitieren.

28

Die Möhre nun in die Mulde kleben.

29

Den restlichen schwarzen Modellierfondant teilen. Eine Hälfte zur Kugel formen und dann zu einer flachen runden Platte ausformen.

30

Den Kopf oben mit etwas Kleber einstreichen. Jetzt die runde Platte auf den Kopf legen und dabei die Krempe an der Stirn ein wenig hochbiegen.

31

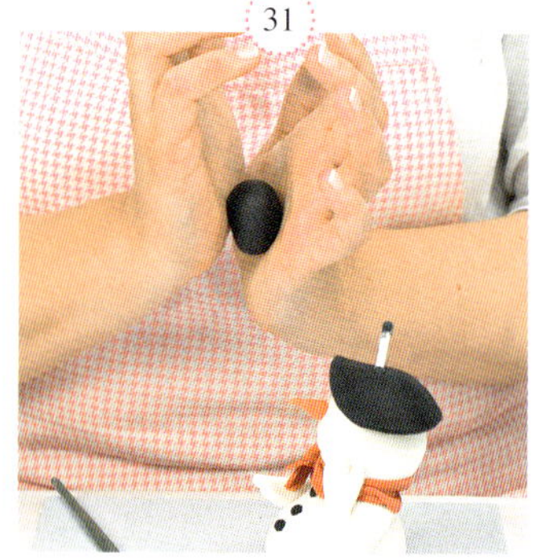

Die andere Hälfte zur Kugel und dann zu einem leichten Kegel formen.

32

Den Kegel oben und unten abflachen. Jetzt die Kanten des Kegels spitz ausformen. Und innen ein wenig eindrücken.

33

Jetzt den Lollystiel mit Kleber einstreichen und den Kegel daraufstecken.

34

Aus einer 1 cm großen Kugel hellgrünem Modellierfondant oder einer anderen Farbe, die gerade griffbereit ist, einen Strang formen und diesen flach drücken. Den Hut mit Kleber bestreichen und das Band darumlegen.

35

Eine 1 cm große Kugel des hellblauen Modellierfondants dritteln. Tipp: Eingefärbten, übrig gebliebenen Modellierfondant immer gut einpacken und aufheben. Aus zwei oder mehr Pasten können Sie auch neue Farben mischen.

36

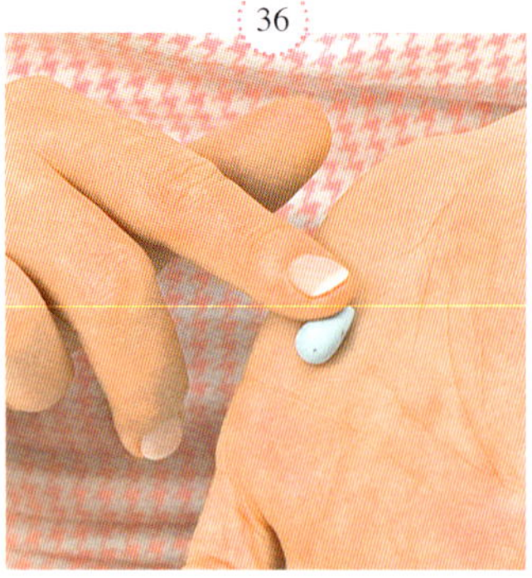

Aus einem Drittel eine Kugel und dann einen Tropfen formen.

37

Die Spitze des Tropfens ein wenig hochbiegen.

38

Ein Stück Spaghetti in Kleber tauchen und in die Hand des Schneemanns stecken. Das herausragende Stück danach ebenfalls mit Kleber bestreichen.

39

Jetzt den Tropfen waagerecht auf die Spaghetti drücken.

40

Das zweite Drittel zur Kugel formen und auf dem dicken Ende des blauen Tropfens festkleben.

41

Das letzte Drittel halbieren und zwei flache Tropfen formen. Diese links und rechts als Flügel ankleben.

42

Zum Schluss noch einen winzigen orangefarbenen Strang als Schnabel ankleben.

43

Die Augen mit einem Lebensmittelstift aufmalen. Aus 10 g braunem Modellierfondant einen kleinen Hasen herstellen, der den Schneemann umarmt (s. Seite 27). Die hellbraunen Elemente mit elfenbeinfarbenem und die Nase mit rosafarbenem Fondant anbringen.

44

Etwas Eiweißspritzglasur auf die Torte geben und mit einer Winkelpalette unregelmäßig verstreichen. Tipp: Vor dem Verarbeiten die Eiweißspritzglasur immer noch einmal mit einem Spachtel durchrühren, damit sie geschmeidig wird.

45

Jetzt den Schneemann auf die Torte setzen.

46

Den großen Tannenbaum direkt im Anschluss neben den Schneemann stellen und den kleinen Tannenbaum etwas nach vorne versetzt positionieren.

47

Solange die Eiweißspritzglasur feucht ist, etwas Glitter aufstreuen. Tipp: Mit einem Messerschaft oder einem Mörser den Glitter zuvor zerstoßen, damit er nicht so grobkörnig ist.

48

Jetzt auch das Cake-Board unregelmäßig mit Eiweißspritzglasur bestreichen. Diese ebenfalls mit Glitter bestreuen.

49

Die halben Tannenbäume um die Torte verteilen und mit Eiweißspritzglasur festkleben.

50

Die getrockneten Schneeflocken mit weißem Glitter bestäuben.

51

Die Schneeflocken auf der Rückseite mit Kleber bestreichen und auf die Seite der Torte kleben. Den großen Tannenbaum oben mit einem Stern dekorieren.

Für immer Dein

Diese Torte ist eine Liebeserklärung! Wäre es nicht eine herzliche Überraschung, von seinem Liebsten einmal ein selbst modelliertes Zeugnis seiner Zuneigung zu erhalten? Das können auch zum Bügeln ungeeignete Männerhände schaffen!

Ansonsten können Sie bei dieser Torte ganz hervorragend sehen, wie sich die Elfe und der Cowboy in ein Liebespaar verwandeln. Bestimmt fallen Ihnen noch viel mehr Situationen ein, in denen Sie diese Figuren etwas abgewandelt einsetzen können.

1	Herztorte Größe 26 cm
1100 g	Modellierfondant
etwas	Eiweiß-Spritzglasur
2	Lollystiele
	Spaghetti
	Kleber

Cake-Board | Palette | Modellierbrett | Messer | weiches Kokosfett Rollschneider | Pinsel | Spritzbeutel Spritztülle Größe 4 | Ball Tool Rollstab | Lebensmittelstift Schere | Zahnstocher | Geodreieck weißer 24er-Draht | Rosenausstecher-Set | Edible Paint Black Briefmarkenzange | Strohhalm Floristikband

Modellierfondant eingefärbt mit:

Rot:	Extra Red	350 g
Elfenbein:	Ivory Caramel	285 g
Pfirsich:	Peach	
Braun:	Dark Brown	85 g
Melone:	Melon Yellow	15 g
Schwarz:	Black	10 g

1

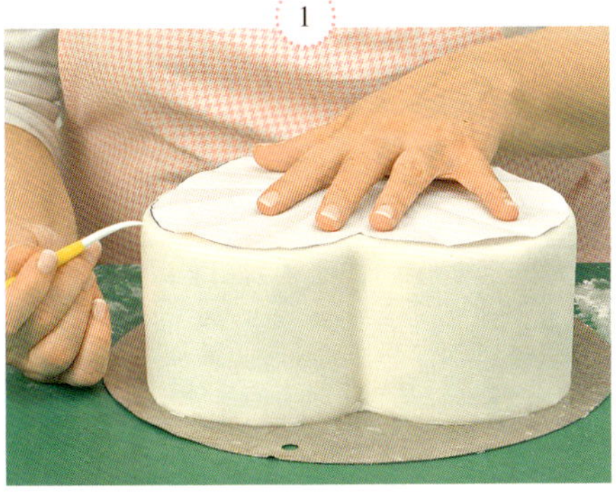

Eine Schablone in Größe der Tortenform aus Papier erstellen. Diese zunächst in der Mitte falten und die so entstandene gerade Falzkante wiederum zur Hälfte falten. Die beiden Falzkanten danach noch zweimal übereinander falten, sodass das Herz, wenn es wieder auseinander gefaltet ist, in 16 Stücke geteilt ist. Jetzt die Schablone auflegen und die äußeren Falzpunkte auf dem noch weichen Fondant markieren.

2

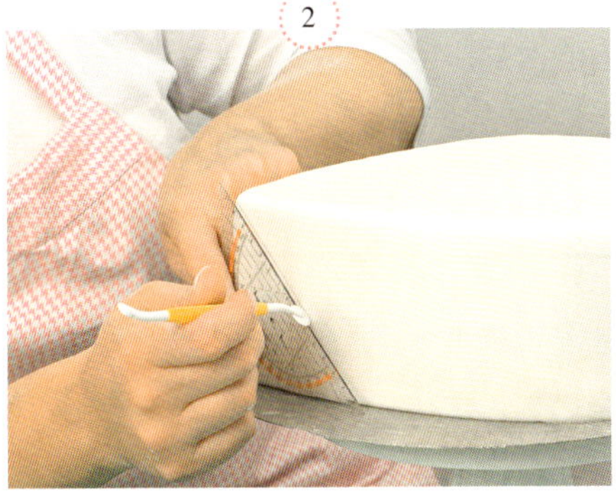

Jetzt ein Geodreieck im 45° Winkel auf der Tortenplatte anlegen und an der langen Kante entlang mit einem Rollschneider einritzen. Dabei darauf achten, dass exakt an der Spitze begonnen wird. Danach das Geodreieck in unveränderter Position an der nächsten Markierung ansetzen und so um die Torte gehen.

Tipp: Die Verwendung eines Drehtellers als Arbeitsgrundlage erleichtert die Arbeit enorm.

3

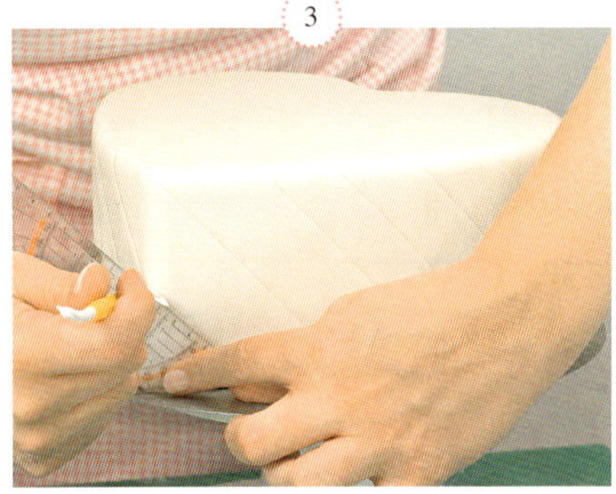

An der Kante und den Bögen das Lineal mitlaufen lassen. Da dieses immer auf der Tortenplatte aufliegt, ist das kein Problem.

4

Wenn alle schrägen Linien um die Torte geführt worden sind, das Geodreieck um 90° kippen und in gleicher Weise die gekreuzte Schraffierung anbringen.

5

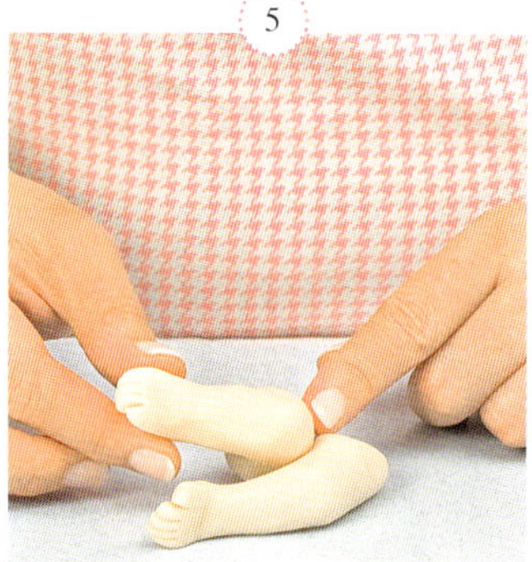

Die Figuren können frisch auf der Torte modelliert oder zuvor vorbereitet und getrocknet werden. Da die gezeigten Figuren der Elfe (ab Seite 110) und dem Cowboy (ab Seite 68) gleichen, werden hier nur Modellierreihenfolge und eventuelle Besonderheiten gezeigt.

6

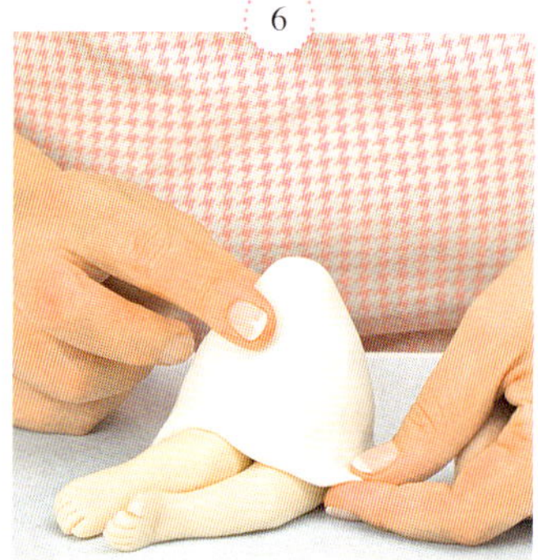

200 g hautfarbenen Modellierfondant (aus Ivory und Pfirsich gemischt), wie bei der „Elfe" beschrieben, teilen. Deren Beine werden diesmal zur Seite gelegt. Darauf wird das Glockenkleid aus 200 g weißem Modellierfondant gelegt.

7

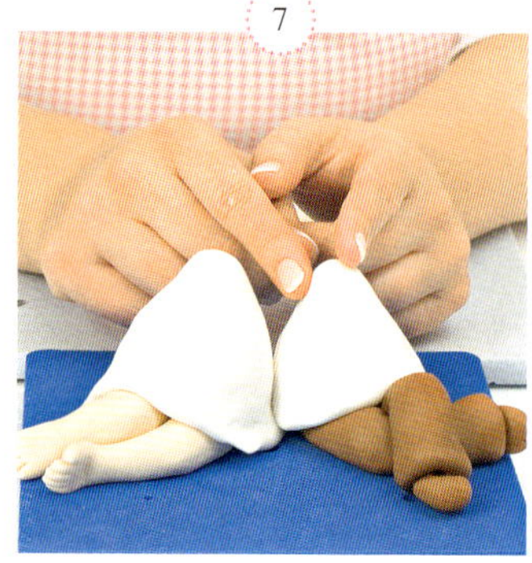

Sein Körper wird exakt wie der des „Cowboys" modelliert, bis auf die Tatsache, dass er eine braune Hose und runde braune Schuhe erhält. Hierfür von 75 g Braun zwei 8 mm große Kugeln abnehmen und aus dem verbleibenden Stück zwei Hosenbeine formen.

8

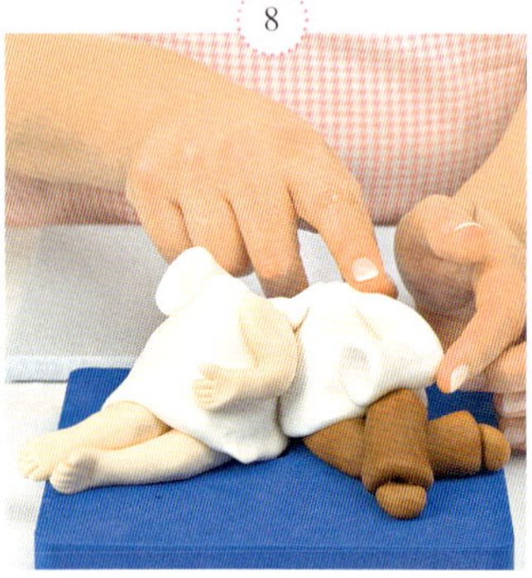

Sein Hemd wird aus 200 g weißem Modellierfondant geformt. Hierzu die Masse dritteln und ein Drittel für die Arme verwenden. Mit dem verbleibenden Stück den Oberkörper formen. Seine Hände werden aus zwei 1 cm großen Kugeln hautfarbenem Modellierfondant geformt.

9

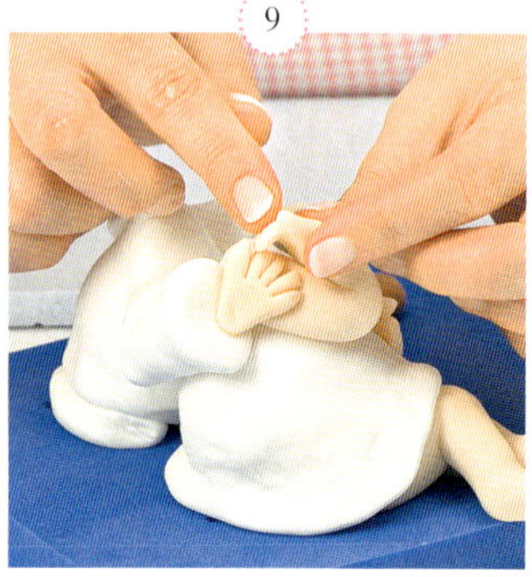

Beim Modellieren der Arme muss man berücksichtigen, dass er ihre Hand ergreift. Deshalb zuerst beide linken Arme, dann seinen rechten und zum Schluss ihren rechten Arm formen. Letzterer wird mit seinem Arm verklebt.

10

Nachdem die Lollystiele in den Figuren stecken, die Köpfe erstellen und darauf festkleben. Sein Kopf wird aus 100 g hautfarbenem Modellierfondant gefertigt, von dem eine kleine Menge für Nase und Ohren abgenommen wird.

11

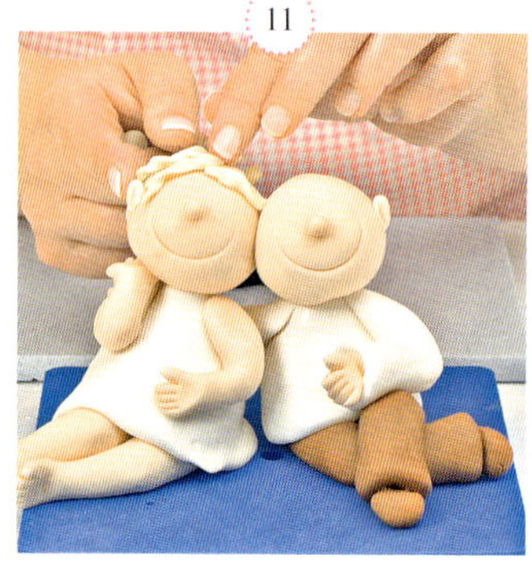

Jetzt die Haare erstellen, indem Hautfarbe, Melone und Weiß in gleichen Teilen zu je 15 g, wie auf Seite 12 beschrieben, zu einer Holzstruktur verarbeitet wird. Die Locken werden erst aufgelegt, nachdem auch sein Kopf auf der Figur befestigt wurde.

12

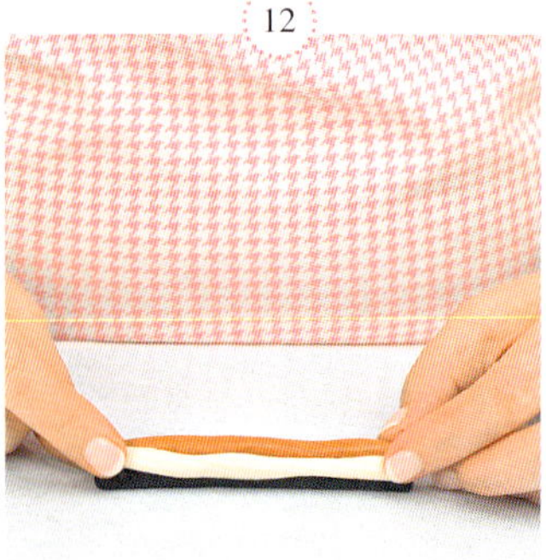

Für seine Haare je 10 g Hautfarbe, Schwarz und Braun mischen.

13

Die Struktur der Haare sollte ganz fein vermengt werden.

14

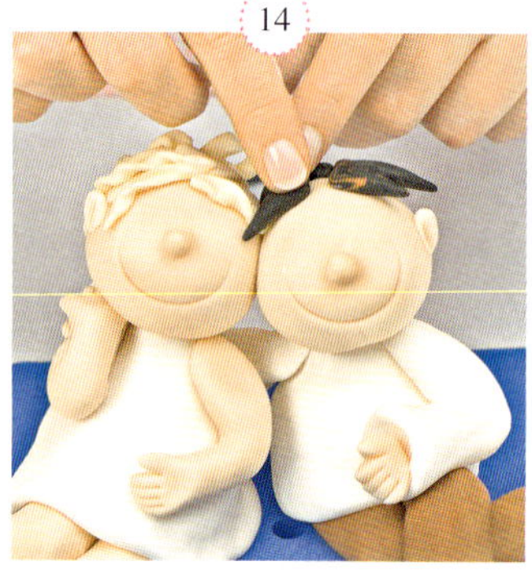

Jetzt kleine Kugeln rollen und diese zu spitzen Tropfen formen. Die einzelnen Stränge werden zuerst kreisförmig auf den Kopf geklebt.

15

Danach werden die nach oben stehenden Haare ergänzt.

16

Zum Schluss die Augen mit „Edible Paint Black" und einem Pinsel aufmalen. Alternativ kann man natürlich auch den schwarzen Lebensmittelstift verwenden.

17

Jetzt die Tortenmitte mit Kleber bestreichen. Die Figuren gemeinsam vorsichtig mit einer Palette von der Arbeitsfläche hochnehmen und auf der Torte platzieren.

18

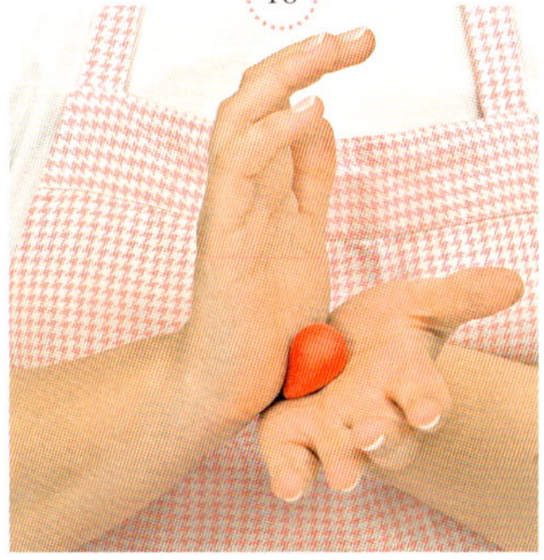

Eine beliebige Menge des Modellierfondants, eingefärbt mit Extra Red, zur Kugel und dann zum spitzen Tropfen formen.

19

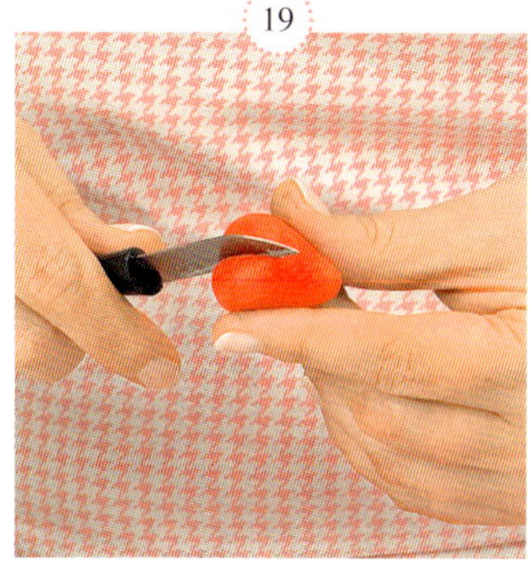

An der dicken Seite mit einem scharfen Messer bis zur Hälfte einschneiden.

20

Danach die Herzbögen noch ein wenig mit dem Zeigefinger eindrücken und ausformen.

21

Um die Herzen anzudrahten, den Draht oben mit einer Briefmarkenzange zur Schlaufe biegen. Insgesamt werden acht Herzen angedrahtet.

22

Die Schlaufe in den Kleber tauchen.

23

Jetzt den Draht mit der Schlaufe zuerst in das Herz stecken und dann die Herzspitze unten wieder zusammendrücken. Danach müssen die Herzen mindestens einen Tag trocknen.

24

Nun ein paar Herzdrähte zusammennehmen und den unteren Teil mit Floristikband umwickeln. Dabei sollten sich die Herzen in unterschiedlichen Höhen befinden.

25

Wie bei der Torte „Shopping Queen" auf Seite 107 beschrieben, einen Strohhalm in die Torte stecken und diesen mit Eiweißspritzglasur füllen. Direkt im Anschluss die „Herzluftballons" in den Strohhalm stecken.

26

Anschließend werden die Drähte noch ein wenig auseinandergezogen und ausgerichtet.

27

Ein paar kleine Herzen neben das Brautpaar kleben und die restlichen Herzen üppig auf dem Cake-Board verteilen und befestigen.

Süßer Fratz

Wer beginnt beim Anblick dieser Torte nicht direkt ein Schlaflied zu summen? Während das Baby ganz friedlich und entspannt mit dem Teddy im Arm kuschelt, wachen der Mond und die Sterne über den süßen Fratz.

Der Teddy wird nach dem gleichen Prinzip erstellt wie der Teddy auf Lisas Torte von Seite 91. Dieses Beispiel zeigt besonders gut, wie variabel Betty's Prinzip bei der Figurenherstellung ist.

1	Torte 26 cm Durchmesser
720 g	Modellierfondant
10 g	Blütenpaste
700 g	Fondant
1	Lollystiel
	Spaghetti
	Kleber

Cake-Board | Palette | Modellierbrett | Messer | weiches Kokosfett
Rollschneider | Pinsel | Rollstab
Veining Tool | Edible Paint Black
Rosenausstecher-Set | Sternausstecher | Spritztülle Größe 10
Zahnstocher

Modellierfondant eingefärbt mit:

Gelb:	Melon Yellow	600 g
Rosa:	Pink	10 g
Braun:	Dark Brown	20 g
Hellbraun:	Dark Brown	10 g
Elfenbein:	Ivory Caramel	80 g
Pfirsich:	Peach	

1

100 g gelben Modellierfondant 1–2 mm dünn ausrollen und daraus circa 15 Sterne mit simplen Keksausstechern in verschiedenen Größen ausstechen. Drei davon sollten etwas größer sein. Tipp: Die Ausstecher mit Kokosfett einfetten.

2

Mit dem zweitkleinsten Rosenausstecher einen Mund auf den Stern drücken.

3

Erbsengroße Kugeln formen und diese als Nasen aufkleben. Dann die Augen mit „Edible Paint Black" und einem Pinsel aufmalen. Alternativ kann man natürlich auch den schwarzen Lebensmittelstift verwenden. Danach die Sterne über Nacht trocknen lassen.

4

Der Fondant für das Cake-Board wird mit Navy Blue eingefärbt, um einen schönen Kontrast zu erhalten.
500 g gelben Modellierfondant zu einer faltenfreien Kugel rollen. Daraus zunächst einen spitzen Tropfen formen.

5

Jetzt den Tropfen umdrehen und auch die andere Seite spitz formen. So haben Sie eine gute Basis für die Form. Würde man den Mond aus einem Strang rollen wollen, könnte man die Spitzen nicht so gut herausarbeiten.

6

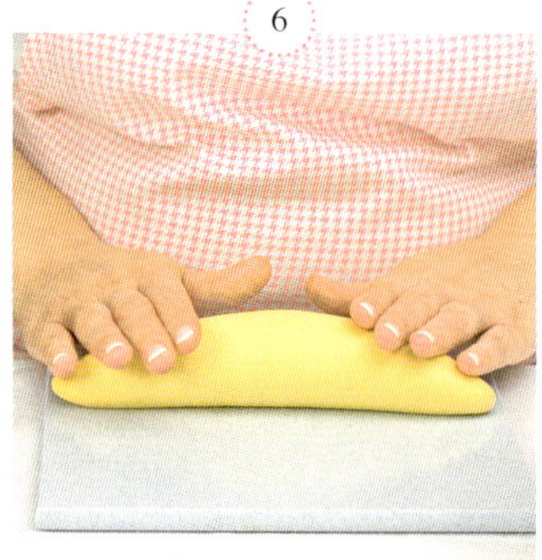

Danach den Modellierfondant auf dem Modellierbrett etwa 25 cm lang rollen. Nun ergibt sich die Form einer Banane.

7

Jetzt einen Lollystiel dezentral in die Torte stecken, diesen mit Kleber bestreichen und den Mond daraufsetzen. Hierzu bietet es sich an, die gewünschte Form in der Hand vorzubiegen und in dieser Position aufzusetzen.

8

Eventuell die Form mit einem Taschentuch abstützen.

9

Jetzt mit dem Rollschneider den Mund einritzen.

10

700 g Fondant zu Wolken formen, indem ein Stück weißer Modellierfondant ganz einfach zwischen den Fingern geknautscht wird. Hierzu eine kleine Masse in die Hand nehmen und dann die Finger zueinander drücken. Schon ist die Wolke fertig.

11

Die Wolken um die Torte verteilt auf dem Cake-Board festkleben. Auch der Mond wird mit einer Wolke untermauert, damit er einen festen Stand erhält. Außerdem noch ein paar kleine Wölkchen auf der Torte ergänzen.

12

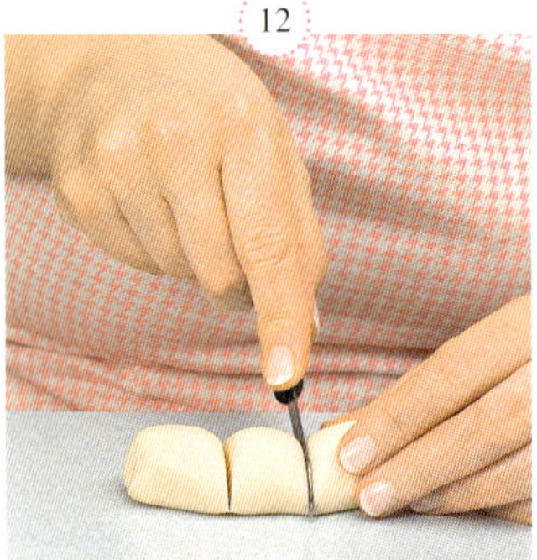

Für das Baby 80 g hautfarbenen Modellierfondant, der mit Ivory und Pfirsich gemischt wurde, zum Strang rollen und nach dem 1-2-3-Prinzip aufteilen.

13

Der Körper wird zunächst aus einem Drittel zur Kugel gerollt und dann zu einem ganz leichten Tropfen geformt.

14

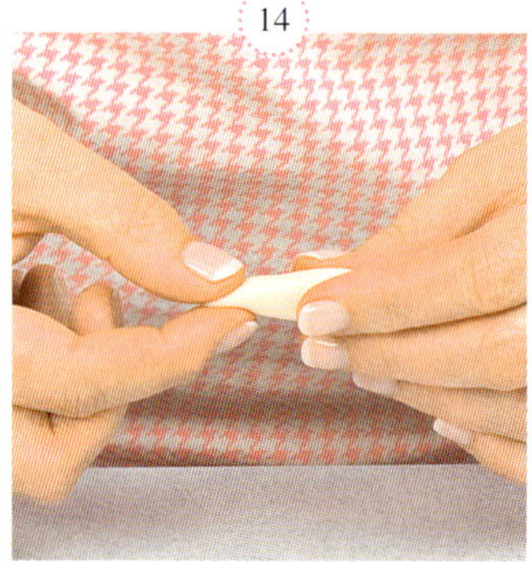

Die Menge für das Bein zur Kugel und dann zu einem konisch zulaufenden Strang rollen. Dann den Fuß gestalten, indem das dünne Ende etwas eingedrückt wird.

15

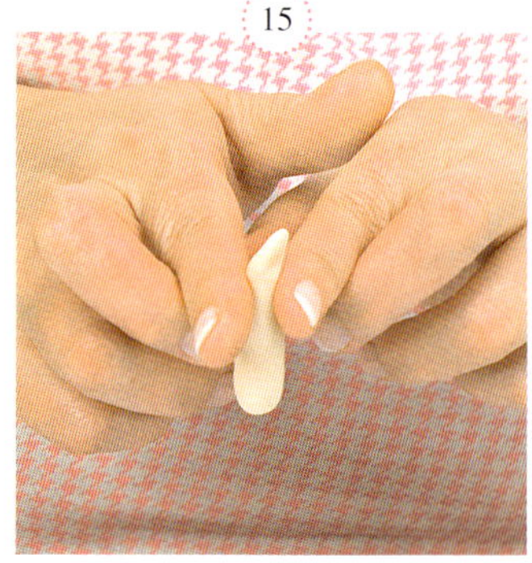

Jetzt das Fußgelenk formen, indem mit beiden Zeigefingern an dieser Stelle hin und her gerollt wird.

16

Anschließend den Fuß anwinkeln.

17

Mit einem Messer die Zehen viermal einschneiden. Für den dicken Zeh einen breiteren Abstand wählen. Tipp: Darauf achten, dass sich der dicke Zeh beim rechten Bein auf der linken Seite und beim linken Bein auf der rechten Seite befindet.

18

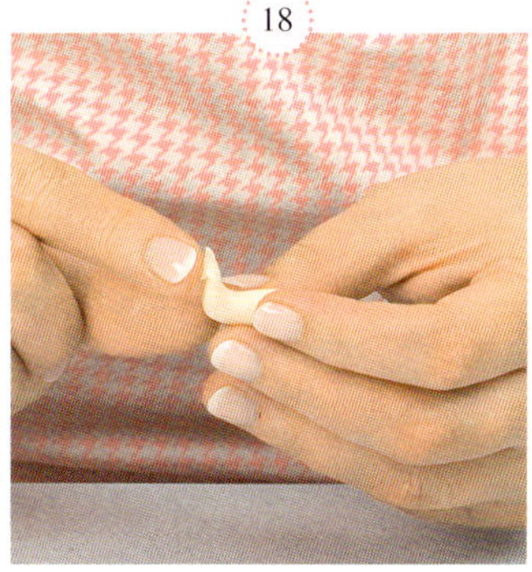

Den dicken Zeh etwas abrunden und die restlichen Zehen leicht einrollen.

19

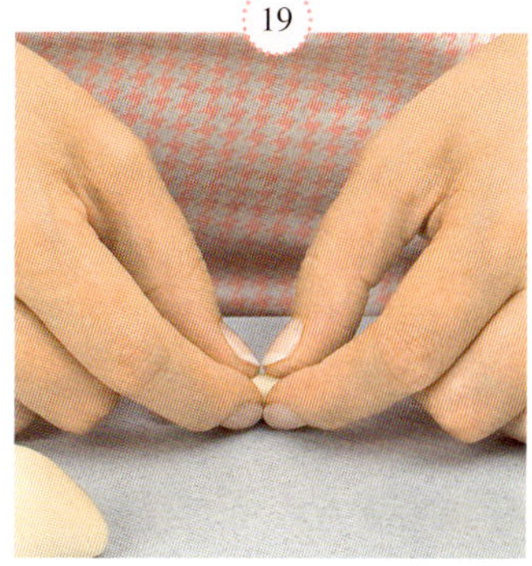

Das Knie formen, indem mit beiden Daumen und Zeigefingern eine Raute aufgedrückt wird.

20

Den Oberschenkel etwas flach drücken, um die Beine am Körper ankleben zu können. Da das Baby auf dem Bauch liegt, sollten beim Anbringen der Beine die Fußsohlen zu sehen sein. Das andere Bein in gleicher Weise herstellen.

21

Jetzt die Blütenpaste ganz dünn quadratisch ausrollen.

22

Die entstandene Form einmal zusammenklappen.

23

Dann das Material ein wenig raffen, um einen Faltenwurf anzudeuten.

24

Jetzt die Windel auf den Po des Babys legen. Dieser wurde zuvor mit Kleber bestrichen. Die Spitze des Dreiecks zeigt in Richtung der Füße.

25

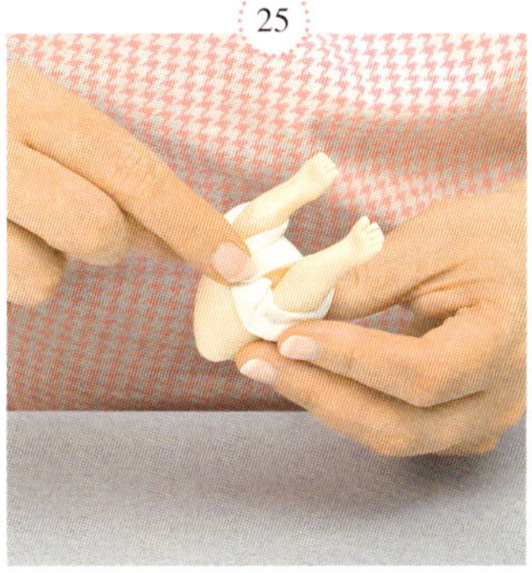

Jetzt alle Spitzen am Bauch zusammennehmen.

26

Den halben Körper nun direkt auf den Mond kleben. Der Bauch ruht auf der Mondspitze; die Beine baumeln links und rechts von der Spitze herunter.

27

Nun einen Teddy aus 20 g braunem Modellierfondant, wie ab Seite 96 beschrieben, modellieren. Allerdings wurde bei diesem Teddy die Schnauze aus hellbraunem Modellierfondant auf die Kopfkugel aufgesetzt. Danach die Arme als konischen Strang formen, der an der dünnen Seite flach gedrückt wird.

28

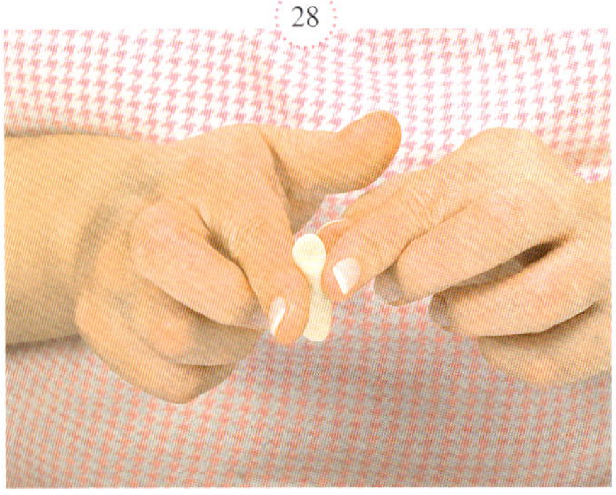

Durch Rollen zwischen den Zeigefingern die Handgelenke ausformen.

29

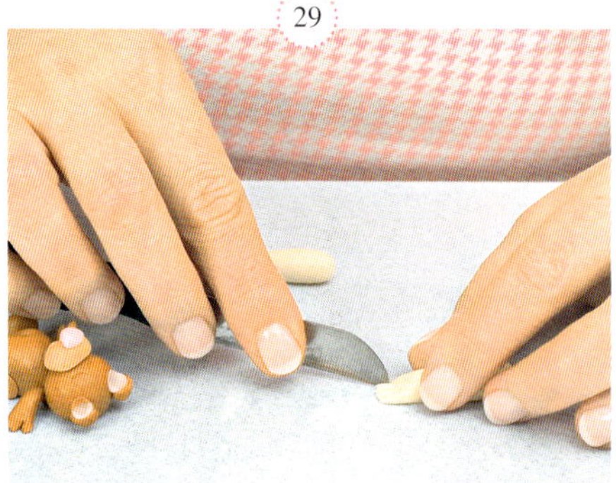

Nun die Finger mit vier Schnitten erstellen. Auch hier daran denken, dass die Daumen jeweils links und rechts sitzen.

30

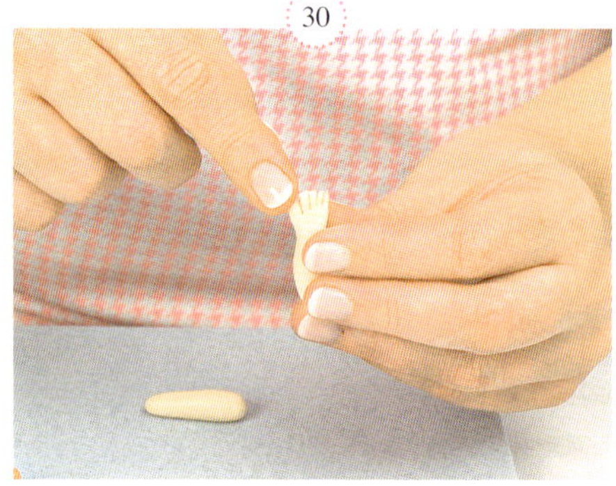

Nun den Daumen an der Spitze abrunden.

31

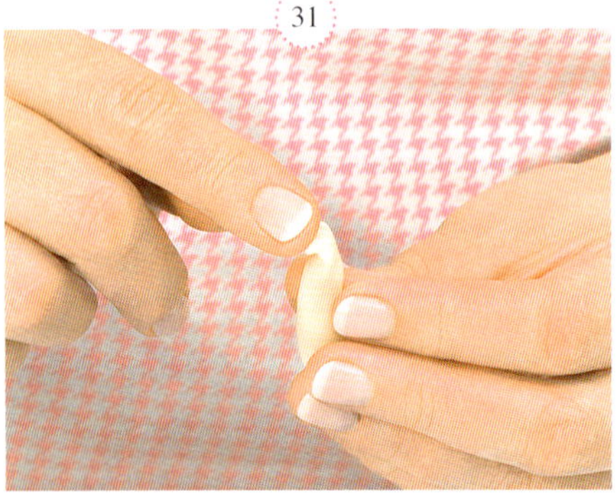

Die Finger danach etwas einknicken.

32

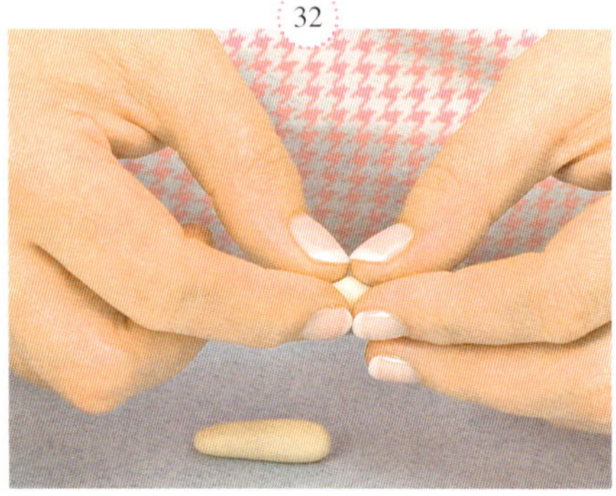

Die Ellenbogen bilden, indem mit beiden Daumen und Zeigefingern eine Raute aufgedrückt wird.

33

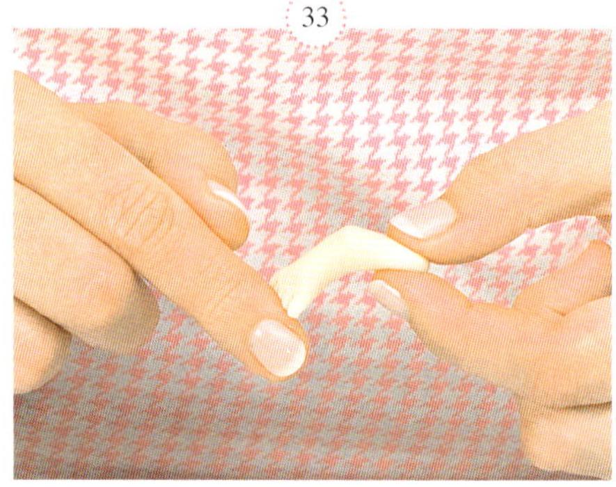

Zum Schluss das Ende des Oberarmes flachdrücken.

34

Jetzt die Hand auf der Innenseite mit Kleber bestreichen.

35

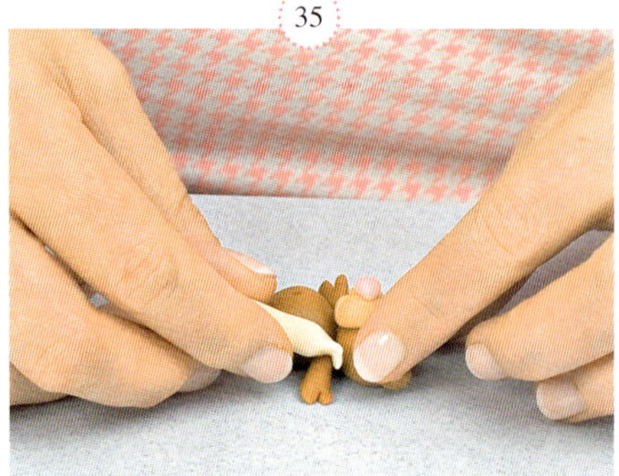

Die Hand wird zunächst am Teddy befestigt.

36

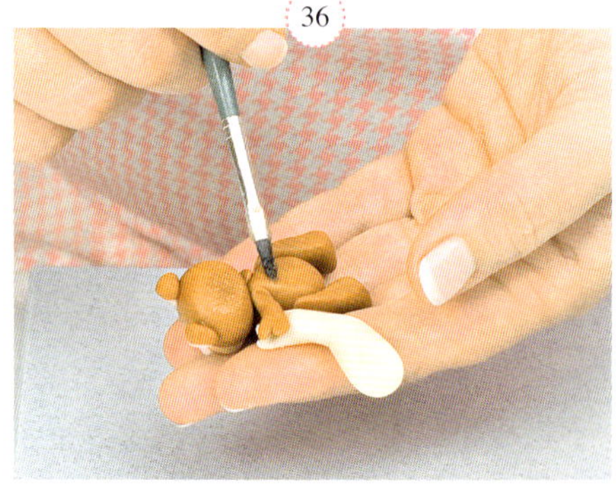

Danach die Rückseite des Teddys sowie die Innenseite des Armes mit Kleber bestreichen.

37

Anschließend den Arm gemeinsam mit dem Teddy am Körper sowie am Mond festkleben.

38

Aus der Menge für den Kopf eine Kugel rollen. Mit dem kleinsten Rosenausstecher den Mund darauf drücken.

39

Mit der Lochtülle Größe 10 werden die Augen eingedrückt, indem die Lochtülle halb auf den Fondant gedrückt wird.

40

Danach mittig die Nase aus einer etwa 3 mm großen Kugel aufkleben.

41

Die Ohren werden aus kleinen stecknadelgroßen Kugeln hergestellt, die zum Tropfen geformt werden. Diese werden auf Höhe der Mundwinkel angeklebt. Mit Hilfe eines Zahnstochers wird die Ohrmuschel ausgeformt.

42

Aus einem kleinen Tropfen braunem Modellierfondant, der in sich gedreht wird, entsteht ein kleiner Haarbüschel.

43

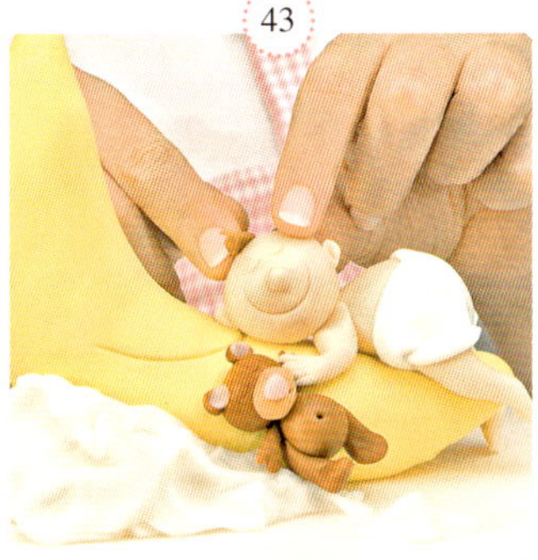

Jetzt den Kopf auf die Arme kleben. Dabei ruhig den Kopf etwas auf den Mond drücken, da das Baby mit dem Mond kuschelt.

44

Um die dicke Nase des Mondes zu befestigen, ist es notwendig, einen Zahnstocher in den Mond zu stecken. Sonst würde die Nase herunterrollen.

45

Den Zahnstocher mit Kleber bestreichen. Danach eine kastaniengroße Menge des gelben Modellierfondants zur Kugel rollen und auf den Zahnstocher stecken.

46

Anschließend die Augen des Mondes aufmalen.

47

Zum Schluss die Sterne auf die Torte und das Cake-Board kleben. Die großen Sterne werden ganz einfach in die Fondantwolken gesteckt.

!

Die Sterne müssen Sie einen Tag im Voraus herstellen und trocknen lassen.

Tipp: Wenn Sie den Mond samt Baby, Teddy und Wolken auf einer mit Alufolie ummantelten Styroporplatte modellieren, könnten Sie die Torte prima vorbereiten. Die Fertigstellung bedarf dann nur noch kurzer Zeit.

STOP

Crazy Car

Dieser witzige Flitzer wünscht eine gute Reise, bringt ein Brautpaar in die Flitterwochen, gratuliert zum Geburtstag oder zur bestandenen Führerscheinprüfung und kann somit ganz vielseitig eingesetzt werden.

Welche Geschichte Sie auch immer mit diesem frechen Auto erzählen möchten, es wird Ihnen aufgrund seiner kinderleichten Form garantiert gelingen.

1	Torte 26 cm Durchmesser
1850 g	Modellierfondant
50 g	Blütenpaste
1	Lollystiel
	Kleber

Cake-Board | Palette | Modellierbrett | Messer | weiches Kokosfett Rollschneider | Pinsel | Lineal Spritztülle Größe 2 | Alkohol (50 %) Doppelrollschneider | Schere großer und kleiner Rollstab

Modellierfondant eingefärbt mit:

Gelb:	Melon Yellow	20 g
Rot:	Extra Red	20 g
Grün:	Spruce Green	70 g
Blau:	Navy Blue	20 g
Schwarz:	Extra Black	110 g
Grau:	Extra Black	780 g

Blütenpaste eingefärbt mit:

Rot:	Extra Red	30 g

Pulverfarbe:

Blau:	Petal Blue
Silber:	Satin Silver

1

Aus 800 g weißem Modellierfondant eine faltenfreie Kugel formen. Diese dann – als würden Sie den Kopf eines Pferdes formen – an einer Seite verjüngen. Spitz sollte der entstehende Kegel allerdings nicht geformt werden.

2

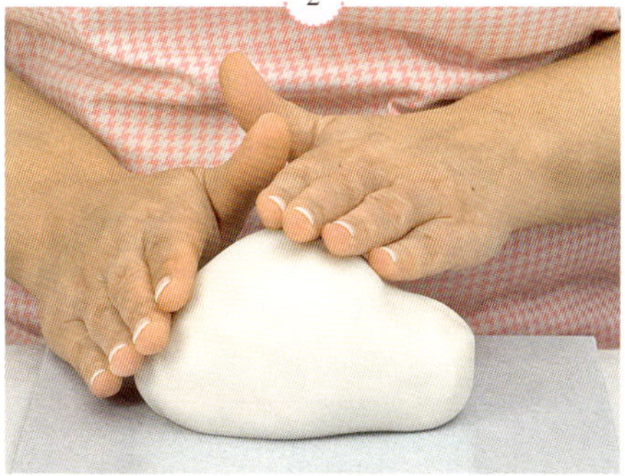

Nun legen Sie die entstandene Form auf das Modellierbrett. Die Verjüngung liegt dabei seitlich. Nun erhält das Objekt die Form eines Igels. Formen Sie die Seiten des Autos flach und das Heck schräg.

3

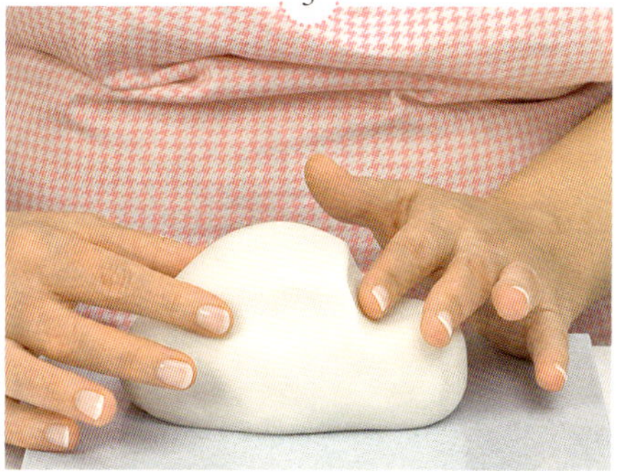

Vorne muss die Windschutzscheibe gerade ausgearbeitet werden. Auch die Seitenscheiben werden noch ein wenig eingedrückt. Das Auto sollte eine Form haben, wie sie von Kindern gezeichnet würde.

4

Zur Verdeutlichung der Form, hier das Auto von oben.
Tipp: Ihr Auto muss nicht genau so aussehen. Wichtig ist, dass die Scheiben erkennbar sind und Reifen angebracht werden. Schon ist es für jeden Betrachter ein Auto.

5

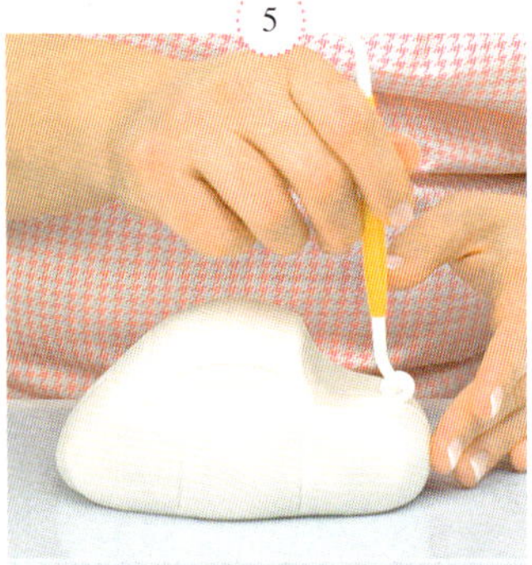

Jetzt werden mit einem Rollschneider die Fenster und Türen ganz nach Belieben angedeutet. Außerdem wird auf der Haube eine Kante eingeritzt.

6

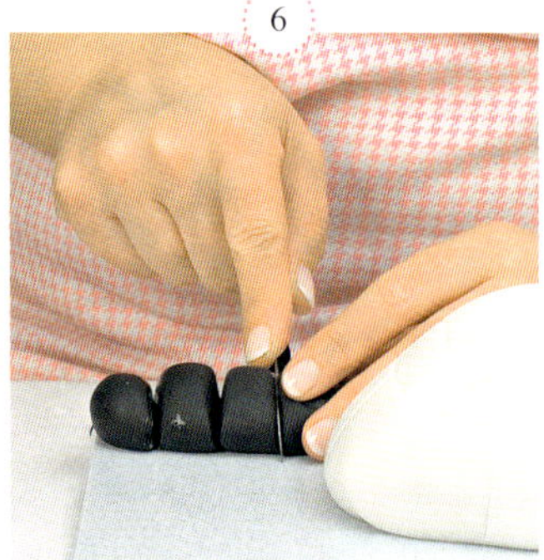

Aus 80 g schwarzem Modellierfondant einen Strang formen und diesen in vier Teile schneiden.

7

Aus je einer Scheibe eine Kugel rollen, die flach gedrückt wird. Dann an der Seite mit dem Rollschneider das Profil eindrücken.

8

Die modellierten Reifen nun an den Seiten ankleben.

9

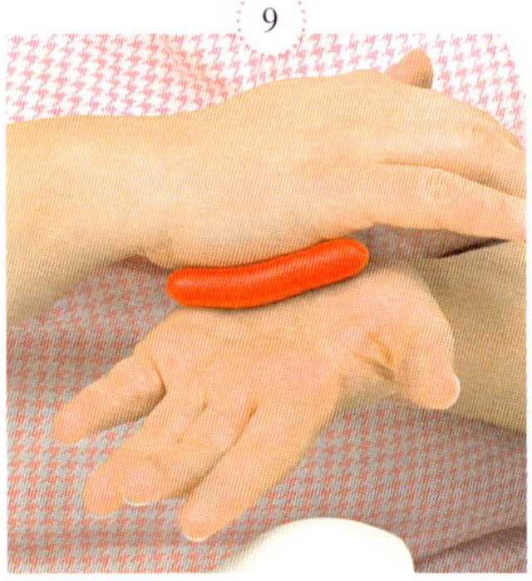

Aus 20 g rotem Modellierfondant einen gleichmäßigen Strang rollen.

10

Diesen in der Mitte zum Schiffchen flach drücken. Die Unterseite mit Kleber bestreichen und den so entstandenen Kotflügel auf einen Reifen kleben. Dabei die Form noch etwas an den Reifen anpassen. Eine Kante eventuell am Auto festkleben.

11

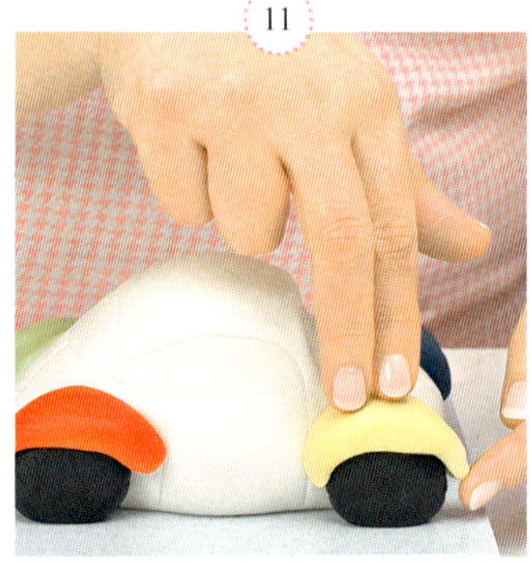

Auf gleiche Weise einen gelben, blauen und grünen (Gelb und Grün gemischt) Kotflügel erstellen, denn unser Flitzer ist ja bunt.
Tipp: Sollten Sie nicht so viele Farben anmixen wollen, können Sie natürlich auch eine Farbe für alle Kotflügel wählen.

12

Jetzt aus einer 1 cm großen Kugel einen spitzen Kegel formen. Die dicke Seite flach drücken und darauf mit dem Rollschneider senkrechte Linien eindrücken.

13

Einen zweiten Scheinwerfer in gleicher Weise herstellen und dann beide Lampen am Auto festkleben.

14

Jetzt den Kühler aus einer haselnussgroßen Menge formen, indem zunächst ein Oval gerollt und dieses dann flach gedrückt wird. Auch hier Linien mit einem Rollschneider eindrücken.

15

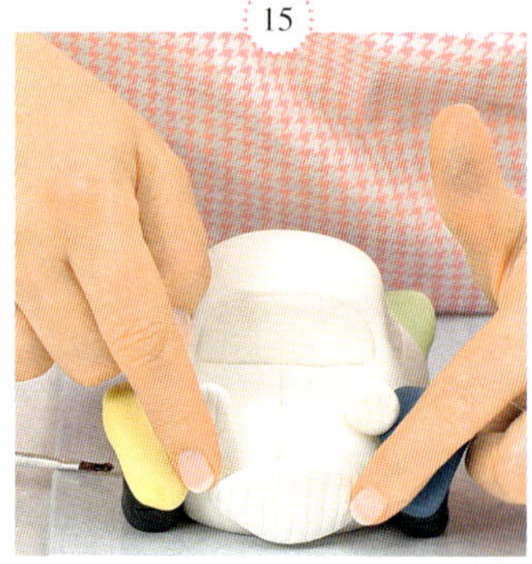

Der Kühler wird nun vorne an das Auto geklebt.

16

Für einen Türgriff wird eine kleine Menge Modellierfondant zum Strang geformt, der an die Tür geklebt wird. Auf der anderen Seite ebenfalls einen Griff anbringen.

17

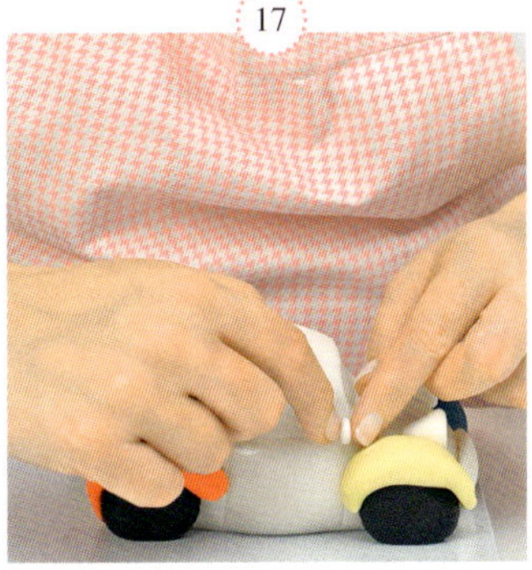

Dann aus einer 5 mm großen Kugel ein Oval formen, das wieder flach gedrückt und an der Seite angeklebt wird. Auch die Fahrerseite erhält einen Spiegel.

18

Jetzt folgt der Stoßfänger, der aus einer haselnussgroßen Kugel, die zu einem Strang in der Breite des Autos gerollt wurde, hergestellt wird.

19

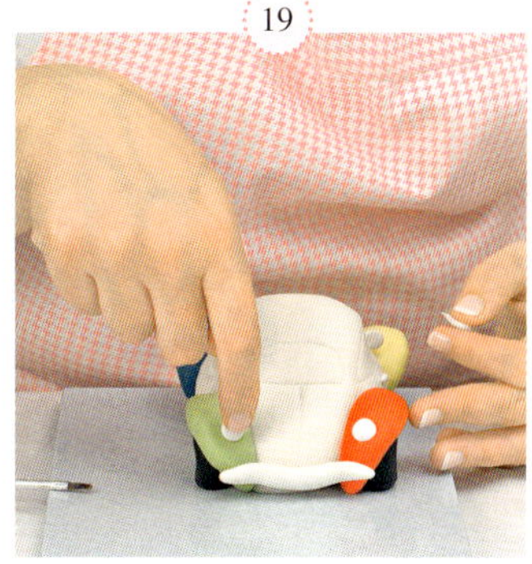

Die Lampen erhält das Auto in Form von 5 mm großen, flach gedrückten Kugeln.

20

Der Auspuff wird geformt, indem eine Kugel von 1 cm Durchmesser mit einem Pinselstiel eingedrückt und währenddessen nach hinten spitz geformt wird.

21

Dann etwas Kleber auf der Spitze auftragen und den Auspuff unter die Stoßstange kleben.

22

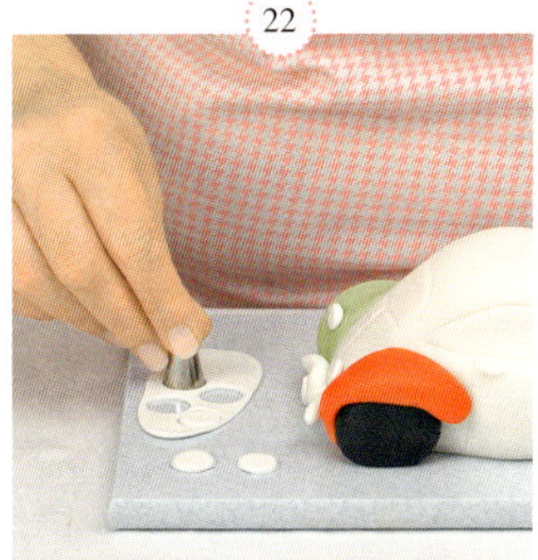

Mit der Rückseite einer Lochtülle aus dünn ausgerolltem Modellierfondant vier Kreise ausstechen.

23

Mit der Spitze der Lochtülle nun die Radmuttern andeuten, indem kleine Kreise eingedrückt werden.

24

Die Felgen danach auf die Räder kleben.

25

Etwas blaue Pulverfarbe dünn mit Alkohol anmischen.

26

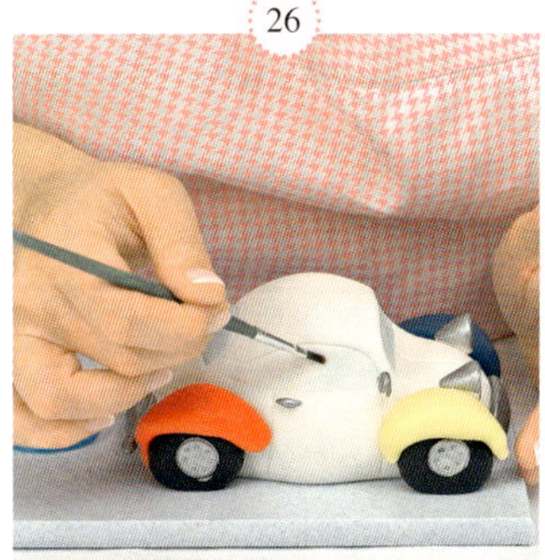

Und damit die Scheiben bemalen.

27

Für alle Chromteile wird silbernes Puder in Alkohol zu einer milchigen Konsistenz angerührt.

28

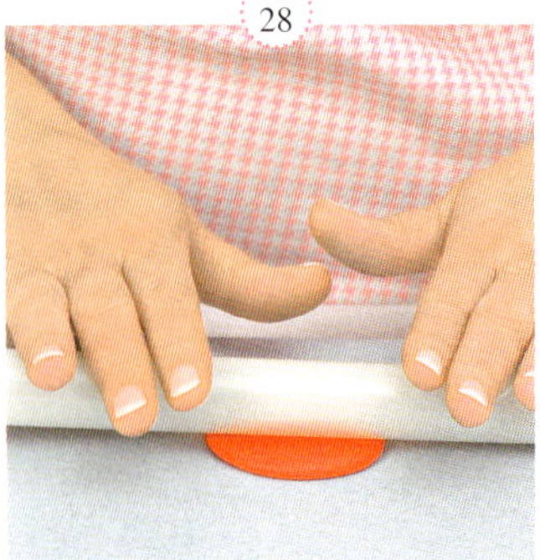

Rote Blütenpaste einen halben Zentimeter dick ausrollen, damit später ein Lollystiel eingesteckt werden kann.

29

Jetzt die ausgeschnittene Stoppschildschablone von Seite 175 auflegen und die Kanten der Vorlage entlang beschneiden.

30

Einen Lollystiel in Kleber tauchen und in eine Seite des Achtecks stecken.

31

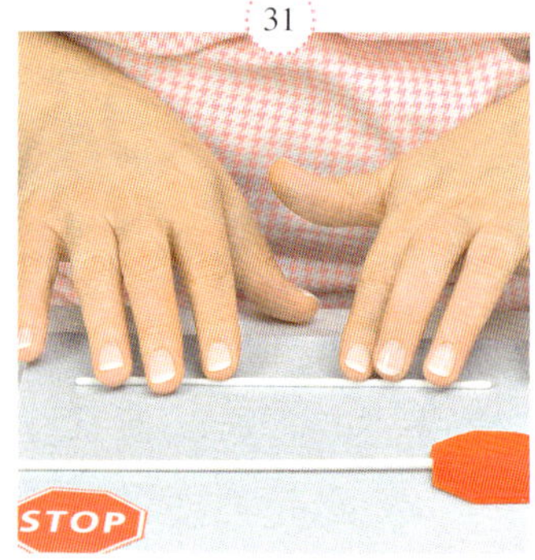

Jetzt weiße Blütenpaste zu einem dünnen Strang rollen. Eine Seite des Stranges gerade abschneiden.

32

Dort, wo die Linie aufgebracht werden soll, Kleber aufstreichen und den Strang auflegen. Hierbei mit der zuvor begradigten Seite beginnen. Den Strang in der Länge einer Seite abschneiden. Danach auf die nächste Seite Kleber auftragen und die Schritte wiederholen.

33

Nachdem das komplette Schild mit dem weißen Strang umrandet wurde, die Schrift in gleicher Weise aufbringen: Zuerst den Buchstaben mit dem Kleber „vormalen" und dann den Strang darauflegen.

34

Hierbei bietet es sich an, eine Schere anstelle eines Messers zu verwenden, da man in der Mitte des Schildes hiermit eine bessere Führung hat.

35

Eventuell die Rundungen mit Hilfe des Pinselstiels formen. Das Schild nach Fertigstellung über Nacht trocknen lassen.

36

750 g grauen Modellierfondant mit dem großen Rollstab 2–3 mm dünn auf einem gut gefetteten Modellierbrett ausrollen. Davon wird ein 15 cm breiter Streifen ausgeschnitten.

37

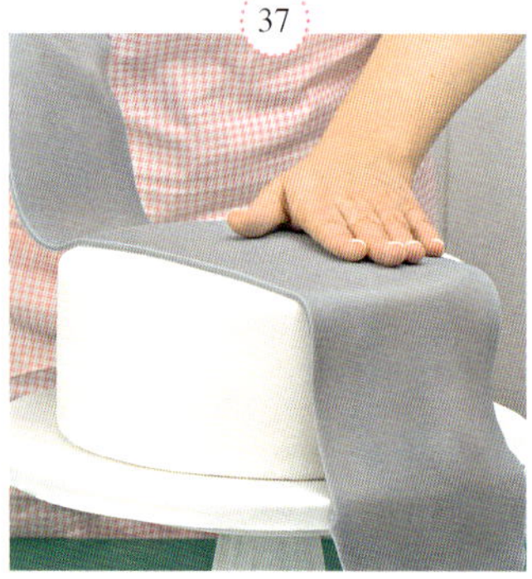

Da die Straße über die komplette Torte gelegt wird, ist es nicht notwendig, die Torte überall zuvor mit Kleber zu bestreichen.

38

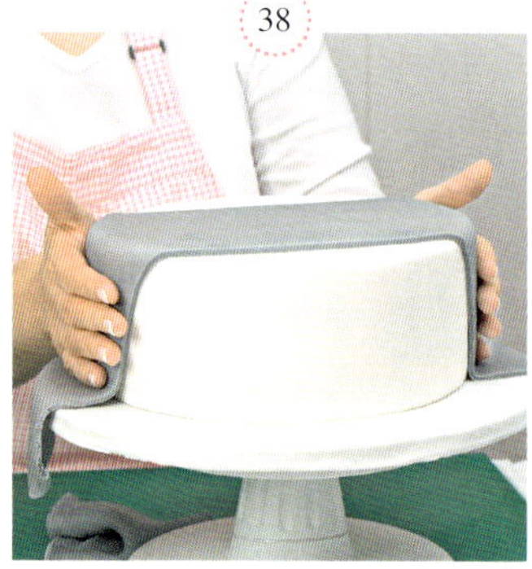

Jetzt den Streifen auch an den Seiten andrücken.

39

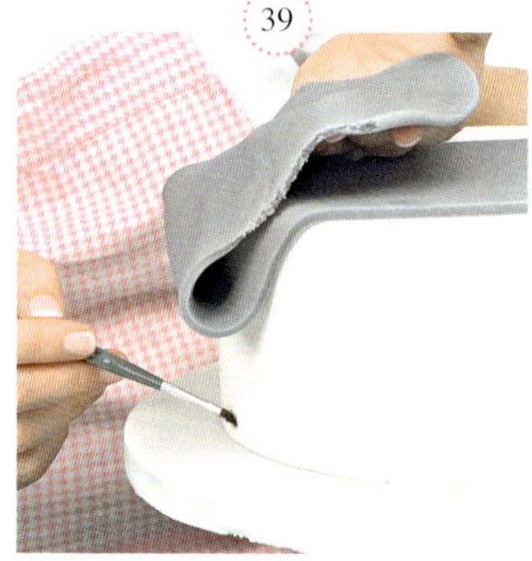

An der unteren Kante der Torte und auf der Oberseite des Cake-Boards wird nun etwas Kleber aufgetragen.

40

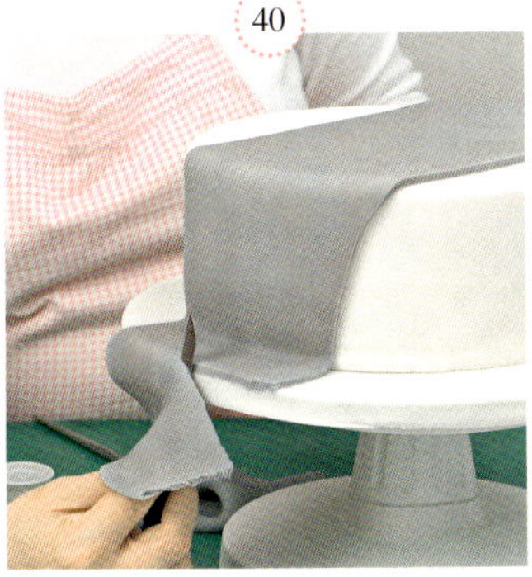

An der Seite das überschüssige Material mit einem scharfen Messer abschneiden.

41

Weißen Modellierfondant auf 1–2 mm ausrollen und mit einem Doppelrollschneider, der auf 1 cm Breite eingestellt wurde, Streifen ausschneiden.

42

Jetzt den Doppelrollschneider auf 3,5 cm Breite einstellen und die Streifen noch einmal teilen, sodass sich die Mittelstreifen ergeben.

43

Etwas Kleber auf die Stelle streichen, die mit einem Mittelstreifen versehen werden soll und dann den Modellierfondant auflegen.

44

Jetzt das Auto auf eine mit Kleber bestrichene Stelle setzen.

45

Anschließend kann das Stoppschild in die Torte gesteckt werden.

46

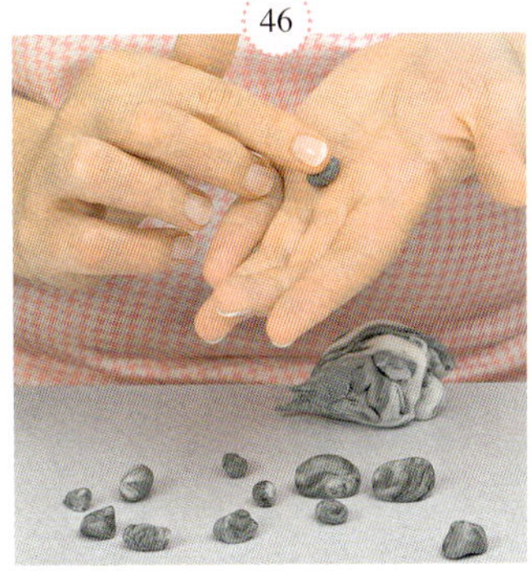

Etwas Modellierfondant aus je 30 g Schwarz, Grau und Weiß, wie auf Seite 12 beschrieben, marmorieren. Von dieser Masse Stücke abnehmen, die zu unregelmäßig großen Steinen geformt werden.

47

Die Steine neben der Straße und um das Cake-Board herum aufkleben.

48

Aus 50 g grünem Modellierfondant etwa 8 mm große Kugeln rollen, die dann zu spitzen Tropfen geformt werden.

49

Drei Tropfen mit der Spitze nach oben zu kleinen Grasbüscheln zusammendrücken.

50

Diese dann mit Hilfe eines Zahnstochers auf die Torte kleben.

!

Das Stopschild sollte einen Tag im Voraus hergestellt werden, da es trocknen muss.

Captain Betty

Generell kann man mit Stempeln jeder Art Fondant prägen. So können Sie Ihre Torte mit tollen Mustern versehen. Was aber, wenn man gerade nicht den passenden Stempel zur Hand hat? Bei dieser Torte wird deshalb eine völlig neue Technik eingesetzt. Aus Blütenpaste wird ein individueller Stempel hergestellt, den man in den frischen Fondant drückt. Eine neue Gestaltungsmöglichkeit, die noch ganz viele Optionen offen lässt.

1	Torte 26 cm Durchmesser
1500 g	Modellierfondant
300 g	Fondant
130 g	Blütenpaste
100 g	Eiweißspritzglasur
	Spaghetti
	Kleber

Cake-Board | Palette | Modellierbrett | Messer | weiches Kokosfett
Rollschneider | Pinsel | Lineal
Spritztülle Größe 2 | Spritzbeutel
Alkohol (50 %) | kleiner Rollstab
Doppelrollschneider | Schere
Veining Tool | breiter Pinsel
Acrylic Stempelblock | Ball Tool

Modellierfondant eingefärbt mit:

Rot:	Extra Red	750 g

Eiweißspritzglasur eingefärbt mit:

Schwarz:	Black Extra	etwas

Pulverfarbe:

Braun:	Nutkin Brown
Silber:	Satin Silver
Rot:	Red
Schwarz:	Black

Glimmer:

Weiß:	Snowflake

1

Bei dieser Torte kommt ein individuell hergestellter Totenkopf-Stempel zur Anwendung. Für den Stempel wird eine 1 cm große Kugel aus Blütenpaste zum einem leicht konischen Strang geformt, der zwischen den Zeigefingern zu einem Kegel gerollt wird.

2

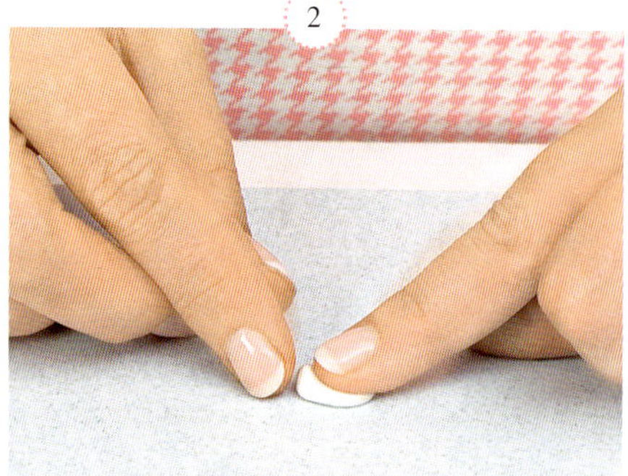

Den Kegel auf das Modellierbrett legen und die dicke Seite flach drücken.

3

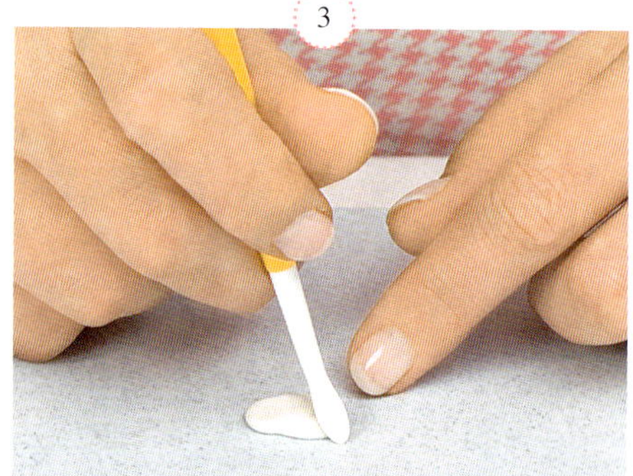

Jetzt werden mit der runden Seite des Veining Tools die Kanten abgeflacht und die Größe des Totenkopfes definiert.

BETTY

4

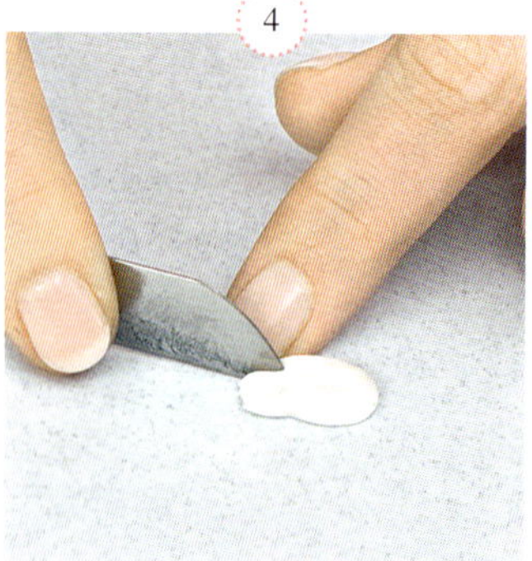

Am schmalen Ende nun dreimal mit einem Messer einschneiden.

5

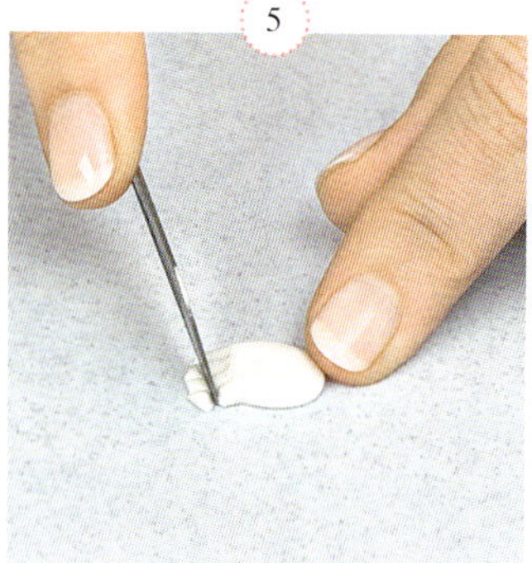

Sollte der untere Bereich zu lang geworden sein, diesen einfach abschneiden.

6

Jetzt mit der spitzen Seite des Veining Tools die Kanten nacharbeiten.

7

Mit einer Lochtülle Größe 2 werden die Augen eingedrückt.

8

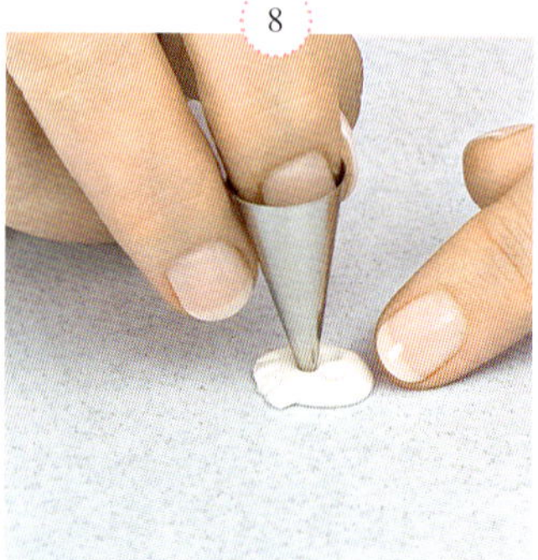

Ebenso wird die Nase geformt.

9

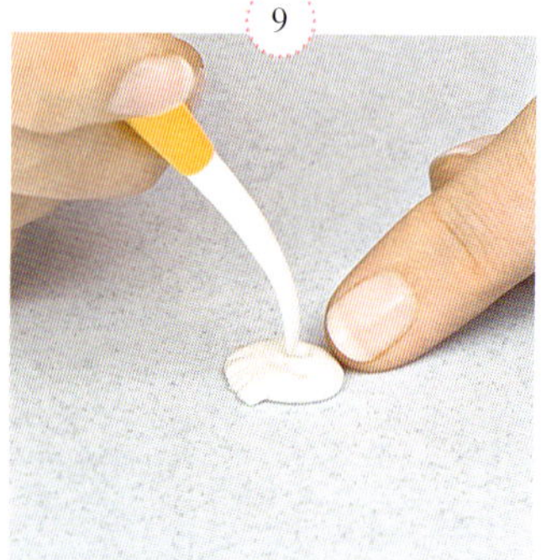

Jetzt die Augen mit der spitzen Seite des Veining Tools noch etwas ausweiten.

10

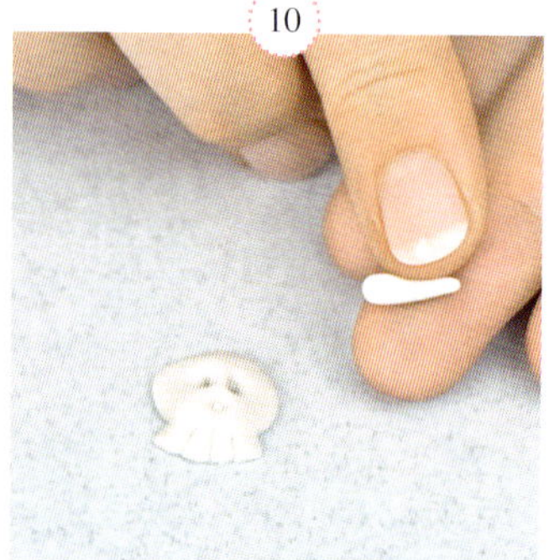

Jetzt einen halben Knochen erstellen, indem ein langer Tropfen gerollt wird.

11

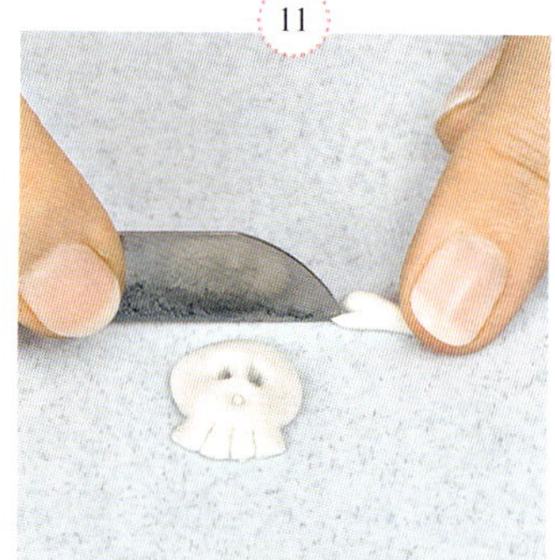

Diesen mit dem Messer einmal einschneiden.

12

Nun mit der runden Seite des Veining Tools wieder die Kanten abflachen.

13

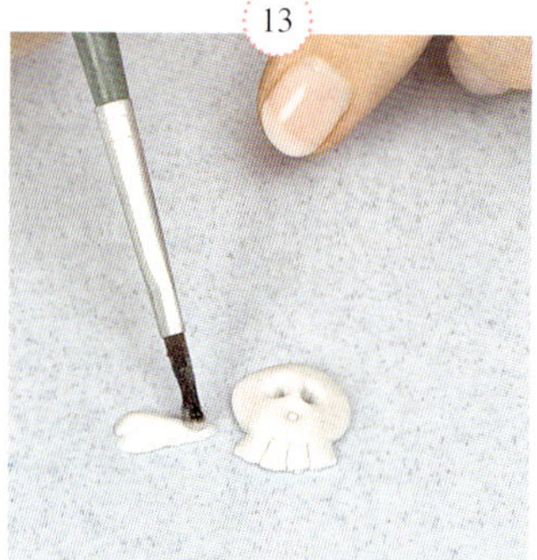

Die Spitze des Knochens wird mit Kleber bestrichen.

14

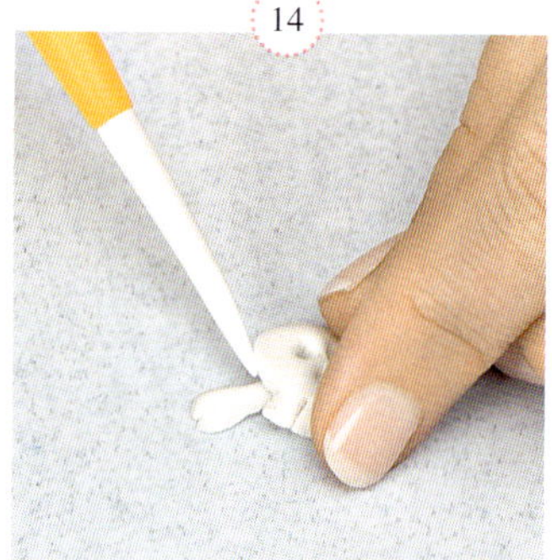

Jetzt den Schädel etwas anheben und auf die Knochenspitze legen.

15

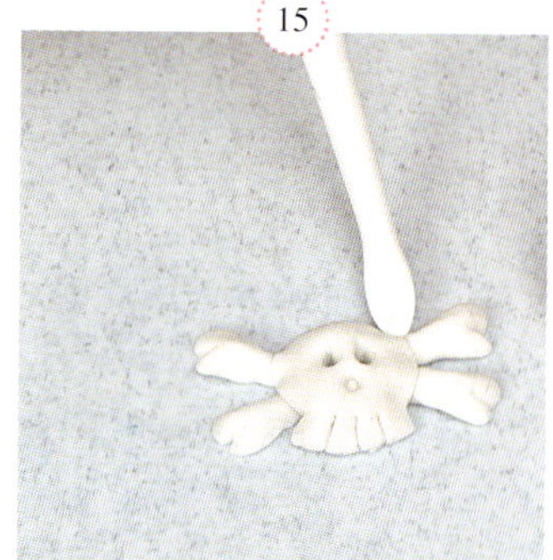

Auf die gleiche Weise drei weitere Knochen erstellen und anbringen. Zum Schluss noch mit der runden Seite des Veining Tools nacharbeiten, bis der Totenkopf die gewünschte Form hat.

16

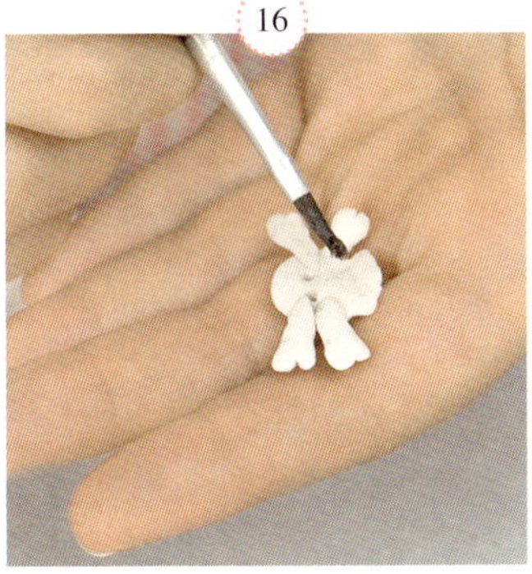

Den Totenkopf mit einer Palette oder einem Messer hochnehmen und auf der Rückseite mit Kleber bestreichen.

17

Nun die Figur auf einen Stempelblock kleben. Diese erhalten Sie im Bastelladen oder in Scrapbooking-Shops.

18

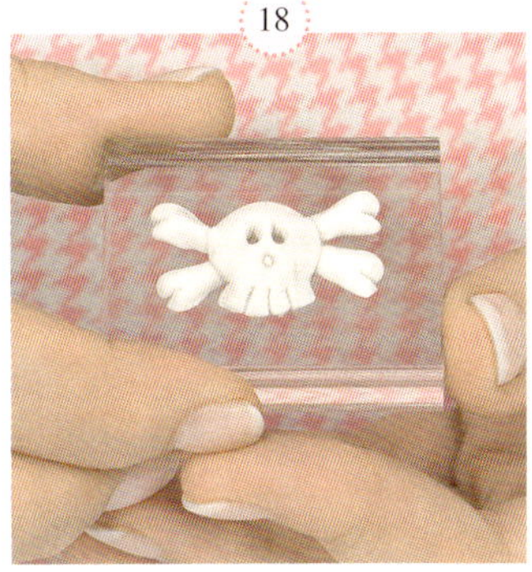

Den fertigen Stempel nun einen Tag trocknen lassen.

19

Den trockenen Stempel in die frisch eingedeckte Torte drücken. Dabei das Muster nicht zu gleichmäßig verteilen, da es zu langweilig würde. Jetzt die Torte eine Stunde trocknen lassen, damit die Struktur der Stempel beim Pinseln nicht zerstört wird.

20

In der Zwischenzeit den Inhalt eines Röhrchens Snowflake mit einem Röhrchen Extra Black vermengen. Nun etwas Alkohol darübergeben, bis die Konsistenz milchig wird. Mit einem breiten Pinsel auf der Torte auftragen.

21

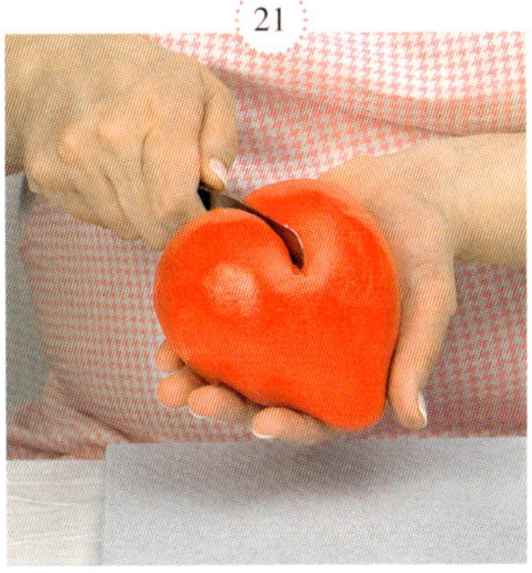

Die Torte jetzt auf ein mit rotem Fondant eingedecktes Cake-Board kleben.
750 g roten Modellierfondant zu einer großen, faltenfreien Kugel formen und dann zum Tropfen rollen. Mit einer Palette oben einschneiden.

22

Jetzt sind bereits Herzrundungen vorhanden, die nur noch ein wenig ausgeformt werden müssen. Das Herz hierzu auf das Modellierbrett legen und auch etwas flacher drücken.

23

Etwas Kleber auf die Torte streichen und das Herz etwas nach hinten versetzt aufsetzen, als wäre es ein Kissen.

24

450 g Modellierfondant zur faltenfreien Kugel formen und dann zum leichten Kegel rollen.

25

Danach die schmale Seite eindrücken, um den Schädel zu formen.

26

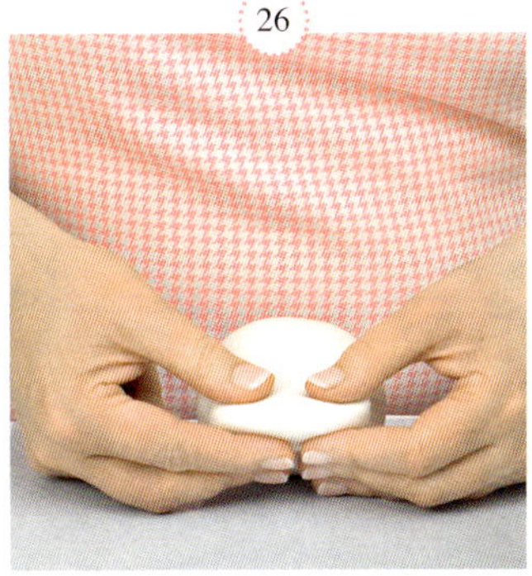

Jetzt die Form auf das Modellierbrett legen und die untere Seite noch weiter flach drücken.

27

Mit einem Messer drei Schlitze einschneiden und die Abschnitte noch etwas rund ausformen.

28

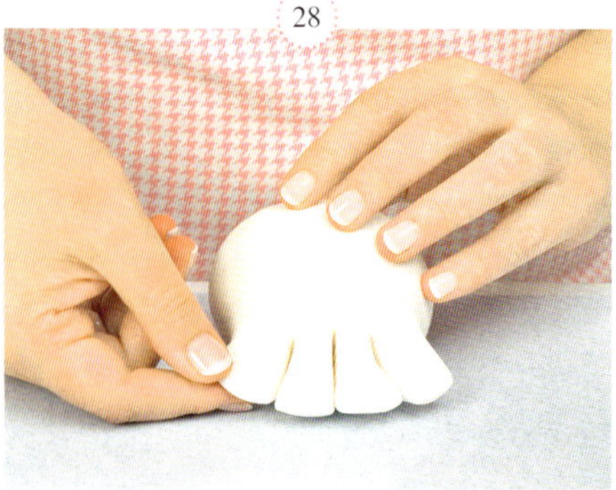

Nun die unteren Spitzen flach drücken. Die Knochen können ruhig etwas unregelmäßig bleiben.

29

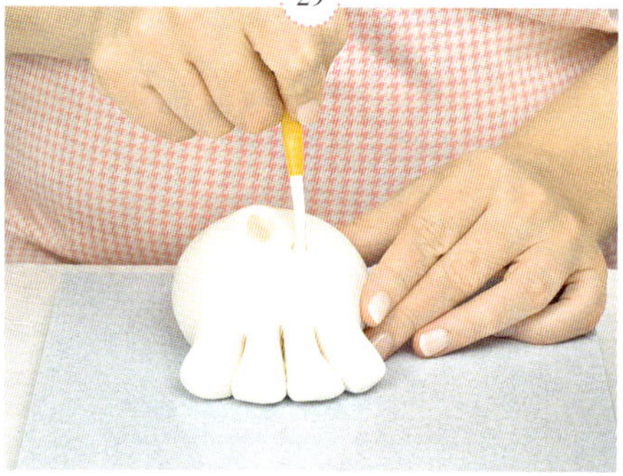

Mit dem großen Ball Tool zwei Löcher in die Rundung formen.

30

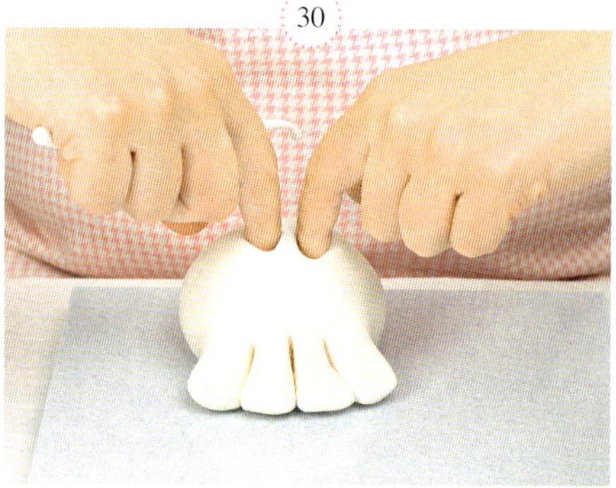

Danach mit den Fingern die Augenhöhlen ausweiten und die Ränder abrunden.

31

Die Nase auf die gleiche Weise mit dem Ball Tool eindrücken, aber nicht ausweiten.

32

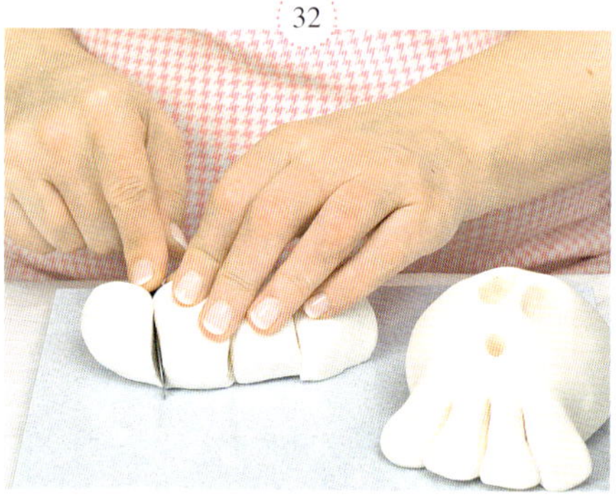

Anschließend 200 g Modellierfondant zur Rolle formen und in vier Teile schneiden.

33

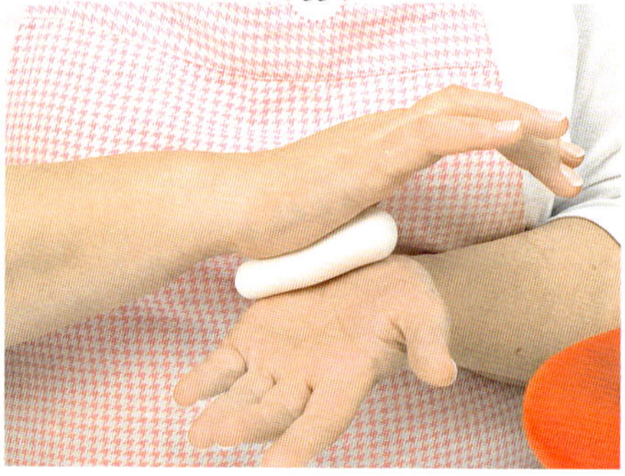

Aus jedem Abschnitt eine Kugel und dann einen konisch zulaufenden Strang formen.

34

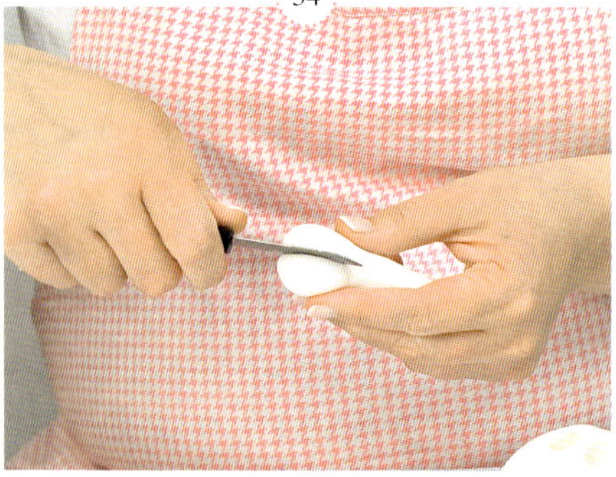

Die breite Seite mit einem Messer einschneiden, sodass sich das Knochenende bildet.

35

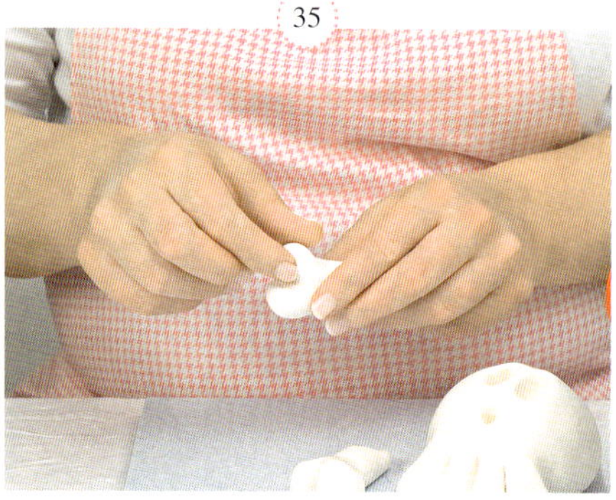

Die Rundung des Knochenendes noch ein wenig ausmodellieren.

36

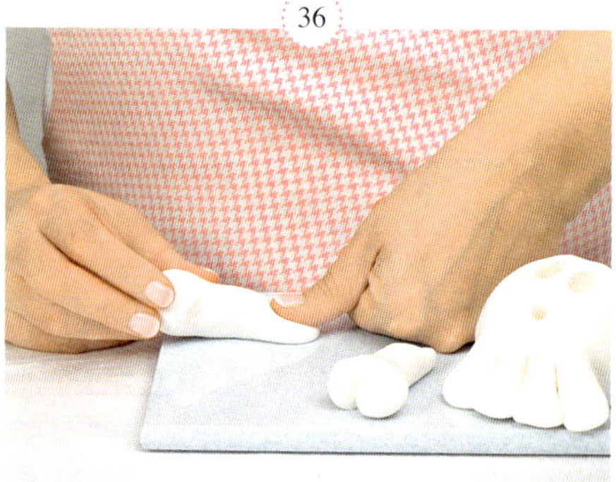

Das schmale Ende wird etwas flach gedrückt.

37

Jetzt zunächst die Knochen und dann den Schädel auf die Torte kleben.

38

Danach noch aus 100 g Modellierfondant eine Krone herstellen, wie ab Seite 43 beschrieben wird. Diese anschließend auf das Herz kleben, sodass die Herzbögen noch sichtbar bleiben.

39

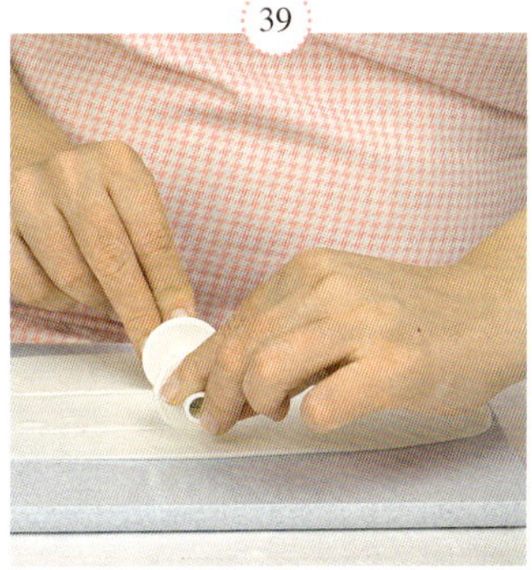

100 g Blütenpaste auf 1–2 mm Stärke ausrollen und mit einem Doppelrollschneider auf 3,5 cm Breite zum Streifen schneiden.

40

Die Enden werden schräg abgeschnitten, um einen Banner zu erhalten.

41

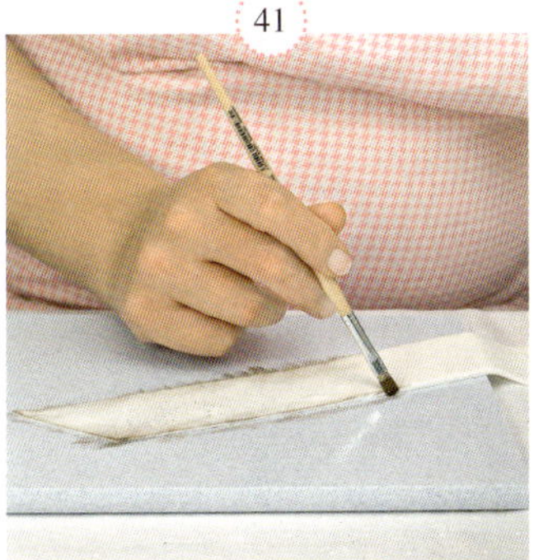

Jetzt den Streifen am Rand mit Haselnussbraun von außen nach innen bepinseln, um dem Banner eine Vintage-Optik zu verleihen. Tipp: Falls Sie kein Braun haben, können Sie auch Kakaopulver für diesen Schritt verwenden.

42

Anschließend zum Abstützen des Banners ein Taschentuch rollen und auf die Torte legen.

43

Jetzt das Banner etwas gewellt an die Torte kleben.

44

Die gewünschte Schrift nun direkt mit einem Spritzbeutel (siehe Seite 156/157) auf das Banner spritzen. Tipp: Zuerst die Schrift auf einem Brett probieren. So können Sie den benötigten Abstand der Buchstaben ermitteln, den Sie sich auf der Torte markieren können.

45

Aus 300 g Fondant Kugeln formen und diese auf dem Cake-Board festkleben.

46

Anschließend silberne Pulverfarbe mit etwas Alkohol anmischen und die Kugeln sowie die Krone damit bemalen.

47

Mit roter, trockener Pulverfarbe werden die Buchstaben nach oben auslaufend angemalt.

48

Abschließend etwas Haselnussbraun auf den Knochen verteilen und dabei die Schnitte und Höhlungen intensiv färben.

Sommernachtstraum

Diese Torte eignet sich hervorragend als Hochzeitstorte. Diese sind, wie auch die Brautkleider bei einer Modenschau, das Highlight der Veranstaltung und die Kür jedes Konditors. Deshalb sollten Sie ausreichend Zeit einplanen, eine solche Torte herzustellen.

Der Vorteil von Zuckerblüten besteht nicht etwa darin, dass sie essbar sind, sondern, dass man sie bedenkenlos auf die Torte legen kann, da die Zuckerblüten nicht chemisch behandelt sind. Denn viele Blüten gibt es nicht als ungespritzte essbare Variante.

1	Torte 18 cm Durchmesser
1	Torte 26 cm Durchmesser
300 g	Modellierfondant
1000 g	Blütenpaste
250 g	Eiweiß-Spritzglasur
	Kleber

Cake-Board | Palette | Modellierbrett | Messer | weiches Kokosfett
Rollschneider | Pinsel | weißer 18er- und 22er-Draht grün und weiß
Schaumstoff-Pad | Spritzbeutel
Spritztülle Gr. 4 | Ball Tool | Schere
Rollstab | Veining Tool | Feuerzeug
Efeu- und Wicken-Ausstecher-Set
Rüschen- und Rosenausstecher
Blumensteckmasse | Floristikband
Zahnstocher | Rosenblätter-Set
Seitenschneider | Briefmarkenzange
Kappaplatte | Skalpell | Zange

Modellierfondant eingefärbt mit:

Grün:	Spruce Green	300 g

Blütenpaste eingefärbt mit:

Hellgrün:	Spruce Green	150 g
Elfenbein:	Ivory	150 g

Pulverfarbe:

Grün:	Forest Green
Grün:	Moss Green
Lila:	Aubergine
Gelb:	Buttermilk

Glitter:

Weiß:	Hologram Glitter White

1

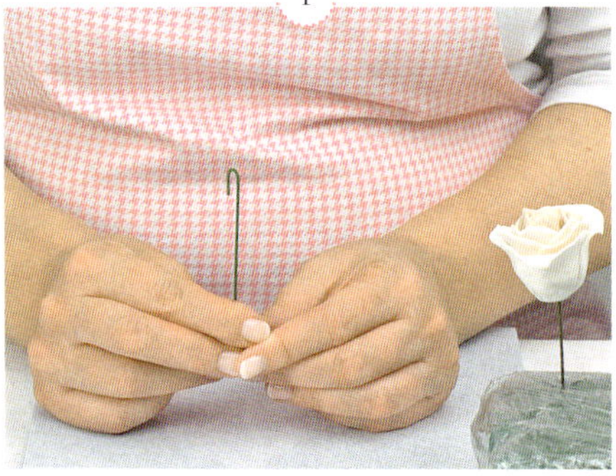

Mit einer Zange grünen 18er-Draht oben etwas umbiegen, sodass ein Haken entsteht.

Wichtig: Für diese Torte benötigen Sie sechs Rosen. Auch wenn wir in diesem Beispiel lediglich eine Rose zeigen, sollten Sie gleichzeitig sechs Rosen fertigen, damit Sie mit der Farbangabe der Blütenpaste zurechtkommen. Deshalb in diesem Schritt bereits sechs Drähte herstellen.

2

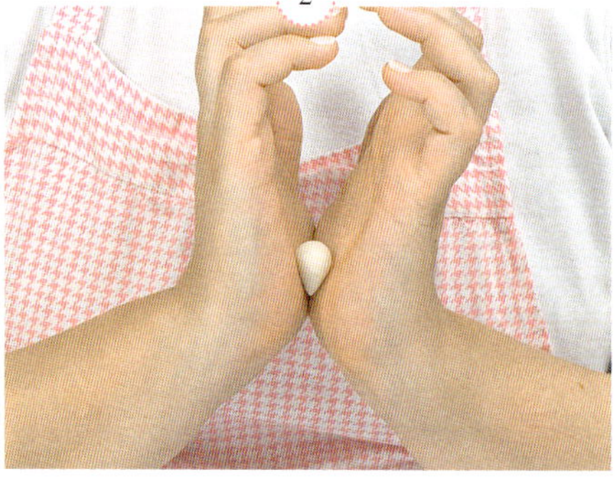

Für eine Rose werden drei verschiedene Farbnuancen benötigt, damit die Blüten möglichst natürlich wirken. Im Zentrum beginnt man mit der dunkelsten Farbe und wird nach außen heller. Färben Sie also zunächst 150 g Blütenpaste mit Elfenbein. Aus dieser Blütenpaste ein etwa 1 cm großes Stück abnehmen und daraus zunächst eine Kugel rollen, die dann zum Tropfen geformt wird.

3

Bei dieser Rose werden vom Rosenausstecher-Set die drei größten Größen verwendet. Der Tropfen sollte in der Länge etwa 2/3 des kleinsten Ausstechers einnehmen.

4

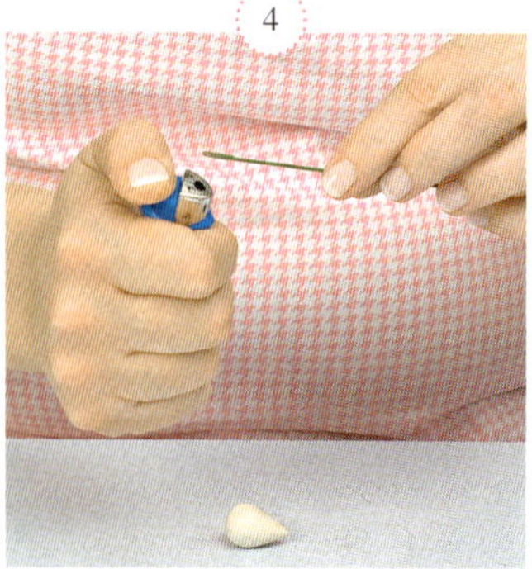

Den Tropfen kurz zur Seite legen. Nun die Schlaufe des Drahtes in einer Flamme erhitzen.
(Achtung: Der Draht kann heiß werden!)

5

Den heißen Draht umgehend in das dicke Ende des Tropfens stecken. Diese Technik hält besser als Kleber. Danach den Tropfen über Nacht trocknen lassen.
Tipp: Sie können auch weiße Tropfen auf Vorrat erstellen. Den Kern sieht man später nicht mehr.

6

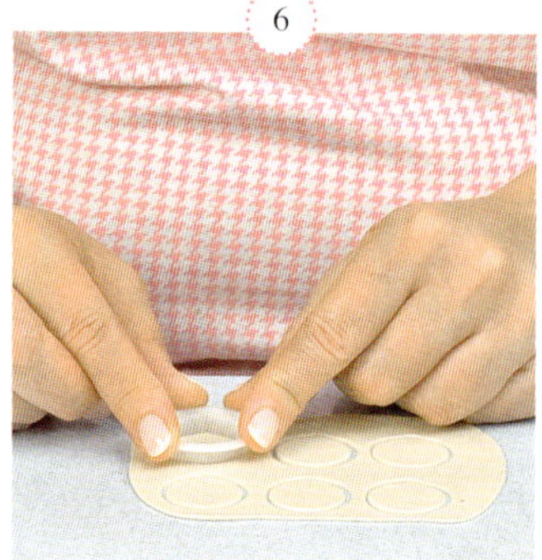

Jetzt die elfenbeinfarbene Blütenpaste 2 mm dünn ausrollen und daraus 6 Blätter mit dem kleinsten Ausstecher erstellen. Dabei ist es hilfreich, den Ausstecher leicht auf dem Board zu wiegen.

7

Überschüssige Blütenpaste abnehmen und ein Blatt auf das Schaumstoff-Pad legen. Die übrigen Blätter mit Frischhaltefolie gut abdecken.
Tipp: Um Platz zu sparen, können Sie das Schaumstoff-Pad auf die ausgestochenen Blätter legen.

8

Das Blatt an der Kante mit dem Ball Tool ausdünnen, indem das Werkzeug halb auf dem Pad und halb auf dem Blatt bewegt wird.

9

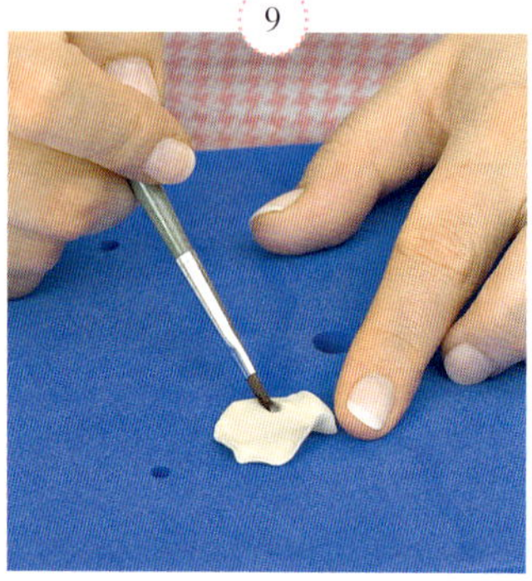

Dann mit etwas Kleber die Seiten der unteren Blatthälfte V-förmig bestreichen. Die Form der Rosenblätter ist so gestaltet, dass die Spitze nach unten zeigt.

10

Jetzt das Blatt zu 2/3 an den Tropfen kleben, wobei die Spitze nach unten zeigt.

11

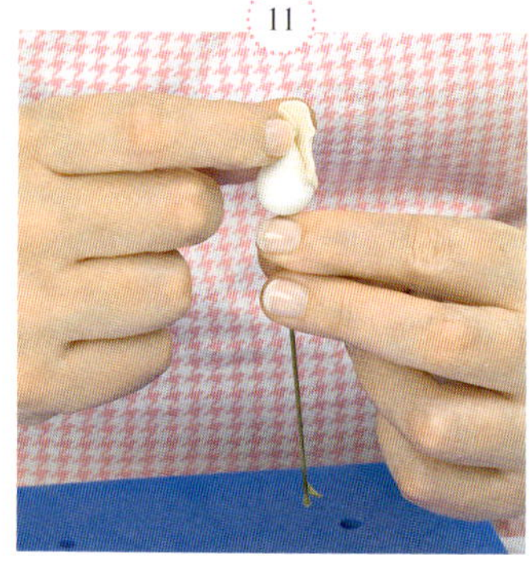

Danach zunächst die linke Ecke um den Tropfen falten.

12

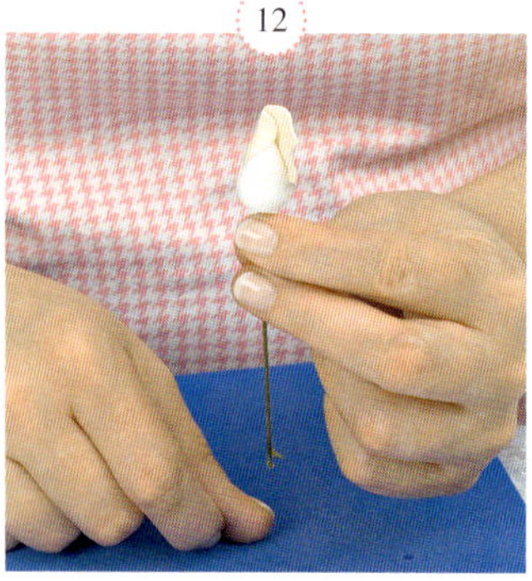

Die Spitze des Tropfens sollte nicht mehr zu sehen sein.

13

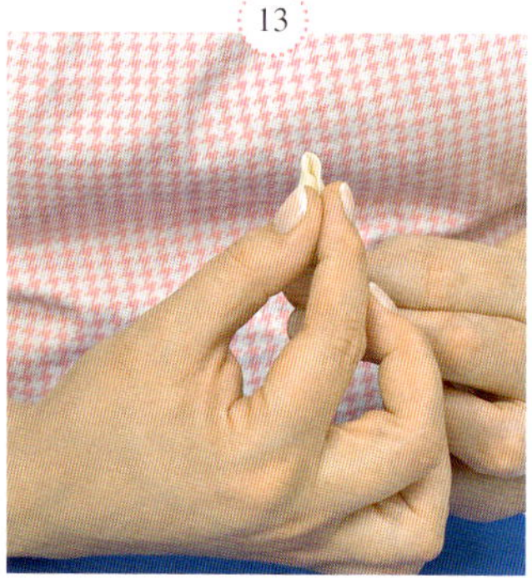

Jetzt auch die andere Seite ganz stramm um den Tropfen wickeln.

14

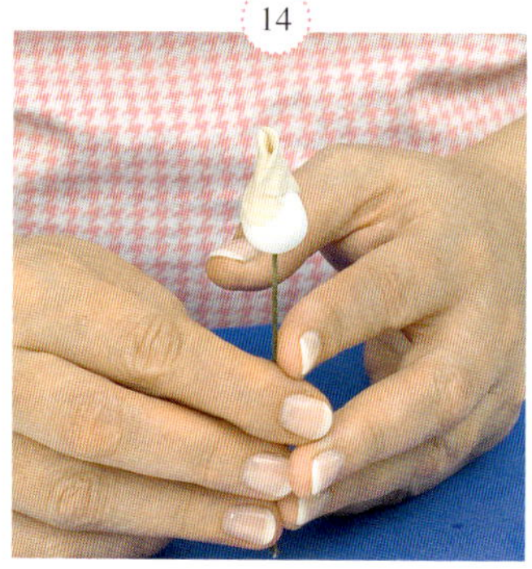

Danach sollte der Tropfen in dieser Weise umwickelt sein.

15

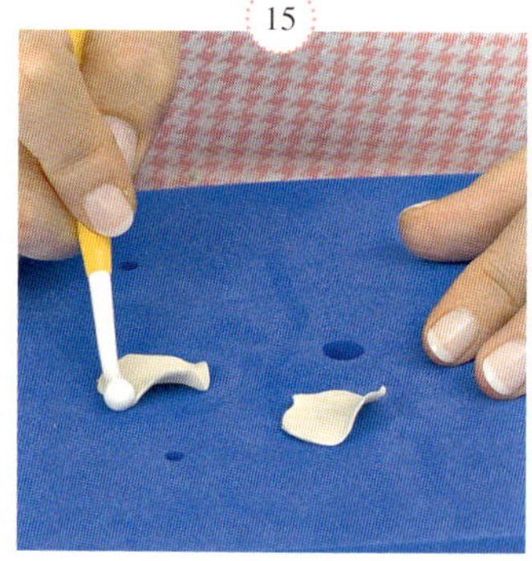

Nun weitere zwei der bereits ausgestochenen Blätter entnehmen und auch diese ausdünnen.

16

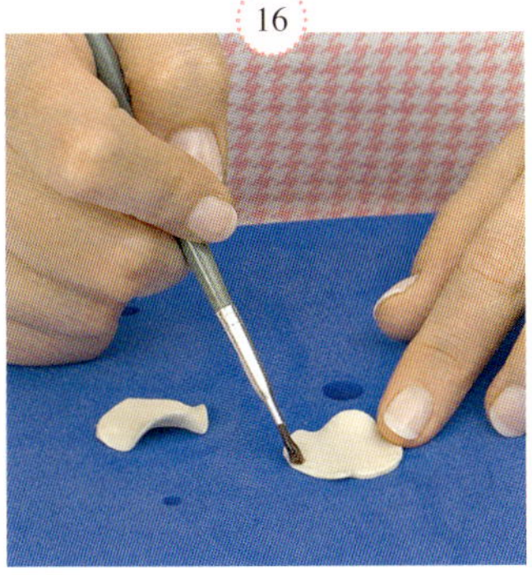

Diesmal werden lediglich die beiden äußeren Kanten der unteren Spitze mit Kleber eingestrichen.

17

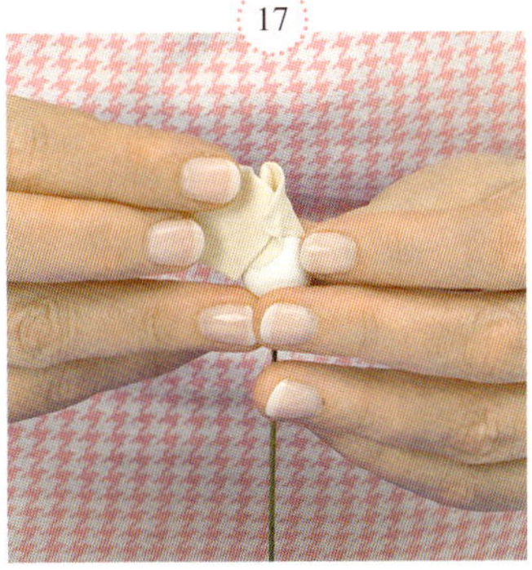

Die Spitze des Blattes wird wieder nach unten gehalten. Die äußere rechte Kante dieses Blattes jetzt unter den Ansatz des ersten Blattes legen.

18

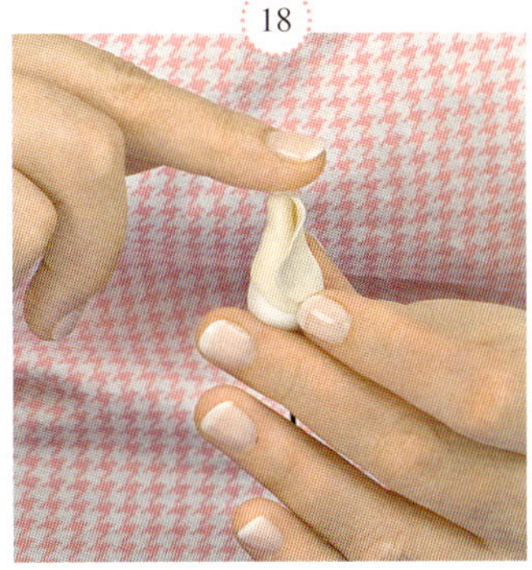

Danach das Blatt um den Tropfen wickeln. Ab jetzt werden alle Blätter im Uhrzeigersinn ergänzt.
Tipp: Man sollte darauf achten, dass die Blätter alle auf einer Ebene angebracht werden.

19

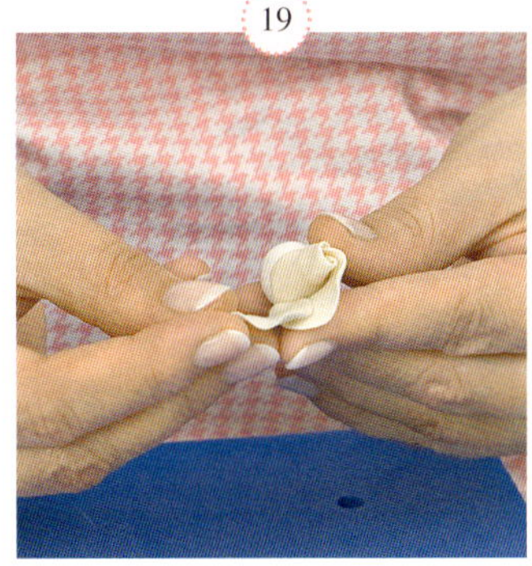

Jetzt wird das zweite Blatt in die entstandene Tasche gelegt.
Tipp: Während des Arbeitens kann die Blüte immer wieder in Blumensteckmasse, die in Frischhaltefolie eingewickelt ist, gesteckt werden, damit man die Hände frei hat.

20

Wieder wird das Blatt anschließend um die vorhandenen Blätter gewickelt.

21

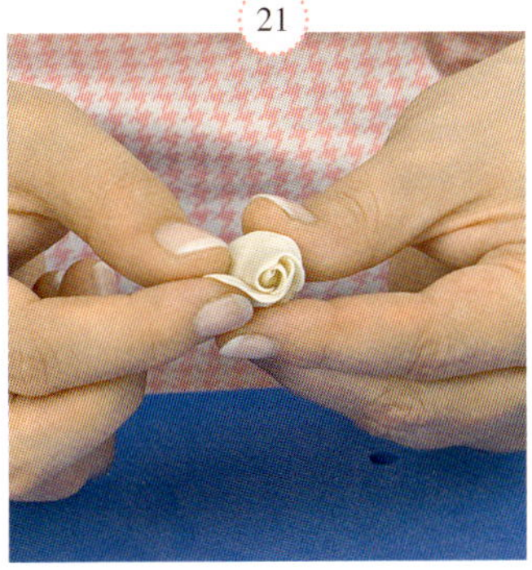

Da diese Schritte sehr wichtig sind, hier noch einmal im Detail, wie das Blatt um die Spitze gewickelt wird.

22

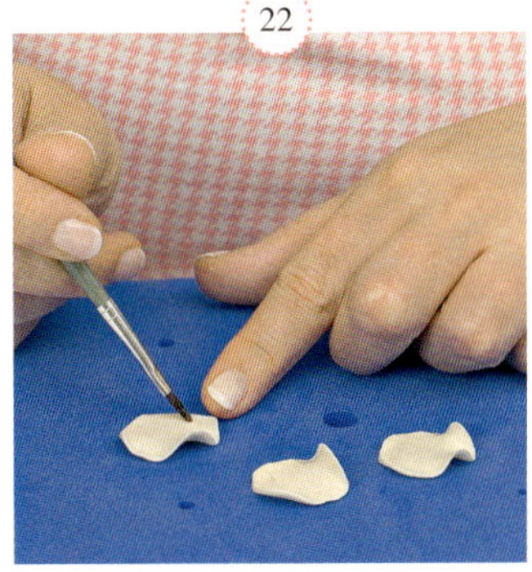

Nun die letzten drei kleinen Blätter ausdünnen und an den äußeren Kanten der unteren Spitze mit Kleber einstreichen.

23

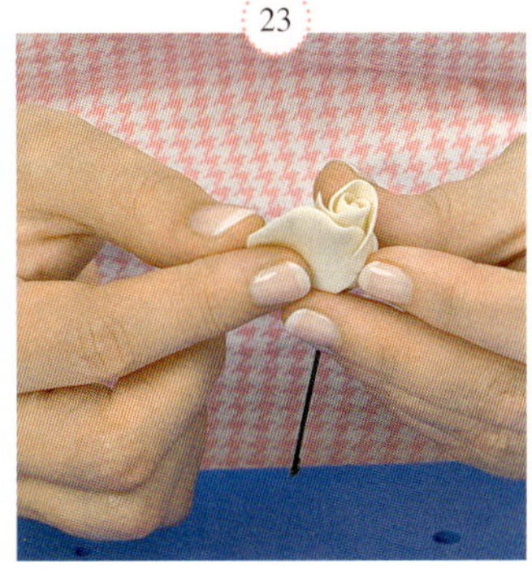

Wichtig ist, dass die Blätter fortwährend unter das Ende des vorherigen Blattes eingelegt werden.

24

Ihre Blätter sollten nun bereits die Form einer kleinen Rose annehmen.

25

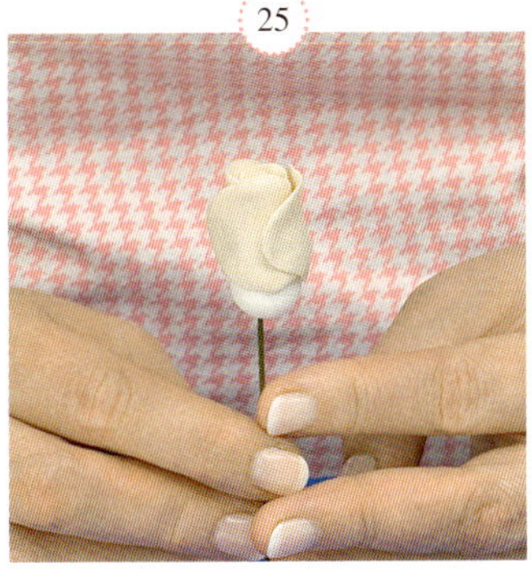

Von der Seite sieht die Rose nun wie abgebildet aus.

26

Jetzt mit Daumen und Zeigefinger noch eine kleine Kante eindrücken.

27

Für die zweite Nuance wird die verbleibende elfenbeinfarbige Blütenpaste mit 150 g weißer Blütenpaste gemischt, um einen helleren Ton zu erreichen. Wieder die Masse 2 mm dünn ausrollen und mit der nächst größeren Ausstecherform sechs Blätter ausstechen.

28

Nun drei dieser Blätter wie die vorherigen bearbeiten: Ausdünnen, V-förmig unten mit Kleber einstreichen und unter einem Teil des letzten Blattes einfügen.

29

Diesmal allerdings bei jedem Blatt ein paar Ecken zwischen Daumen und Zeigefinger leicht zusammendrücken.

Tipp: Denken Sie auch wieder daran, die Blätter auf der gleichen Höhe anzubringen.

30

Danach die restlichen drei Blätter ausdünnen und V-förmig mit Kleber bestreichen. Beim Anbringen des Blattes muss man nun jedoch ganz knapp an der Kante ansetzen, da man sonst nicht mehr komplett um den Kern herum kommt.

31

Bei den zuletzt eingefügten Blättern wird nach dem Anbringen ganz leicht die Seite geöffnet. Wenn man sie etwas weiter öffnen möchte, könnte man die Blätter jetzt mit einem Zahnstocher vorsichtig auseinanderziehen.

32

Nun wird zu der noch vorhandenen Menge Elfenbein 100 g weiße Blütenpaste gegeben, um den hellsten Ton zu erreichen. Die Masse wieder 2 mm dünn ausrollen und jetzt die größten Blattausstecher dreimal ausstechen.

33

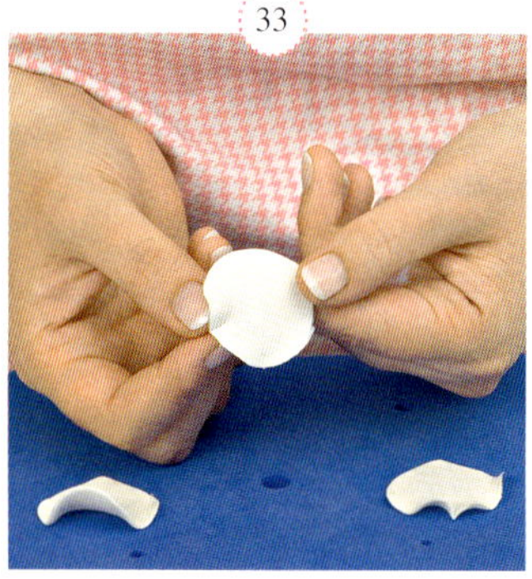

Auch diese Blätter werden wieder am Rand mit dem Ball Tool ausgedünnt. Oben werden sie diesmal ein wenig eingeknickt.

34

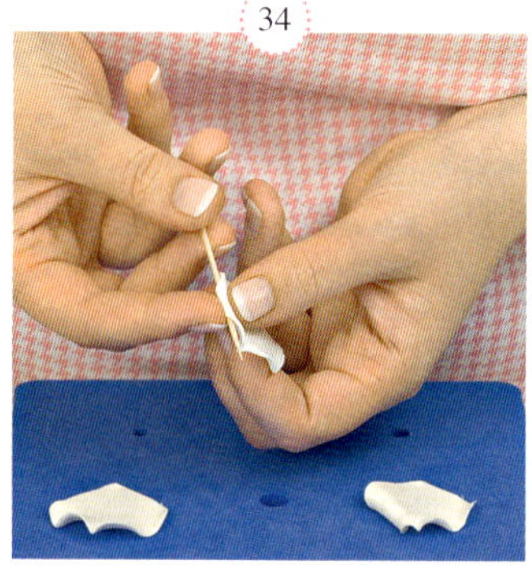

Dann wird – wenn man von oben auf das Blatt schaut – die rechte Seite nach hinten mit einem Zahnstocher aufgewickelt. Die linke Blattseite bleibt unberührt.

35

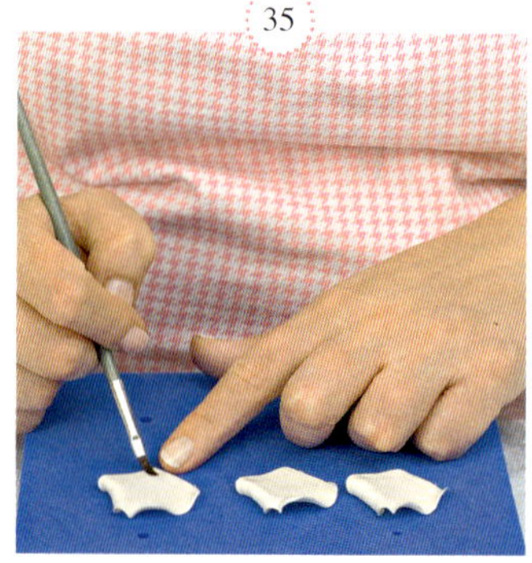

Diese Blätter ebenfalls unten V-förmig mit Kleber bestreichen.

36

Die Blätter werden wie zuvor beschrieben angebracht.

37

Allerdings ist es bei dieser Reihe wichtig, dass sie unten am Draht abschließt.

38

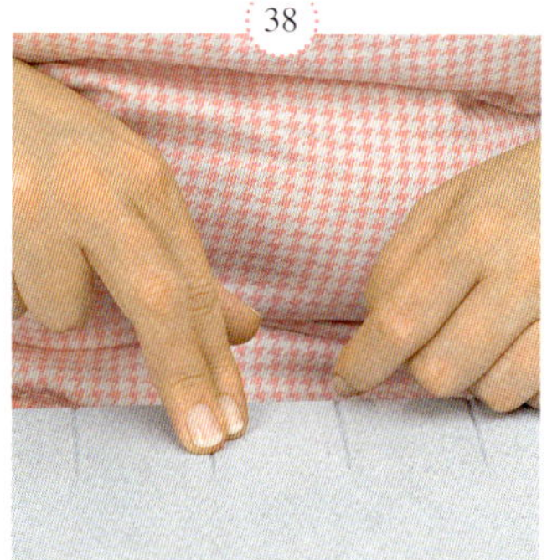

Jetzt eine Rille des Modellierbretts einfetten.

39

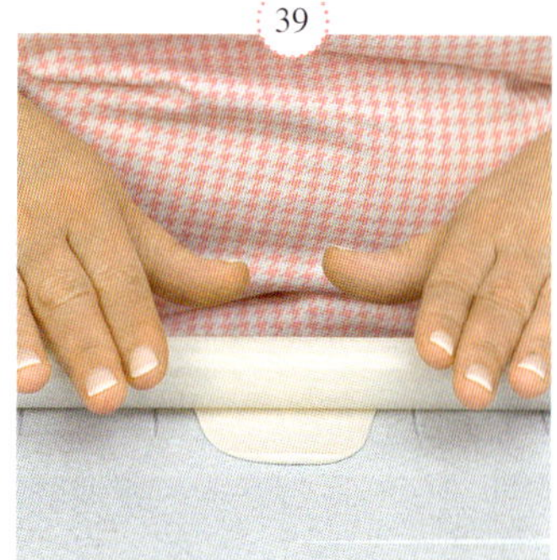

Darüber eine haselnussgroße Blütenfondant-Menge 2 mm dünn ausrollen.

!

Zu diesem Zeitpunkt haben Sie bereits eine tolle Rose erstellt, die auch so verwendet werden könnte. Für diese Torte wollen wir allerdings eine weit geöffnete Rose erreichen. Deshalb werden noch ein paar „bewegliche" Blätter ergänzt.

40

Jetzt mit dem größten Blütenausstecher über dem Grat ausstechen. Die Spitze des Blattes stößt unten an der Kante an. Das überschüssige Fondant sofort wieder einpacken.

41

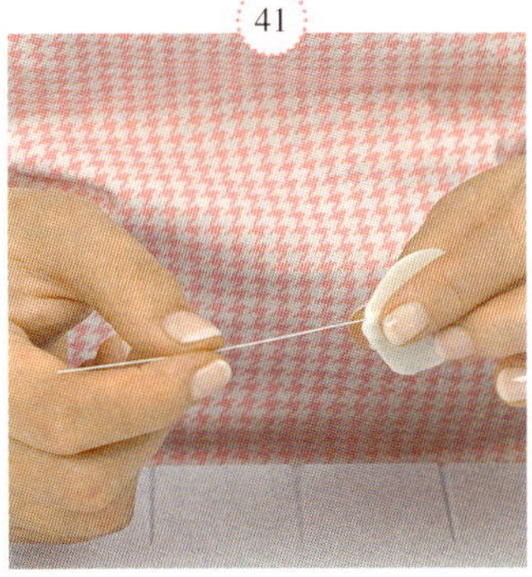

Einen weißen 22er-Draht in Kleber tauchen und von unten in den Grat stecken.

42

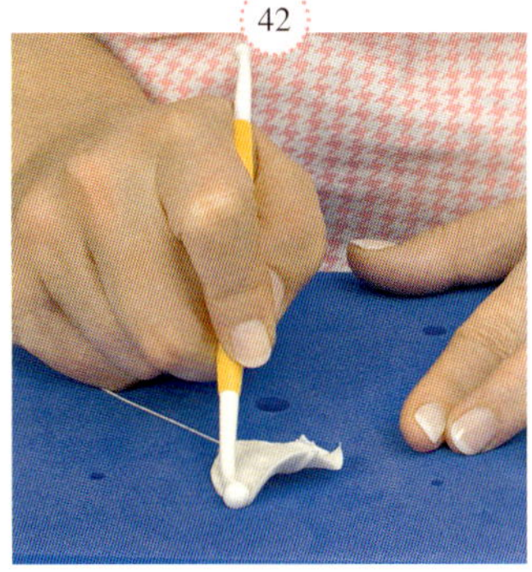

Jetzt erst das Blatt mit dem Ball Tool ausdünnen.

43

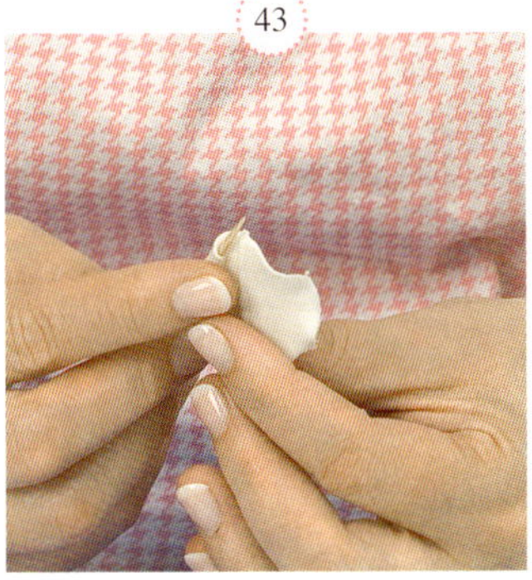

Danach mit einem Zahnstocher erst die eine Blattseite im 45°-Winkel Richtung Grat aufwickeln.

44

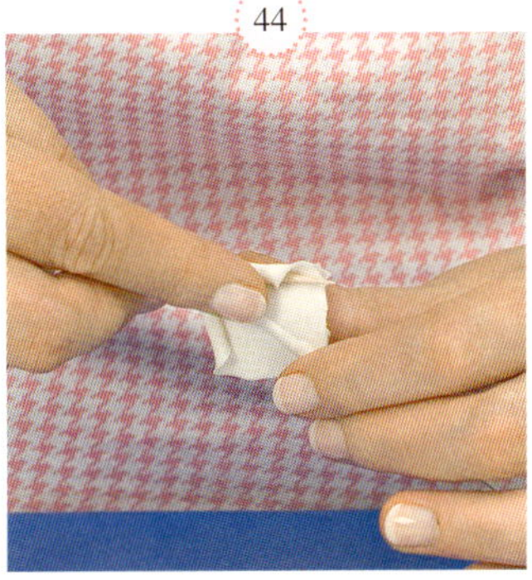

Dann die andere Seite in gleicher Weise aufwickeln.

45

So sieht das Endergebnis aus.

46

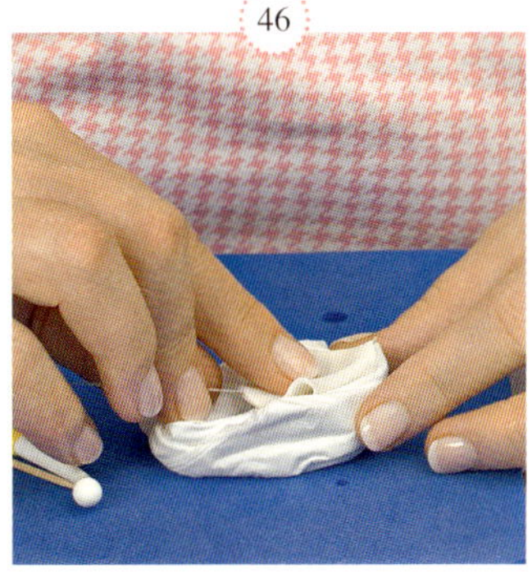

Wie auf Seite 13 beschrieben, einen Trockenring erstellen und das Blatt leicht hineindrücken, sodass es sich wölbt. Insgesamt benötigen Sie hiervon 10 Blätter, die über Nacht trocknen müssen.

47

Grünes Floristikband mit einer Schere in der Breite halbieren. Jetzt das Floristenband mit etwas Abstand zur Blüte am Draht befestigen, indem es einmal herumgelegt wird. Mit dem Fingernagel das umgeschlagene Ende festdrücken. Das lange Ende vom Floristikband ziehen und den Draht um die eigene Achse bis hoch zur Blütenpaste drehen.

48

Mit Daumen und Zeigefinger ein weiteres Rosenblatt direkt am Draht festhalten und den Draht ganz vorsichtig umbiegen.

49

Dann das Blatt an der Blüte ansetzen.

50

Nun das Band einmal um beide Drähte wickeln.

51

Auf die gleiche Weise werden die restlichen Blätter so um die Blüte angeordnet, dass ein lückenloses Gesamtbild entsteht. Es kann auch sein, dass eine Rose nach sieben Blättern fertig ist. Dies entscheidet sich immer individuell.

52

Zum Schluss das Floristikband nach unten bis zum Ende des Drahtes wickeln.

53

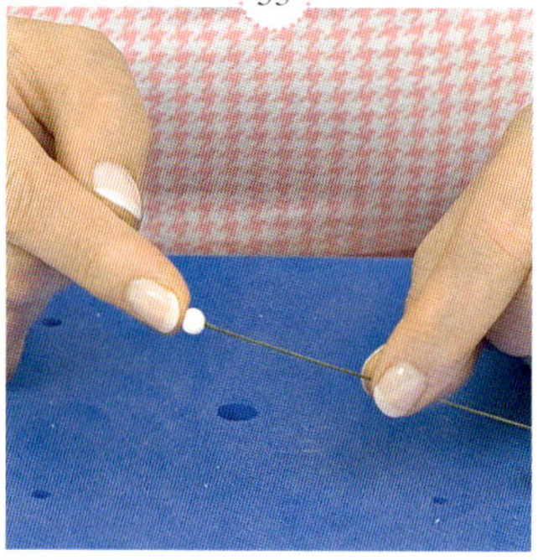

Für die Wicken wird eine erbsengroße Kugel angedrahtet, indem 26er-Draht leicht in Kleber getaucht und die Kugel eingesteckt wird. Die Kugel über Nacht trocknen lassen.

54

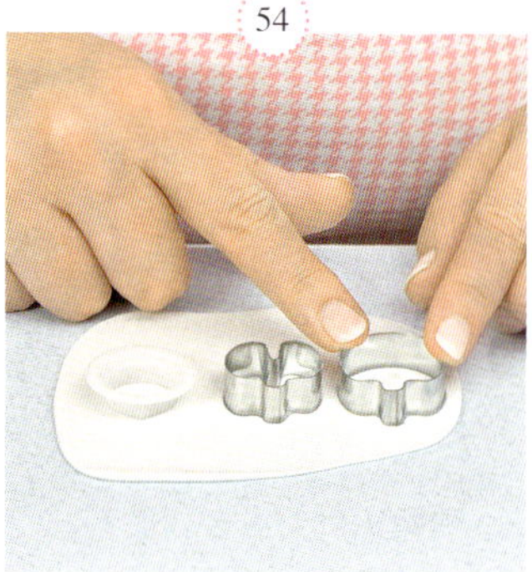

Weiße Blütenpaste 2 mm dünn ausrollen und den zweitkleinsten Rosenausstecher und die beiden Wickenausstecher aus dem Set ausstechen. Die überschüssige Blütenpaste entfernen und die Blätter mit Frischhaltefolie abdecken.

55

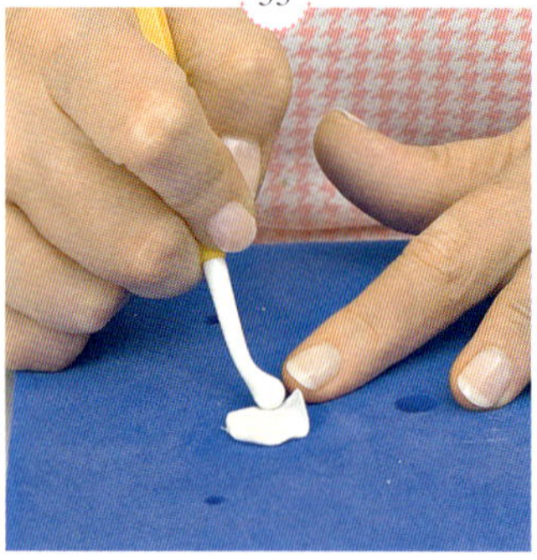

Das kleine Rosenblatt wird am Rand mit dem Ball Tool ausgedünnt.

56

Mit dem Veining Tool jetzt das Blatt einmal in der Mitte einritzen, sodass sich ein Falz ergibt.

57

Dann das Blatt komplett mit Kleber einstreichen.

58

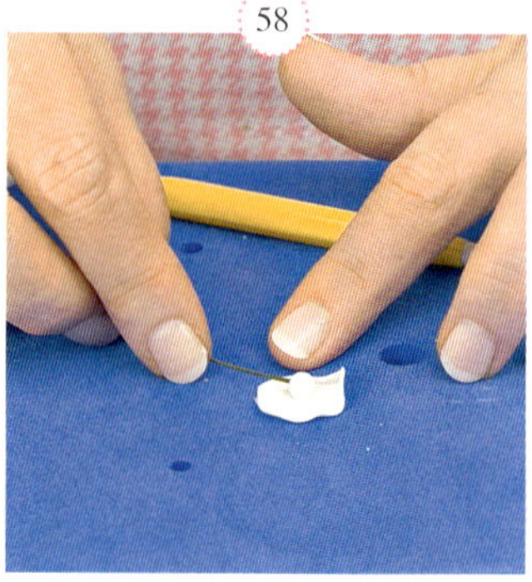

Jetzt die Kugel in das Blatt einlegen.

59

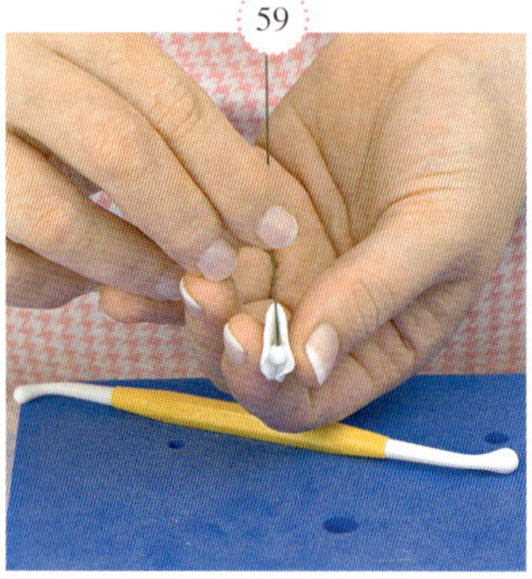

Nun wird das Blatt an dem zuvor erstellten Falz eingeklappt. Anschließend wird die Blüte in mit Frischhaltefolie umwickelte Blumensteckmasse gesteckt, damit man die Hände frei hat. Zu diesem Zeitpunkt würde sich die Blüte ansonsten zu leicht verformen.

60

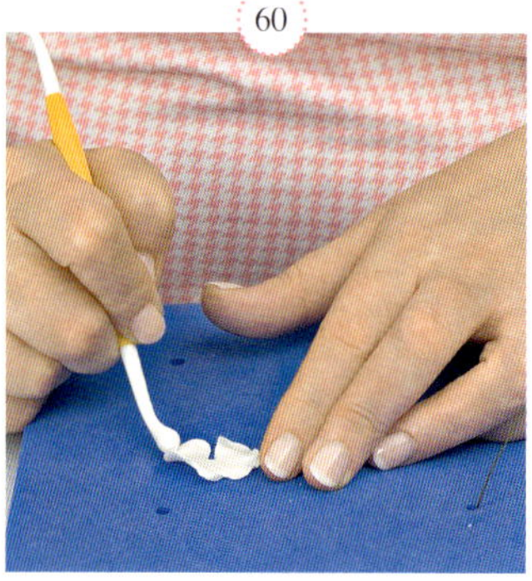

Das doppelt geformte Blatt ebenfalls überall, außer an der Spitze, mit dem Ball Tool ausdünnen.

61

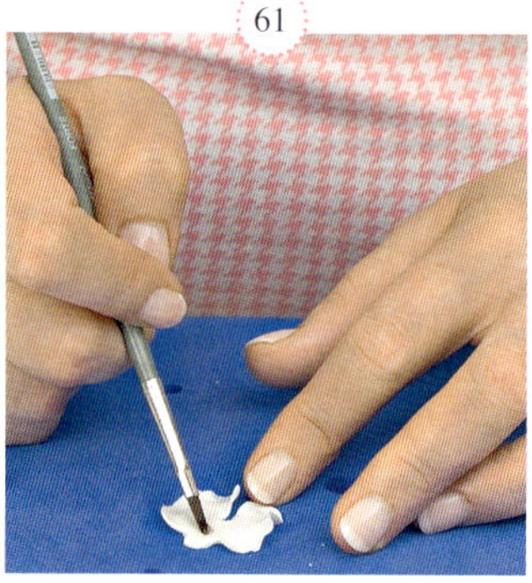

Diesmal das Blatt nur in der Mitte mit Kleber bestreichen.

62

Anschließend die vorbereitete Mittelblüte hineinlegen.

63

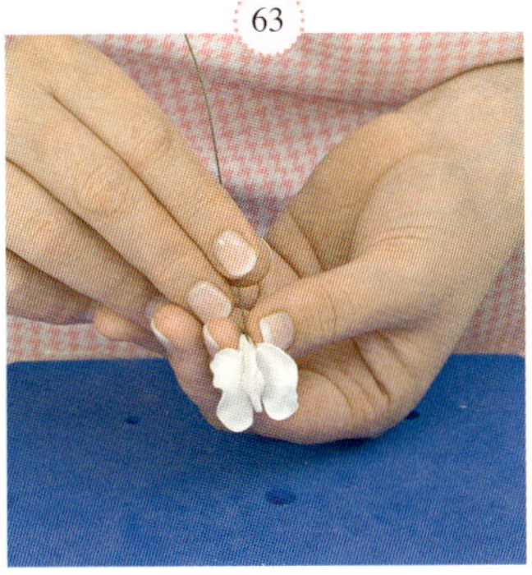

Jetzt das äußere Blatt ganz leicht zusammenklappen.

64

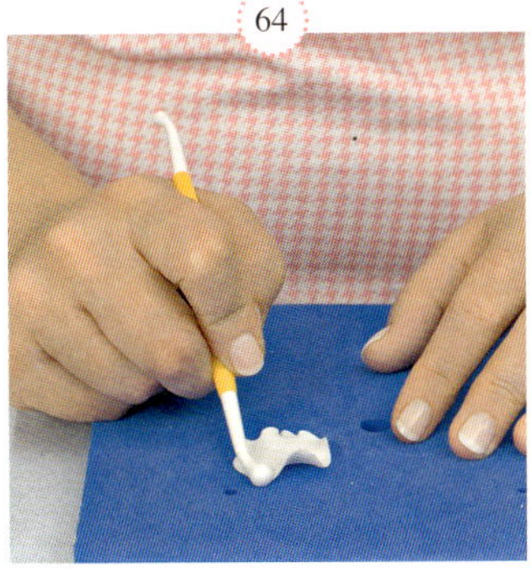

Das letzte Blatt in gleicher Weise ausdünnen.

65

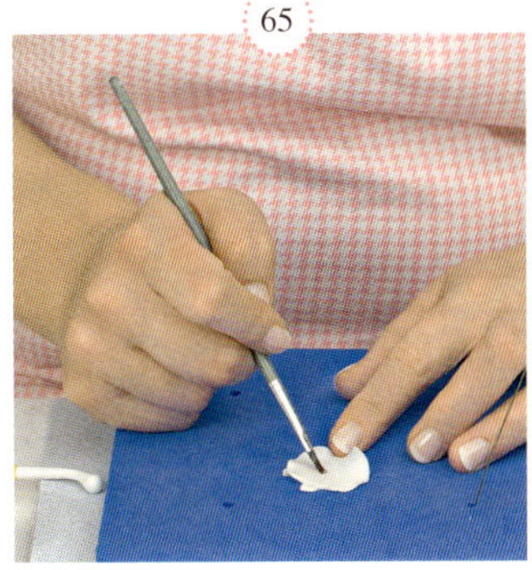

Auch hier nur mittig Kleber auftragen.

66

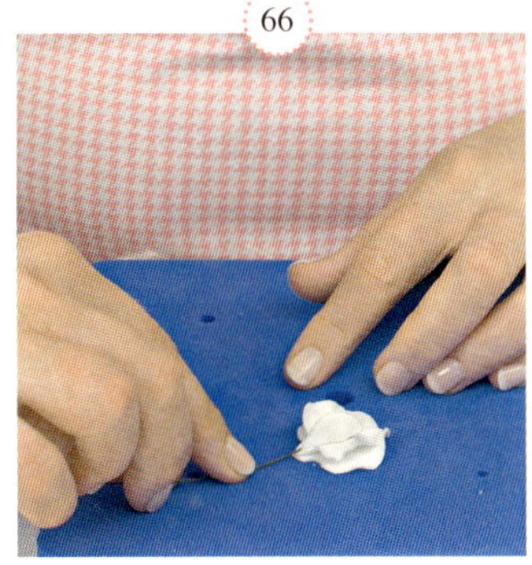

Zum Schluss wieder die vorbereitete Blüte auf das soeben erstellte Blatt legen. Unten wird die Blüte ein wenig geschlossen.

67

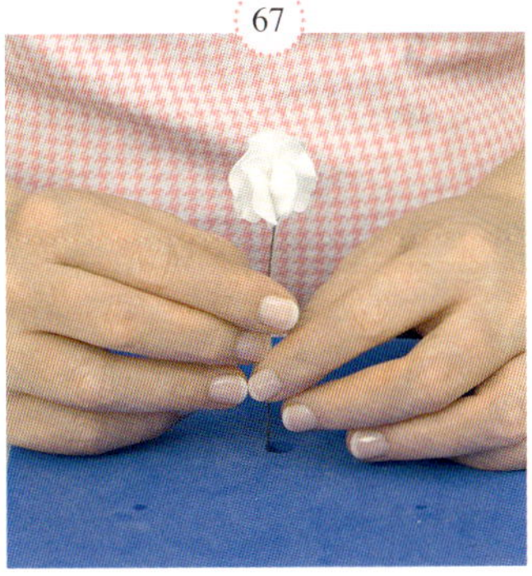

Für diese Torte werden 15 Wicken benötigt.
Tipp: Erstellen Sie zuerst alle Kugeln, dann alle Blütenblätter der ersten Form, anschließend alle Blätter der zweiten Form und zum Schluss das große Blatt. So ist das Arbeiten effektiver.

68

Für die Rüschen wird Blütenpaste auf 2 mm Stärke ausgerollt. Mit einem Rüschenausstecher die Form ausstechen und das überschüssige Material entfernen, während der Ausstecher noch auf dem Brett liegt. Zum Schluss auch die Mitte entfernen.

69

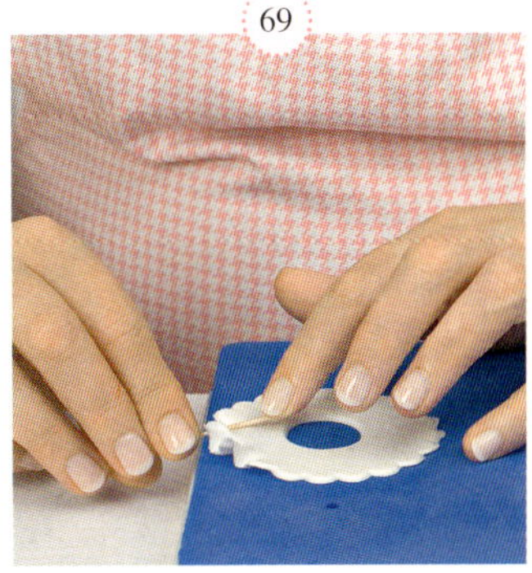

Jetzt den so entstandenen Kranz an die Kante des Schaumstoff-Pads legen. Dann einen Zahnstocher im 45°-Winkel an die Kante des Pads anlegen. Mit leichtem Druck mit der Mitte des Zahnstochers mehrmals über jeden einzelnen Bogen rollen, sodass sich die Masse aufstellt.

70

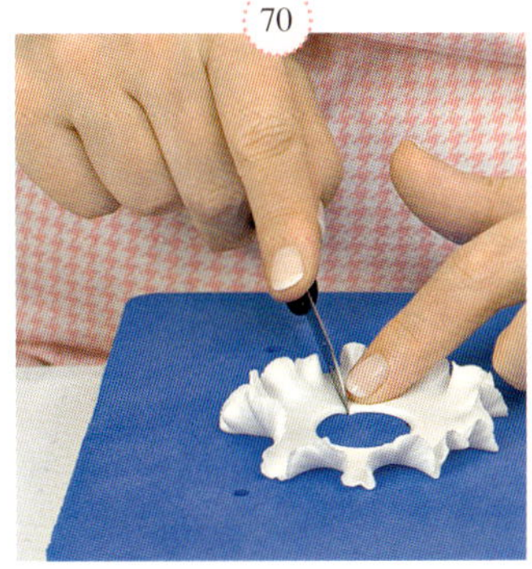

Anschließend den Kranz mit einem Messer zwischen zwei Bögen aufschneiden.

71

Die Torte wie ab Seite 41 beschrieben in Bögen einteilen. Mit einem in Kleber getauchten Pinsel dem Bogen linienförmig nachgehen.

72

Jetzt die gerade Fläche der Rüschen an der Torte ankleben.

73

Anschließend die Rüschen von unten noch ein wenig anheben.

74

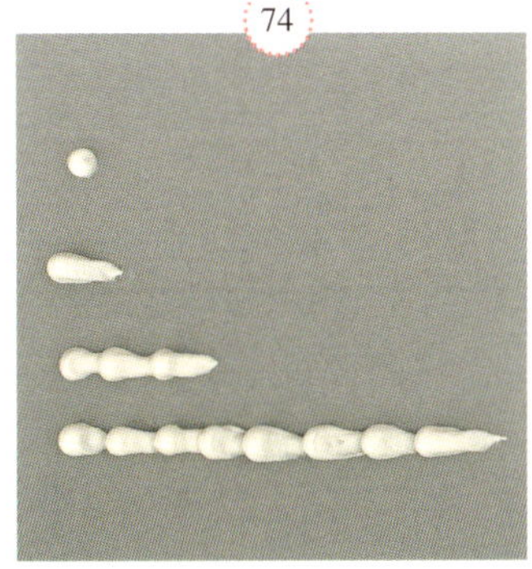

Die Kante zwischen dem Cake-Board und der unteren Torte sowie die Kante zwischen beiden Torten wird mit einem Spritzrand versehen, damit sie ganz filigran und edel wirkt. Hierzu mehrere Tropfen zur Kette aneinanderspritzen.

75

Hier sehen Sie das Spritzmuster von der Seite. Setzen Sie für den ersten Tropfen rechts an und ziehen ihn nach links. Dort verweilen Sie, bis der Tropfen die richtige Stärke hat. Setzen Sie ab und beginnen etwa 5 mm weiter rechts. Ziehen Sie nach links und direkt wieder nach rechts.

76

Wie Sie links sehen können, wird das Ergebnis anders, wenn Sie den Druck erhöhen.
Probieren Sie Ihr optimales Muster also erst auf der Arbeitsfläche aus, bevor Sie es auf die Torte spritzen.

77

In gleicher Weise wie in Schritt 39 bis 41 beschrieben, erstellen Sie Rosenblätter mit einem entsprechenden Ausstecher-Set. Die Blütenpaste zuvor leicht grün einfärben. Die Rosenblätter werden mit grünem 24er-Draht angebracht.

78

Es werden insgesamt 14 kleine und 7 große Blätter benötigt.
Nach dem Trocknen der Blätter mit Forest Green komplett abpudern. Anschließend werden die Ränder mit Aubergine bestrichen.
Tipp: Auch hier gilt die Regel, für jede Farbe einen eigenen Pinsel zu verwenden.

79

Braunes Floristikband halbieren und wieder mit Abstand zum Blatt befestigen, indem es einmal herumgelegt wird. Mit dem Fingernagel das umgeschlagene Ende festdrücken. Das lange Ende des Floristikbands ziehen und den Draht um die eigene Achse bis hoch zur Blütenpaste drehen.

80

Dann ein kleines Blatt am großen Blatt ansetzen und anschließend um beide Drähte wickeln.

81

In gleicher Weise wird auch das dritte Blatt angebracht. Hierbei beachten, dass beide kleinen Blätter auf der gleichen Ebene liegen. Danach das Floristikband nach unten bis zum Ende des Drahtes wickeln.

82

Jetzt die kleinen Blätter vorsichtig um 90° umbiegen.

83

Wenn Sie etwas mehr Abstand vom Floristikband zum Blatt lassen, können Sie die Blätter noch luftiger gestalten.

84

Für diese Torte werden außerdem 10 Hortensienblüten benötigt. Die Anleitung finden Sie ab Seite 82. Nach dem Trocknen werden sie mit Moss Green von außen nach innen abgepudert.

85

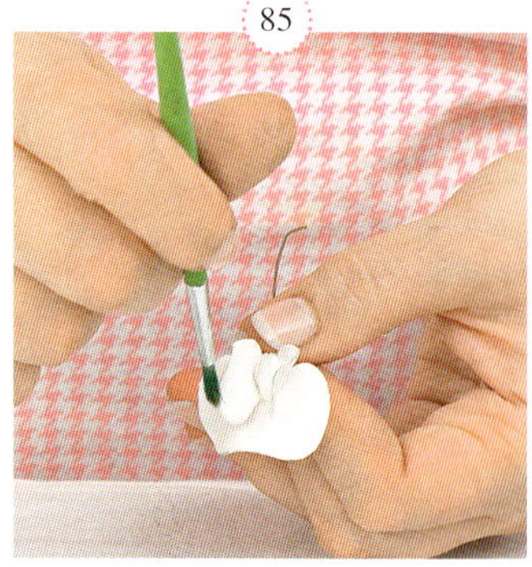

Die getrockneten Wicken werden lediglich mit ganz wenig Puder an den Kanten betont.

86

Zusätzlich werden kleine grüne Beeren im Gesteck verwendet. Sie werden aus den Farbresten erbsengroß geformt und, wie in Schritt 53 beschrieben, angedrahtet. Hiervon sollten Sie 30 herstellen.

87

Bei den Rosen werden mit Buttermilk ganz leicht die umgeschlagenen Ecken und die Kniffe bemalt.

88

Tipp: Hier sehen Sie, dass man die Blumensteckmasse noch effektiver nutzen kann, indem man Strohhalme hineinsteckt, in denen die Blumen stehen können. So zerstören Sie die Steckmasse nicht so schnell.

89

Jetzt werden zwei Wicken, wie bei den Blättern beschrieben, mit Floristikband verbunden.

90

Anschließend werden sie noch leicht auseinandergebogen.

91

Die Beeren werden in 4er-Clustern zusammengebunden.

92

Für das Gesteck schneiden Sie mit einem Skalpell aus einer Kappaplatte eine runde Form aus, die etwas kleiner ist als die obere Torte.

93

Die Platte wird mit ein wenig Kleber bestrichen.

94

Darauf wird eine Kugel aus 300 g grünem Modellierfondant gelegt.

95

Anschließend wird die Kugel, wie echte Blumensteckmasse für kugelförmige Gestecke, zur Halbkugel geformt.

96

Für das Fertigstellen dieses Gesteckes benötigen Sie noch zusätzlich vier Stränge Efeu mit je 6 Blättern. Die Anleitung hierzu finden Sie ab Seite 84.

97

Beim Herstellen des Gesteckes beginnt man damit, die Blätter aufzustecken. Hierzu den Draht mit einem Seitenschneider ein wenig kürzen. Das Ende dann in Kleber tauchen.

98

Anschließend die Stränge in die Halbkugel stecken.

So wird die fertige Blätterschärpe aussehen. Einige Blätter können mit einer Briefmarkenzange in die gewünschte Form gebogen werden.

In gleicher Weise wie die Blätter werden auch die restlichen Blüten eingesteckt. Dabei das Eintauchen in Kleber nicht vergessen.

Nachdem die Rosen zur Kuppel gesteckt wurden, die Wicken, Hortensien und Beeren ergänzen.

Auf die Torte nun etwas Eiweißspritzglasur spritzen.

Und das Gesteck auflegen.

Jetzt die Efeuranken noch etwas abfließend biegen.

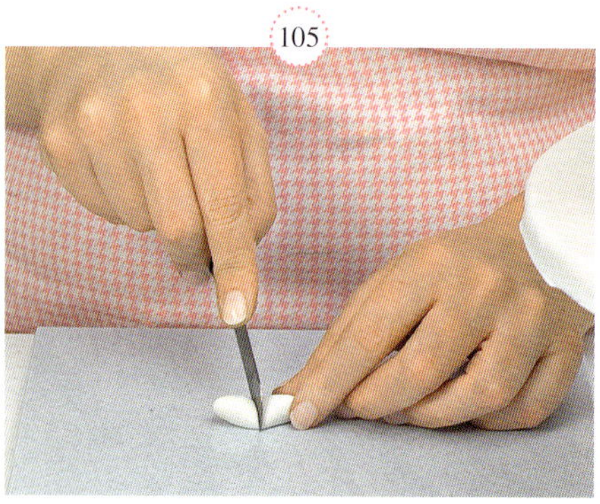

Zum Schluss wird eine Libelle für die Seite der Torte geformt. Hierfür 10 g Blütenpaste zum Strang formen und halbieren.

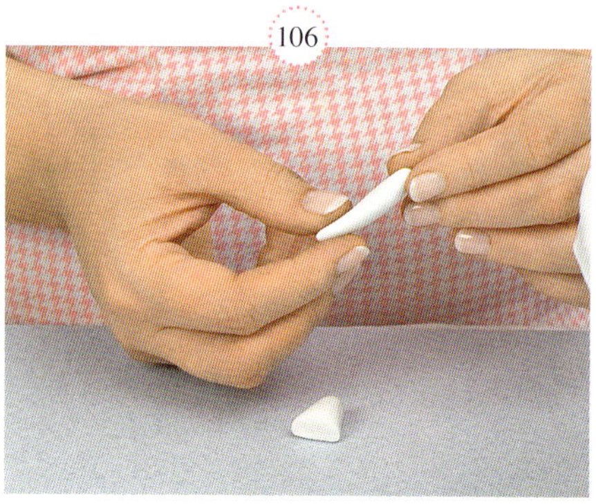

Die eine Hälfte wird zunächst zu einer Kugel und dann zu einem spitz zulaufenden Strang geformt.

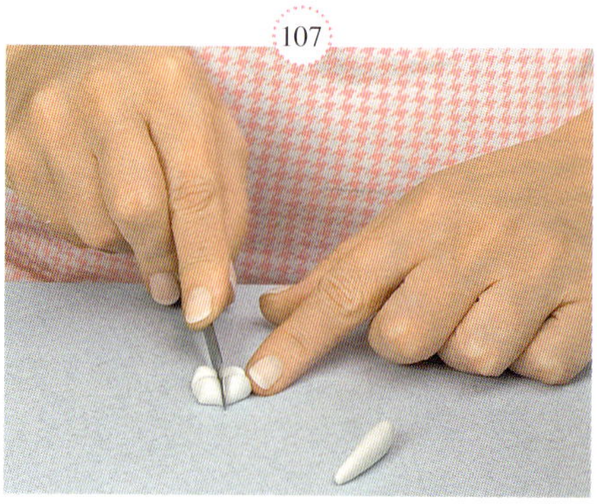

Die andere Hälfte wird in vier Teile geteilt.

108

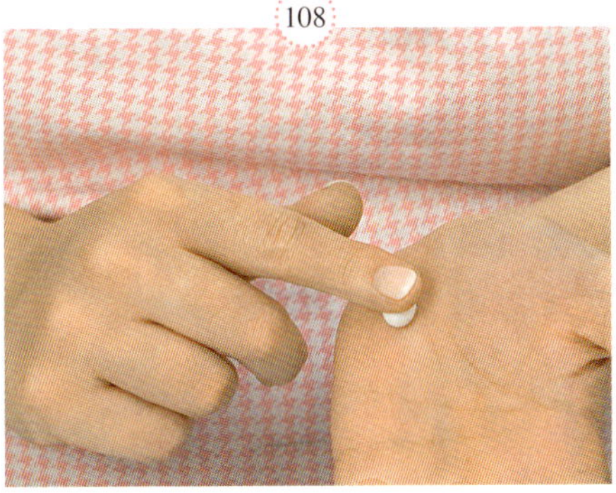

Aus den vier Teilen zuerst eine Kugel formen. Diese wird im Anschluss als Tropfen geformt und leicht flach gedrückt.

109

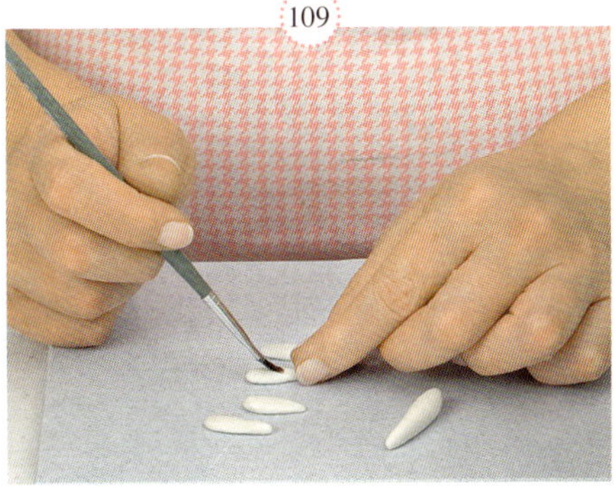

Danach werden die Flügel mit Kleber eingestrichen.

110

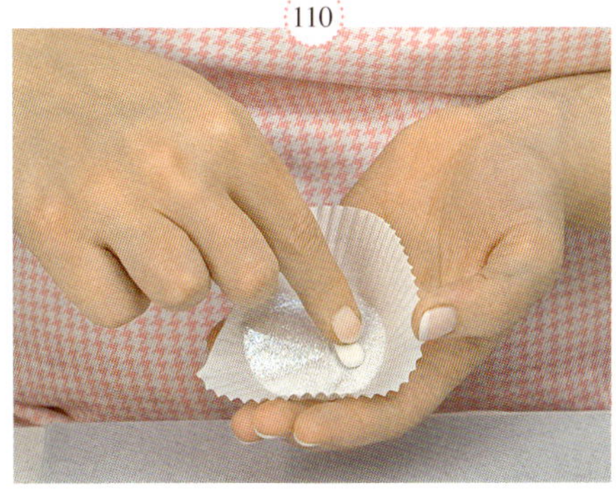

Jetzt werden die mit Kleber bestrichenen Seiten in „Hologram Glitter White" gedippt.

111

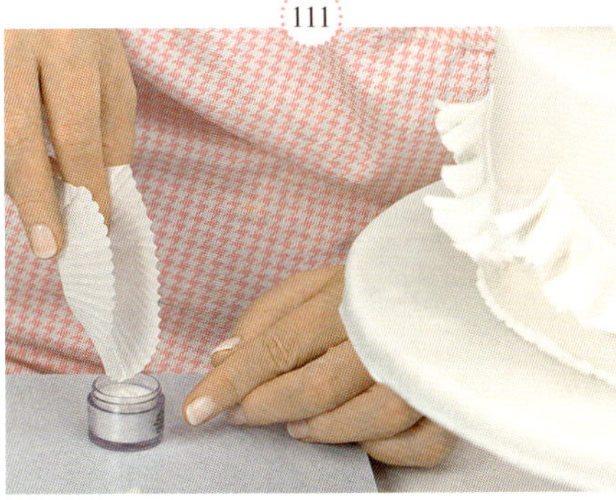

Tipp: Wenn Sie den Glimmer in ein Muffin-Papierförmchen füllen, um die Einzelteile der Libelle darin einzutauchen, können Sie das Pulver mit Hilfe der Papierform anschließend ganz prima wieder zurückgießen.

112

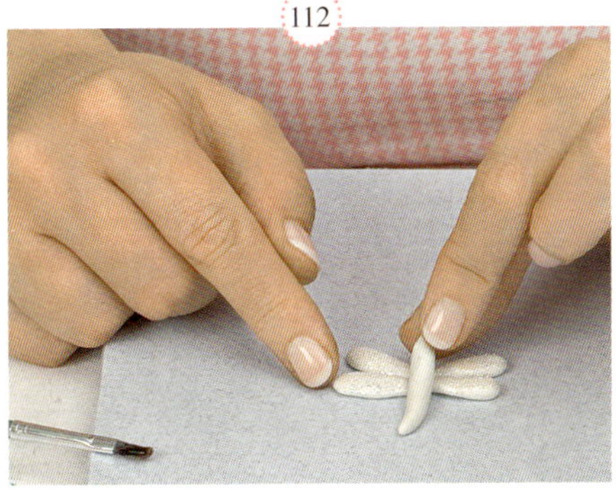

Jetzt die Flügel paarweise zusammenlegen und den Körper daraufkleben.

113

Die Libelle nun auf der Rückseite mit Kleber bestreichen und auf die Torte kleben.

114

Hier können Sie noch einmal die Färbung der einzelnen Blüten sehen. Wer hätte gedacht, dass diese nicht echt sind?

115

Zum Schluss noch ein paar kleine Kugeln auf die Spitzen der Rüschenbordüre kleben.

Zur Herstellung dieser Tortendekoration sollten Sie mit ein wenig Modelliererfahrung 7 Tage einplanen.
Ein ungeübter Blumenmodelleur sollte sich mindestens 14 Tage Zeit lassen, um die Blüten in Ruhe umsetzen zu können.

Kekse

Sehr einfache Kekse können Sie erstellen, wenn Sie simple Quadrate ausschneiden, die mit hübschen Motiven versehen werden. Diese sind nicht weniger charmant, als Kekse, die mit Ausstechern erstellt wurden. Da es kinderleicht ist, werden Sie auch nicht so schnell die Lust daran verlieren.

Zu jeder Torte hat Betty Ihnen mindestens einen Keks entworfen. Schauen Sie doch einmal genau, welcher wohin gehören könnte.

Ein Keks ohne Ausstecher ist langweilig? Von wegen. Suchen Sie doch einmal alle Hasen-Kekse. Variabel ist das Motto dieses Buches, und daran halten wir uns auch bei der Umsetzung der leckeren Knabbereien. Man kann nämlich die Rechtecke auch ganz simpel mit einem welligen Rollschneider ausschneiden. Dann erhalten Sie einen viel interessanteren Rand, der sogar in das Motiv übernommen werden kann.

Oder wie wäre es mit einer Hasenkopfform, die mit einem Skalpell figürlich ausgeschnitten wurde? Das ist zu schwer, sagen Sie? Auf keinen Fall! Lesen Sie auf den folgenden Seiten, wie wir diese und weitere Leckereien erstellt haben.

Die Rezepte finden Sie ab Seite 164.

1

Den Keksteig 3–5 mm dick ausrollen, da die Kekse sonst zu schnell brechen können. Außerdem sollte die Keksfigur nicht zu klein sein, damit Sie diese bequem bespritzen können.

2

Wenn Sie eine Form erstellen möchten, von der es keinen Ausstecher gibt, können Sie eine Schablone anfertigen, die dann mit einem Skalpell ausgeschnitten wird.

3

In alle Kekse können Sie auch vor dem Backen Lollystiele einstecken. Das ist ein absolutes Highlight für kleine und große Kinder.

1

Um eine Vorlage auf einen Keks oder getrockneten Fondant zu übertragen, wird die Papierschablone mit Hilfe eines Zahnstochers durchlöchert.

2

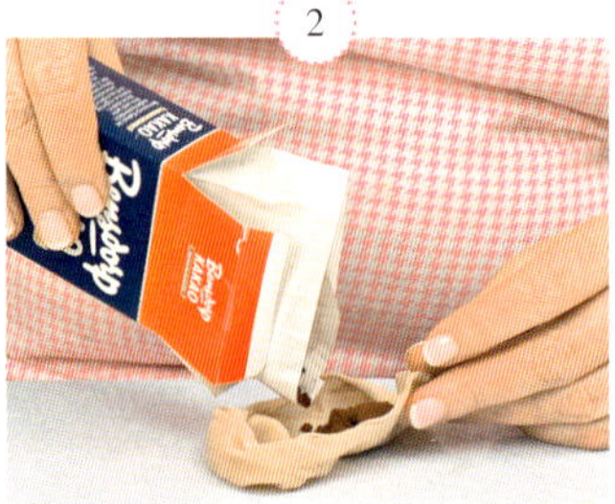

Dann füllen Sie Kakao in einen unbenutzten Nylonstrumpf und binden diesen sorgfältig zu.

3

Anschließend wird die gelöcherte Vorlage auf den Keks gelegt und der Kakaobeutel aufgetupft.

4

So überträgt sich das Muster auf die Unterlage und auf diese Weise können Sie jegliche Wunschmotive aufbringen.

1

Die Konsistenz der Eiweißspritzglasur ist nach dem Erstellen recht zäh.

2

Fügen Sie dann tropfenweise Wasser hinzu, um die Eiweißspritzglasur geschmeidig zu rühren. Nachdem das Wasser hinzugefügt wurde, muss die neue Konsistenz geprüft werden.

3

Sie können auch zuvor die Farbpaste mit einem Zahnstocher hineingeben, um gleichzeitig die Farbe einzurühren.

4

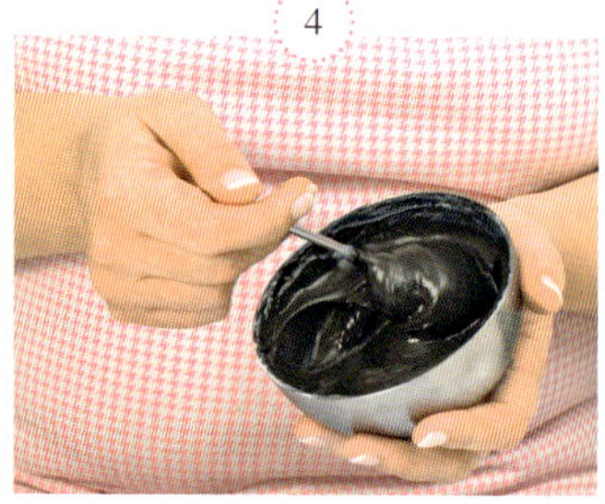

Diese Konsistenz sollte die Eiweißspritzglasur haben, um Umrandungen zu spritzen. Auch hier sollten Sie berücksichtigen, dass die Pastenfarbe sich manchmal erst nach einiger Zeit entwickelt.

5

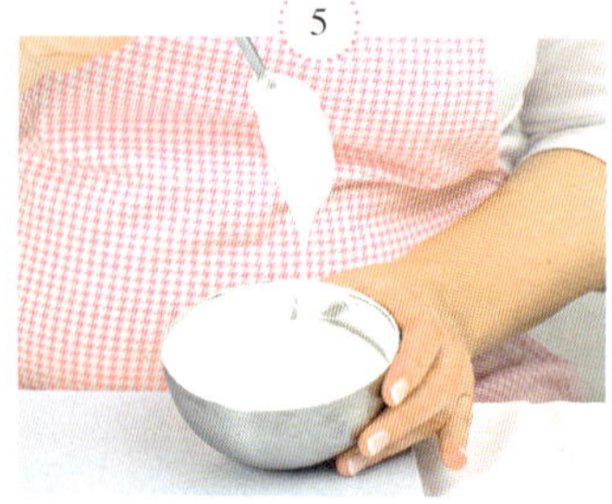

Diese Konsistenz sollte die Eiweißspritzglasur haben, um Figuren zu füllen.

1

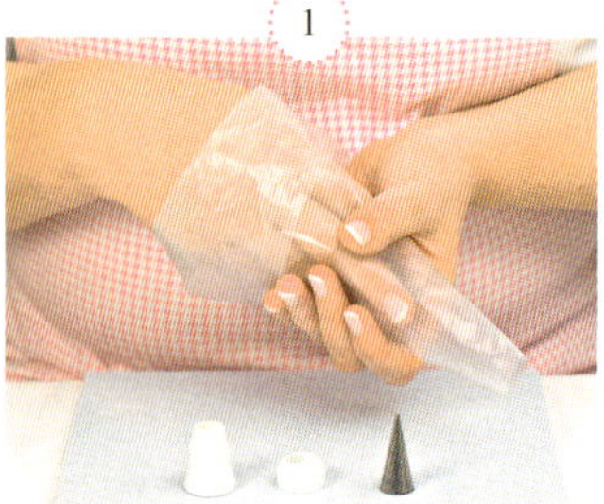

Betty verwendet am liebsten Einmalspritzbeutel, da man hierbei lediglich die Spitzen und die Verbindungsstücke säubern muss. Sie können aber auch die im Folgenden gezeigte Papiertüte verwenden.

2

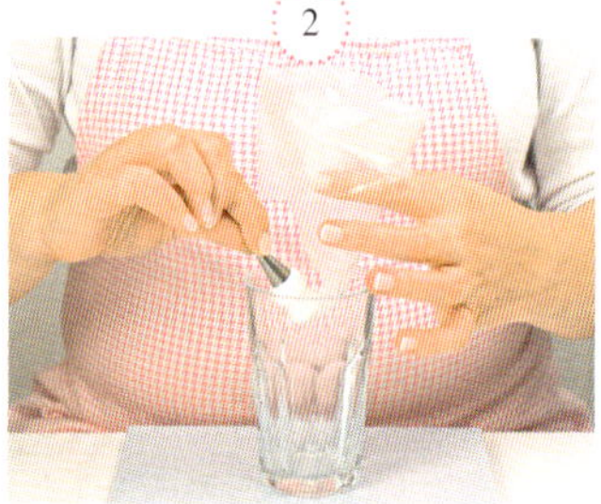

Den zusammengesetzten Spritzbeutel vorne abknicken und in ein Glas füllen. So kann vorne nichts herauslaufen und Sie können in Ruhe die Masse einfüllen.

3

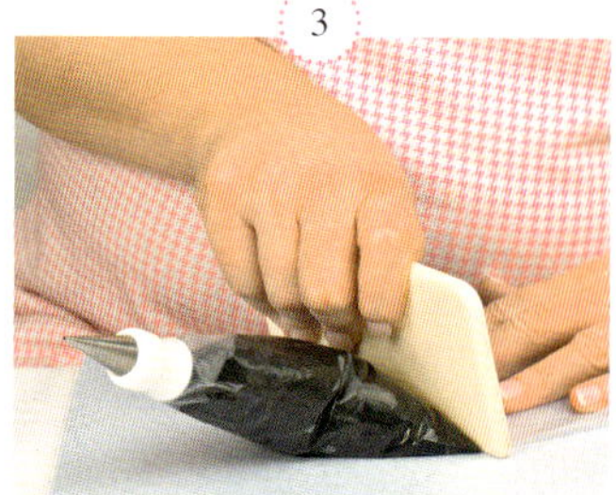

Mit einem Spachtel wird die Glasur dann nach vorne gezogen und somit die Luft an der Spitze herausgedrückt.

4

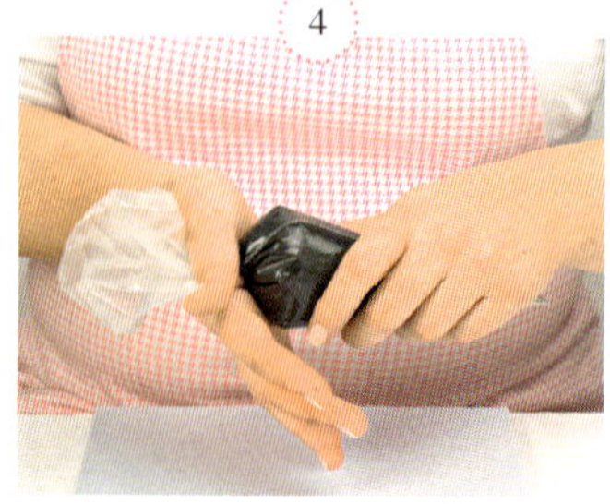

Greifen Sie den Spritzbeutel fest zwischen Daumen und Zeigefinger und drehen ihn. Diese Hand quetscht die Füllung heraus. Die andere ist ausschließlich für die Führung verantwortlich.

1

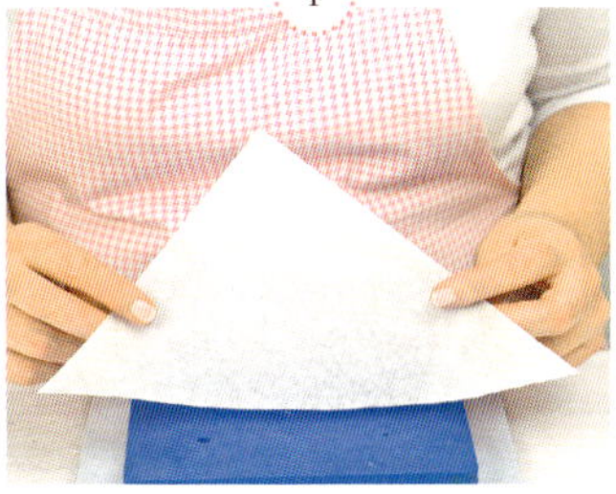

Wenn Sie keinen Spritzbeutel und keine Tülle zur Hand haben, können Sie auch ganz einfach einen aus Backpapier herstellen. Hierzu ein Dreieck abtrennen.

2

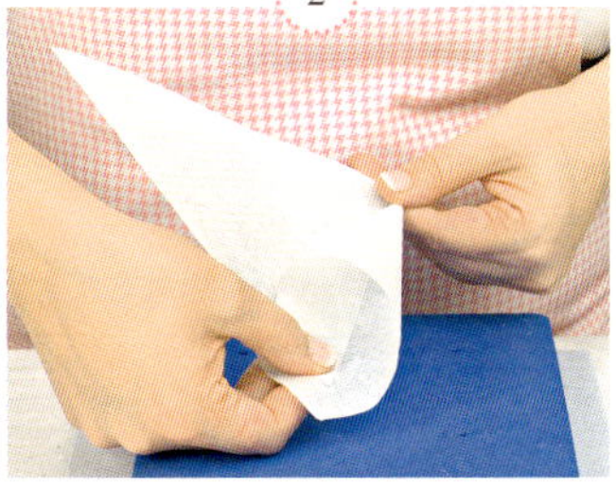

Die Spitze gegenüber der langen Seite zeigt von Ihnen weg. Sie greifen die Mitte der langen Seite mit einer Hand und bilden durch Einrollen der linken Spitze eine Tüte.

3

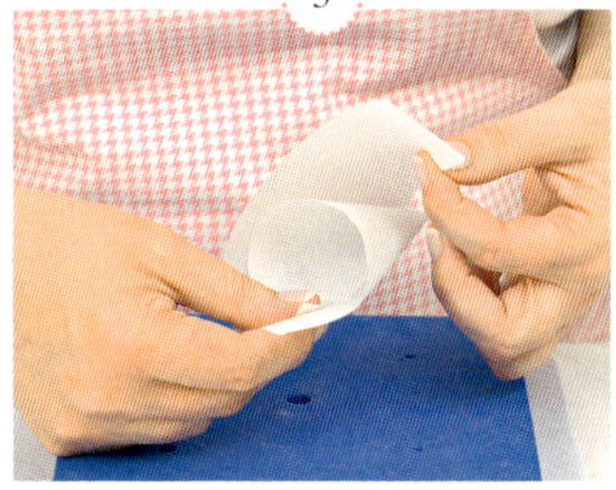

Die bereits eingerollte Ecke oben festhalten und den verbleibenden Schenkel um die bereits gebildete Tüte herumlegen.

4

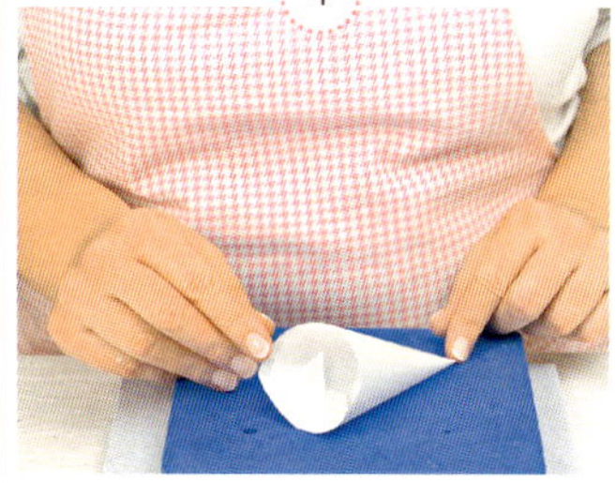

Jetzt die Spitze an der Öffnung einschlagen, sodass die Spritztüte nicht mehr auseinandergeht.

5

Die Eiweißspritzglasur immer in einem Abstand von mindestens 5 mm zu der Unterlage hochhalten. Man lässt durch wenig Druck die Eiweißspritzglasur von alleine zur gewünschten Form fließen.

1

Genauso wie Sie einen Stift führen oder Window Color-Umrandungen erstellen würden, malen Sie die Umrandung des Objektes nach. Danach mindestens eine Stunde lang trocknen lassen.

2

Nachdem die schwarze Umrandung fest geworden ist, werden die inneren Farben eingespritzt. Hierbei außen mit einer Umrandung beginnen und dann nach innen gehen.

3

Sollte eine dünne Stelle nicht ausgefüllt werden können, helfen Sie ganz einfach mit einem Zahnstocher nach und schieben die Eiweißspritzglasur in die Lücke.

1

Wenn Sie einen Aufleger erstellen möchten, legen Sie Backpapier auf die Vorlage und spritzen die Glasur wie bei dem Keks auf.

2

Tipp: Wenn es einmal schnell gehen soll, können Sie die Eiweißspritzglasur unter Rotlicht oder im Backofen trocknen. Hierfür lediglich das Licht einschalten, nicht jedoch den Ofen erhitzen.

3

Tipp: Wenn man sich verschreibt, kann man die Glasur entweder ganz trocknen lassen und abschaben oder man nimmt sie in ganz frischem Zustand ab. Halb angetrocknet ist das Entfernen fast unmöglich.

1

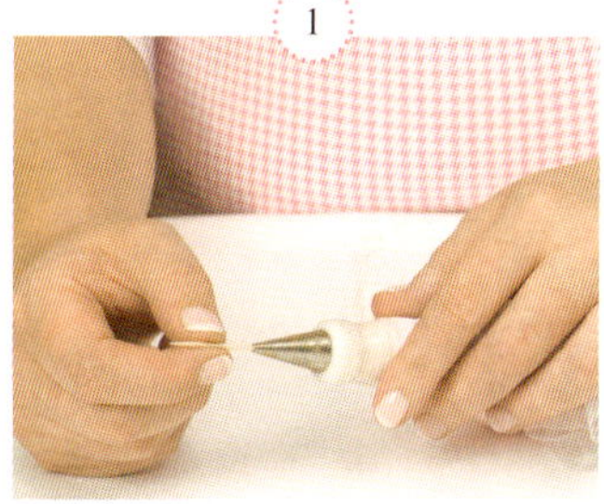

Wenn man eine Pause macht, einfach einen Zahnstocher in die Tülle stecken. Dann trocknet die Eiweißspritzglasur in der Spitze nicht aus.

2

Während des Arbeitens die Eiweißspritzglasur immer mit einem feuchten Tuch abdecken.

3

Während der Lagerung im Kühlschrank immer Frischhaltefolie eng auf die Eiweißspritzglasur drücken.

Tipp: Damit die Cupcake-Aufleger noch stabiler werden, können Sie die Grundform aus Blütenpaste ausschneiden, die Details übertragen und Konturen mit Eiweißspritzglasur daraufspritzen. Anschließend die Form füllen und ebenfalls mindestens zwei Tage trocknen lassen. Mit diesem Trick kann die dünne Zuckerschicht nicht mehr so leicht brechen.

Cupcakes

Rezepte

Wichtig: Bitte entnehmen Sie den Basics auf Seite 10 die Rezeptmenge, die Sie für die Tortengröße benötigen.

Den Biskuit am besten zwei Tage vor dem Zusammensetzen backen, damit er sich besser verarbeiten lässt.

BASIS BISKUIT

6 Eier

1 Prise Salz

200 g Zucker

180 g Mehl, gesiebt

70 g Speisestärke

80 g flüssige Butter

Nach Belieben etwas Zitrone- oder Orangenabrieb

Den Backofen auf 180°–200° C vorheizen.

Eier, Zucker und Salz über einem Wasserbad auf Körpertemperatur (36°–38° C) aufschlagen. Danach die Masse in kaltem Wasser weiter schlagen und dabei abkühlen. So wird die Masse ganz locker und hell. Mehl mit der Speisestärke mischen und sieben. Diese Mischung langsam zu der Eiermischung geben. Achten Sie immer darauf, dass das Mehl vermengt ist, bevor Sie den nächsten Teil hinzufügen. Zum Schluß die flüssige Butter ergänzen.

Den Teig in eine gefettete Backform geben und leicht zum Rand hochstreichen. Durch diesen Trick erreichen Sie, dass der Boden gleichmäßig backt. Die Backzeit beträgt 30 Minuten. Bitte überprüfen Sie das Backergebnis jedoch immer mit einem Holzstäbchen. Bleibt noch Teig am Stäbchen kleben, wenn Sie es aus dem Biskuit ziehen, muss der Boden noch länger backen.

OMA BUCHHOLTZ' SACHERTORTE

200 g Butter

200 g Puderzucker, gesiebt

1 Päckchen Vanillezucker

200 g bittere Schokolade

7 - 8 Eier (je nach Größe) getrennt

200 g Mehl

3 TL Kakaopulver

1 Prise Salz

1 TL Backpulver

Grieß

Für den Überzug:

je 3 EL Aprikosen- und Orangenlikör

250 g Aprikosenmarmelade

200 g dunkle Kuvertüre

Schlagsahne zum Servieren

Den Backofen auf 180° C vorheizen.

Weiche Butter mit Zucker und Vanillezucker schaumig schlagen. Eier trennen und die Eigelbe einzeln zuführen. Das Eiweiß zur Seite stellen. Die Schokolade langsam im Wasserbad schmelzen. Achten Sie darauf, dass sie nicht zu warm wird. Die Schokolade abgekühlt unter die Masse rühren. Mehl sieben und mit Kakaopulver,

Backpulver und Salz mischen. Eiweiß zu festem Schnee schlagen und abwechselnd mit dem Mehlmix unterheben. Am besten verwenden Sie hierfür einen Schneebesen. Den Teig in eine mit Butter gefettete und mit Grieß ausgestreute Springform füllen und in der Mitte mit einem Kochlöffel eine kleine Mulde formen, damit die Torte ebenmäßiger aufgehen kann.

Die Torte 40 – 50 Minuten backen, bis ein in die Mitte gestochenes Holzstäbchen sauber herauskommt.

Die Sachertorte aus dem Ofen nehmen und erst nach einem Tag stürzen. Nachdem die Torte gestürzt wurde, die Torte in zwei bis drei Böden teilen.

Wenn Sie eine klassische Sachertorte herstellen möchten, die Marmelade mit dem Likör in einem kleinen Topf erhitzen und glatt rühren und die Böden satt mit diesem Gemisch bestreichen, aufeinandersetzen und auch von außen bestreichen. Die Marmelade einen Tag antrocknen lassen. Am nächsten Tag die Torte dick mit der geschmolzenen Kuvertüre überziehen. Nun muss die Torte noch sieben Tage im Kühlschrank ruhen und auf Zimmertemperatur gebracht werden, bevor sie angeschnitten wird. Die Torte wird mit dem Ruhen saftiger.

Da die Torte sehr reichhaltig ist, empfiehlt es sich, kleine Stücke zu servieren. Dazu reichen Sie traditionell Schlagsahne.

Wenn die Torte mit Ganache oder Buttercreme gefüllt werden soll, die fertigen Böden, gut luftdicht eingepackt, fünf Tage im Kühlschrank lagern und die Torte zwei Tage vor dem Verzehr füllen. Einen Tag vor dem Anschnitt die Torte mit der gewählten Creme überziehen und mit Fondant decken, wie ab Seite 14 beschrieben.

Anmerkung von Betty: Vielen Dank für das tolle Rezept auch an Ursula Schröder.

Achtung: Die Torte muss mindestens sieben Tage vor dem Verzehr gebacken werden, um genügend Ruhezeit zu haben.

GUGELHUPF

250 g Butter

250 g Zucker

1 EL Vanillezucker

4 Eier

400 g Mehl

100 g Speisestärke

1 Pck. Backpulver

1 Prise Salz

100 ml Milch

Für zusätzliches Aroma:
1 Fläschchen Zitronen- oder Bittermandelaroma

Für einen Marmor-Gugelhupf zusätzlich:
30 g Kakaopulver (ungesüßt)

Den Backofen auf 180° C vorheizen.

Die weiche Butter mit Zucker und Vanillezucker aufschlagen, bis die Masse ganz hell wird und sich der Zucker deutlich aufgelöst hat.

Danach einzeln die Eier und optional das Aroma unterrühren. Mehl in eine Schüssel sieben und mit Speisestärke sowie Backpulver und Salz mischen. Den Mehlmix löffelweise unter Rühren zur Buttermasse geben und zwischendurch zusätzlich immer wieder Milch beifügen. Den Teig in die gefettete Gugelhupf-Form füllen und 60 Minuten backen.

Machen Sie den Holzstäbchen-Test:
Bleibt noch Teig am Stäbchen kleben, wenn Sie es aus dem Kuchen ziehen, muss dieser noch länger backen.
Für den Marmor-Gugelhupf anstatt des Aromas die Hälfte des Teiges in die Backform füllen. Das Kakaopulver zum restlichen Teig geben und gut unterrühren. Nun füllen Sie den Schokoteig ebenfalls in die Backform und führen eine Gabel spiralförmig durch den Teig, damit das typische Marmormuster entsteht. Den Marmorkuchen wie oben beschrieben backen.

CUPCAKES

Den Backofen auf 180° C vorheizen.

Den Gugelhupfteig nach Anleitung zubereiten und in eine mit Muffin-Papier-Manschetten ausgelegte Muffinform füllen. Die Manschetten sollten etwa bis zur Hälfte gefüllt werden.
Backen Sie den Teig 25–30 Minuten.

Je nach Belieben Buttercreme, weiße Ganache oder Icing in einen Spritzbeutel mit Sterntülle füllen. Von außen nach innen spiralförmig einen schönen Tupfen auf die kleinen Kuchen spritzen. Zum Schluss die auf Seite 157 beschriebenen Aufleger in die Creme stecken.

Für 24 Cupcakes.

> Verwenden Sie einen Eiskugelportionierer zum Befüllen der Muffin-Manschetten. Das ist ein tolles Maß für das gleichmäßige Befüllen.

GANACHE

500 g Schlagsahne

750 g dunkle Kuvertüre (oder Kuvertüre-Chips)

150 g Butter

> Alternativ zur Kuvertüre können Sie auch Ihre Lieblingsschokolade verwenden. Bei weißer und Milchschokolade muss man allerdings den Schokoladenanteil auf 1 kg erhöhen.

Die Kuvertüre oder Schokolade fein hacken und in eine Schüssel geben. Wenn Sie Kuvertüre-Chips verwenden, können Sie sich diesen Arbeitsschritt sparen. Die Sahne kurz aufkochen, vom Herd nehmen und die Butter darin auflösen. Die Flüssigkeit in die mit Schokolade gefüllte Schüssel gießen (nicht umgekehrt!). Mit einem Kochlöffel die Masse glatt rühren, bis die Schokolade vollständig aufgelöst ist. Dann direkt das Rühren einstellen und die Ganache abkühlen lassen, damit die Bestandteile sich nicht wieder trennen.

Zum Überziehen einer Torte Ganache erkalten lassen und über die Torte gießen oder mit dem Spachtel auftragen.

Eine luftige Ganache-Füllung zum Füllen von Torten erhält man, wenn die Ganache über Nacht im Kühlschrank abkühlt und dann mit einem Handrührgerät aufgeschlagen wird. Dies ist eine leichtere Variante, da sich das Volumen der Ganache erhöht. Außerdem kann man die Ganache dann wie eine Buttercreme auftragen. Allerdings sollte man beachten, dass sich auch der Geschmack der Creme verändert.

Gekocht und abgekühlt hält eine Ganache mit Cellophanfolie abgedeckt im Kühlschrank bis zu zwei Wochen, aufgeschlagen sollte man sie innerhalb von 3–4 Tagen verwenden.

Die Menge ist ausreichend für eine Torte oder 24 Cupcakes.

> Tipp: Sollte Ganache-Masse übrig bleiben, kann man diese sehr gut mit überschüssigem Biskuit mischen und zu Trüffelkugeln formen.

FRISCHKÄSE-CREME

500 g weiße Kuvertüre

700 g Frischkäse

250 g weiche Butter

Puderzucker nach Belieben

Aroma nach Belieben

Die weiße Kuvertüre im Wasserbad schmelzen. Den Frischkäse mit der Rührmaschine oder dem Handrührgerät leicht durchrühren. Die Butter zugeben und die Mischung cremig aufschlagen. Die Masse wird dabei etwas heller. Die geschmolzene Kuvertüre nun nach und nach zugeben und immer wieder vollständig unterrühren, bis die nächste Einheit ergänzt wird. Die Mischung anschließend vollständig aufschlagen, bis sie locker und cremig ist.

Als Geschmacksvariation kann man sehr gut Sirup oder Aromen nach Belieben hinzufügen oder auch die weiße Kuvertüre durch dunkle ersetzen. Wenn Ihnen der Geschmack nicht süß genug ist, können Sie auch einfach Puderzucker addieren.

Luftdicht verpackt hält die Creme im Kühlschrank 4 – 5 Tage.

Die Masse ist ausreichend für eine Torte oder 24 Cupcakes.

BUTTERCREME

500 g Vanillepudding

500 g Butter

Wichtig: Sie können für dieses Rezept den Pudding selbst herstellen (Vanillepudding deluxe, siehe unten) oder das klassische Puddingpulver zur Herstellung des Vanillepuddings verwenden. Aber Achtung: Verwenden Sie für eine Buttercreme niemals kalt angerührten Pudding.

Den abgekühlten Pudding durch ein Sieb streichen. Die Butter und der Pudding sollten beide Zimmertemperatur haben. Zunächst die Butter schaumig rühren und dann den Pudding nach und nach zugeben.

Die Menge ist ausreichend für eine Torte oder 24 Cupcakes.

VANILLEPUDDING DELUXE

500 ml Milch

1 Eigelb

1 Prise Salz

1 Vanilleschote

100 – 120 g Zucker (je nach Geschmack)

40 g Speisestärke

Eigelb mit 2 EL Milch und Salz verrühren, Speisestärke und Zucker mischen und zu der Eigelb-Milchmischung geben. Darauf achten, dass die Mischung keine Klümpchen enthält.
Die Vanilleschote aufschneiden, das Mark mit einem Messer herausschaben und zusammen mit der übriggebliebenen Schote in der Milch kurz aufkochen. Die Vanille aus der Milch entfernen und den Eier-Mix einrühren. Unter Rühren den Pudding noch einmal aufkochen.

Wenn Sie den Geschmack variieren möchten, können Sie Teile der Milch durch andere Flüssigkeiten ersetzen, Geschmacksaromen oder Instant-Kaffees (z.B. Chai-Latte, Caramel etc.) hinzufügen.

Ergibt 500 g Pudding.

!

Betty arbeitet stets mit fertigem Rollfondant und Blütenpaste, da diese mittlerweile prima online zu bestellen sind. Gerade für Anfänger wird empfohlen, die Materialien zu kaufen, damit man sich auf das Modellieren konzentrieren kann und ein Gefühl für das Fondant erhält.

ROLLFONDANT

1 Tüte Gelatinepulver oder 6 Blatt Gelatine

60 ml Wasser

120 ml Sirup (Glukosesirup) oder Zuckersirup

1/2 TL Zitronensäure und 1 TL Glycerin

1 Prise Salz

900 g Puderzucker, gesiebt

Wichtig: Für dieses Rezept benötigen Sie eine starke Küchenmaschine mit Rühraufsatz!

Die Gelatine nach Packungsanleitung im Wasser aufweichen beziehungsweise anrühren und quellen lassen. Anschließend wird die Gelatine kurz erhitzt, bis sie vollständig gelöst ist.

Glukose- oder Zuckersirup, Glycerin, Zitronensäure und Salz mit der Gelatine vermengen. Falls Sie eine große Menge farbigen Fondant herstellen möchten, können Sie nun die Farbpaste in die flüssigen Zutaten geben. Das erspart das spätere Unterkneten.

Ein Drittel des Puderzuckers in die Schüssel der Rührmaschine sieben und in der Mitte eine Vertiefung eindrücken. Dahinein schütten Sie den Gelatinemix. Auf der langsamsten Stufe der Maschine wird nun die Mischung verrührt, bis alles vermengt ist. Nun das zweite Drittel des Puderzuckers auf die Masse sieben und solange wie möglich weiter rühren.

Bei Rührmaschinen mit hoher Wattzahl können sie das letzte Drittel auch mit der Maschine vermengen, ansonsten bietet sich die Hand-Variante an. Dazu das letzte Drittel Puderzucker auf die Arbeitsfläche sieben. Die vermengte Masse nun per Hand unterkneten, bis eine Masse entsteht, die die Konsistenz von Bastelknete (Kinderknete) hat. Sollten Sie noch Puderzucker übrig haben, so ist das nicht weiter schlimm.

Den fertigen Fondant luftdicht verpacken (siehe Aufbewahrungstipps Seite 11) und einen Tag bei Zimmertemperatur ruhen lassen.

Der Fondant kann im Kühlschrank sechs Monate gelagert werden. Vor der Verarbeitung sollte die Masse Zimmertemperatur haben.

Dieses Rezept ergibt 1000 g Rollfondant.

MODELLIERFONDANT

500 g Rollfondant

1 gestr. TL CMC oder Tragant

Modellierfondant kann man nicht kaufen. Deshalb müssen Sie gleichzeitig immer CMC oder Tragant besorgen, um mit Fondant figürlich zu arbeiten.

Den Rollfondant und das Pulver sorgfältig miteinander verkneten und für 12 bis 24 Stunden ziehen lassen, damit das Bindemittel quellen kann.

Verwenden Sie immer ganz frischen Puderzucker, da sich dieser leichter sieben lässt!

Vor dem Verarbeiten sollte der Fondant immer durchgeknetet werden!

BLÜTENPASTE

1 Eiweiß (Ei-Größe L)

225 g Puderzucker

3 gestr. TL CMC oder Tragant

1 TL weißes Kokosfett (z.B. Palmin Soft / Ceres)

Wichtig: Für dieses Rezept benötigen Sie eine starke Küchenmaschine mit Rühraufsatz!

Das Eiweiß in eine Schüssel geben und mit dem Rühraufsatz kurz aufschlagen. Nun die Maschine auf die langsamste Stufe schalten und den Puderzucker nach und nach bis auf eine halbe Tasse addieren. Diesen benötigt man später. Nun ist die Masse bereits eine Eiweißspritzglasur von weicher Konsistenz. Diese weitere zwei Minuten auf höchster Stufe schlagen, damit sie eine baiserartige Konsistenz erreicht. Taucht man einen Löffel in das Eiweiß, entstehen leichte Spitzen beim Herausziehen. Jetzt langsam CMC oder Tragant einrieseln lassen und danach wieder für ein paar Sekunden auf höchster Stufe weiter schlagen. Die Masse sollte zäh werden.

Die Arbeitsfläche mit dem restlichen Puderzucker bestäuben und die Paste darauf mit eingefetteten Händen sorgfältig kneten, bis eine weiche Paste entsteht, die nicht mehr klebt.

Zum Schluss einzelne, walnussgroße Stücke luftdicht in Klarsichtfolie verpacken und in einer Zipper-Tüte im Kühlschrank aufbewahren. Mindestens 24 Stunden sollte die Masse vor der Verarbeitung ruhen. So erhält sie die notwendige Festigkeit. Die Masse hält sich bis zu sechs Monaten.

Tipp: Blütenpaste kann bis zu einem Jahr eingefroren werden. Vor der Verarbeitung die benötigte Menge auftauen und mit gefetteten Händen geschmeidig kneten.

Dieses Rezept ergibt 230 g Blütenpaste.

EIWEISS-SPRITZGLASUR

150 g lauwarmes Wasser

35 g Trockeneiweiß

4 g Weinsteinsäure

1000 g Puderzucker, gesiebt

Wichtig: Dieses Rezept eignet sich ausschließlich für die Herstellung in der Küchenmaschine. Dafür gelingt es immer!

In der Schüssel der Küchenmaschine zunächst das Wasser mit dem Trockeneiweiß für 30 Sekunden von Hand mit einem Schneebesen aufschlagen. Danach die Weinsteinsäure (aus dem Reformhaus) zugeben und nochmals für 30 Sekunden schlagen. Nun den gesiebten Puderzucker dazugeben und auf niedrigster Stufe für 10 Minuten mixen. Die Masse nimmt nun an Volumen zu und wird schaumig.

Ergibt 1000 g Eiweißspritzglasur.

Die Eiweißspritzglasur luftdicht in einer Plastikschüssel im Kühlschrank lagern. Mit frischem Eiweiß hergestellte Masse hält maximal zwei Tage und auf Trockeneiweißbasis ist sie maximal zehn Tage lang haltbar.
In getrockneter Form auf dem Keks ist die Lagerung unproblematisch.

EIWEISS-SPRITZGLASUR

1 Eiweiß (Ei-Größe L)

ca. 250 g Puderzucker

Wichtig: Dieses Rezept eignet sich auch für die Herstellung mit dem Handmixer, ist jedoch eher für erfahrene Zuckerbäcker geeignet.

Das Eiweiß mit dem Rühraufsatz etwas schaumig rühren. Nun den Puderzucker nach und nach zugeben und zwischendrin auf höchster Stufe schlagen. Die Masse hat die richtige Konsistenz, wenn beim Hochziehen der Rührer Spitzen entstehen.

Ergibt 250 g Eiweißspritzglasur.

BETTY'S KEKSE

400 g Butter

400 g Zucker

2 Eier

700 g Mehl

2 1/2 TL Backpulver

1 TL Vanilla Extract (flüssige Vanille)

1 TL Salz

Den Ofen auf 175° C vorheizen. Butter und Zucker verrühren, bis die Masse hell und schaumig wird. Nun die Eier einzeln dazugeben und danach die flüssige Vanille unterrühren. Mehl, Backpulver und Salz mischen und nach und nach zur Masse geben.

Rollen Sie den Teig circa 3 mm dick aus und schneiden oder stechen Sie daraus die gewünschte Keksform.

Die Kekse circa 8 – 10 Minuten backen.
Der Teig ergibt circa 30 Kekse.

VANILLA EXTRACT

Diese Zutat kann man ganz einfach selbst herstellen, indem man eine in der Hälfte geteilte Vanilleschote für vier Wochen in einem halben Liter Wodka im Kühlschrank ziehen lässt. Wählen Sie zur Aufbewahrung ein lichtundurchlässiges, dichtes Gefäß.

Tipp: Sollten Sie kein Vanilla Extract zur Hand haben, können Sie auch 2 TL Zucker gegen Vanillezucker austauschen. Alternativ können Sie auch flüssiges Zitronenaroma verwenden.

Glossar

BLÜTENPASTE: (engl: Flower Paste oder Gumpaste)
Zuckermasse zur Herstellung von modellierten Zuckerblumen und filigranen Teilen.

CMC: (Carboxymethylcellulose)
synthetische und preiswertere Form von Tragant. Bekommt man auch in der Apotheke.
CRISCO: weißes, weiches Kokosfett (z.B. Palmin Soft / Ceres)

EIWEISSSPRITZGLASUR: (engl: Royal Icing)
Eiweiß mit Puderzucker gemischt. Zum Spritzen von Garnierungen, Buchstaben, Keksen etc.
EDIBLE PAINT BLACK: eine Art Pastenfarbe, die zum Anmalen von Fondant-Dekoration entwickelt wurde und die sehr schnell trocknet.

FONDANT: Zuckermasse, wird zum Eindecken der Torten und zum Modellieren verwendet. Da der Zucker im Fondant Feuchtigkeit anzieht, ist es ratsam, Torten mit Dekor trocken aufzubewahren, da sich der Zucker sonst auflösen könnte!
FRILL RÜSCHEN: (engl. Garrett Frill)
eine Technik um wellige Randabschlüsse herzustellen.

GANACHE: gekochte Schokoladenmasse, die sich sehr gut zum Füllen von Torten eignet.
GLUKOSE: Traubenzucker, als Sirup verwendet für die Herstellung von Fondant oder Modellier-Schokolade.
GLYCERIN: ein Feuchtigkeitsspender, der zum Beispiel in Eiweißspritzglasur dafür sorgt, dass die Glasur nicht „steinhart" wird. Erhältlich in der Apotheke.
GUMMIARABICUM: Verdickungsmittel aus Akaziensaft. Wird u.a. verwendet, um eine Zuckerkristallisierung zu vermeiden.

ISOMALT: Zuckeraustauschstoff, der für gekochte Zuckerskulpturen verwendet werden kann.

LEBENSMITTELFARBEN, FLÜSSIG: sind nicht so gut geeignet für die Verwendung mit Fondant, da sie zu viel Feuchtigkeit enthalten.
LEBENSMITTELFARBEN, PASTEN: sind sehr farbintensiv und färben sowohl Fondant wie Icing sehr gut.

LEBENSMITTELFARBEN-PUDER: Können mit Wodka vermischt werden zum Malen oder pur, um Akzente zu setzen.
LUSTER DUST: Lebensmittelpuderfarbe mit Glitzerpartikeln. Gibt es auch in Gold und Silber.

MODELLIER-FONDANT: Mischung aus Fondant und Tragant oder CMC zur Herstellung von Figuren und anderen Modellierungen.

PATCHWORK CUTTER: Ausstecher aus Plastik. Es gibt unzählig viele Motive wie Figuren, Blumen, Buchstaben etc.
PIPING GEL: Ein Gemisch auf Basis von Gelatine und Glukose. Es hat eine transparente Optik und eignet sich sowohl zum Befestigen von Fondant auf Flächen wie auch zum Malen und Schreiben.

RIBBON ROSES: modellierte Rosen, die wie Stoffrosen gedreht sind.
ROLLFONDANT: siehe Fondant

TRAGANT: natürliches Bindemittel, das Fondant fester werden lässt. Bekommt man in der Apotheke. Guter Tragant ist immer teurer als CMC. Preiswerterer Tragant ist nicht zu empfehlen, da er dann gestreckt wurde, riechen kann oder auch gelblich gefärbt sein kann.

TROCKENEIWEISS: (Meringue Powder)
Alternative zu frischem Eiweiß, da keine Gefahr durch Salmonellen besteht.

TÜLLEN: Metallaufsätze für Spritzbeutel, die mit unterschiedlichen Öffnungen erhältlich sind. In diesem Buch werden ausschließlich Lochtüllen verwendet.

VANILLA EXTRACT: Aroma mit Alkohol als Basis.

WEINSTEINPULVER: Pulver der Weinsteinsäure, wird in einigen Rezepten für Eiweißspritzglasur verwendet. Ist in Apotheken erhältlich.

Bezugsquellen, Lieblinks und hilfreiche Infos

Shops:	**www.cake-company.de**	Der Online-Shop von Jacobi Dekor für Ausrollfondant, Blütenpaste in Pulver, Lebensmittelpasten und vieles mehr.
Englische Seiten:	**www.squires-group.co.uk** **www.cakesforyou.biz** **www.sugarshack.co.uk** **www.apieceofcakethame.co.uk** **www.almondart.com** **www.hawthornehill.co.uk**	Riesige Auswahl und Hersteller von Pasten, Ausstechern, Büchern etc.
Magazine:	**www.squires-group.co.uk** **www.cake-craft.com**	Cake & Sugarcraft Magazine | erscheint alle drei Monate Cake Craft & Decoration | erscheint monatlich
Messen England:	**Birmingham** **Farnham (bei London)**	Im November | veranstaltet von Cake Craft & Decoration Im März | veranstaltet von Squires Group
Tortenforen:	**www.torten-talk.de** **www.cake-central.com**	Deutsches Tortenforum Größtes Tortenforum der Welt | Englisch Um sich die Bilder ansehen zu können, muss man sich registrieren (kostenfrei).

Weitere hilfreiche Informationen finden Sie unter: **www.motivtorten-basics.de** sowie auf der Internetseite der Autorin: **www.sugardreams.de**

Vorlagen

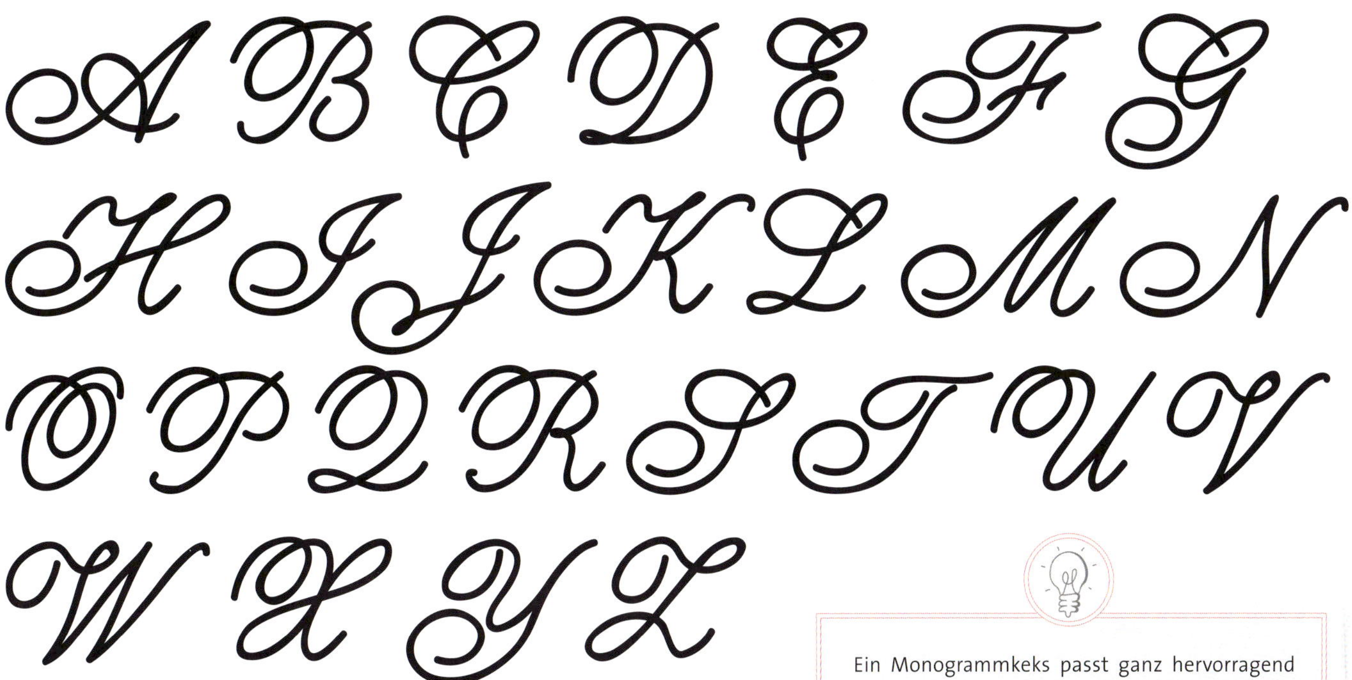

Ein Monogrammkeks passt ganz hervorragend zu der Ribbon-Roses-Torte. Vergrößern Sie diese Buchstabenvorlage auf die gewünschte Größe und spritzen das Monogramm auf einen Keks oder einen Cupcake-Aufleger.

Hier finden Sie alle 1:1-Vorlagen für Betty‘s Kekse und Cupcake-Aufleger.

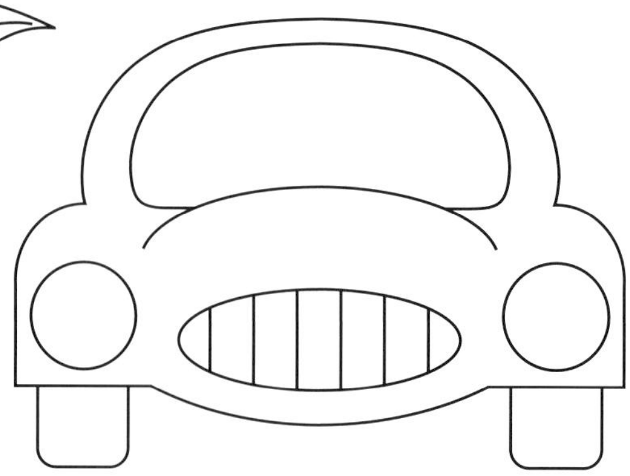

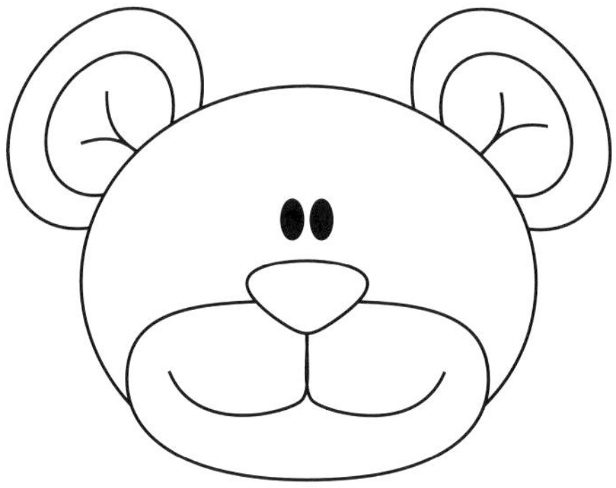

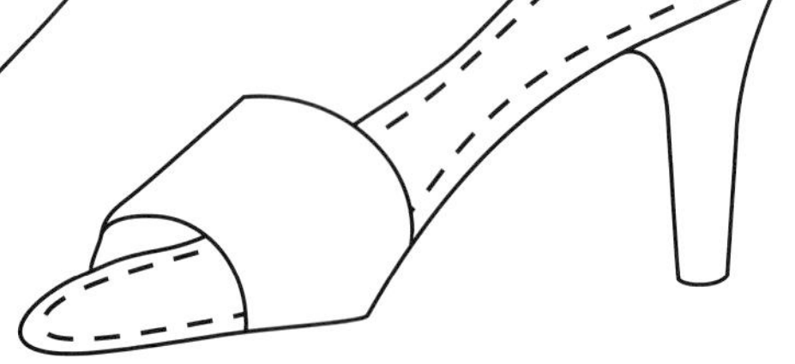

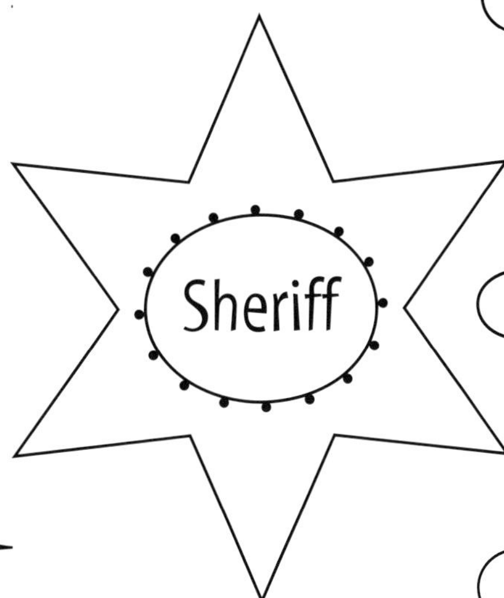

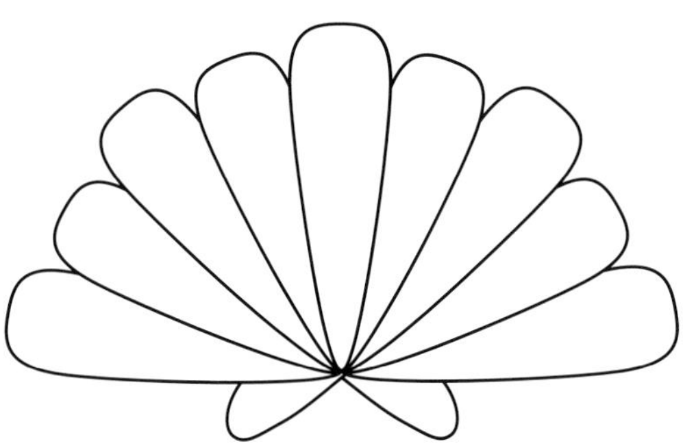

!

Die Spritzanleitung zu den Vorlagen finden Sie ab Seite 156.

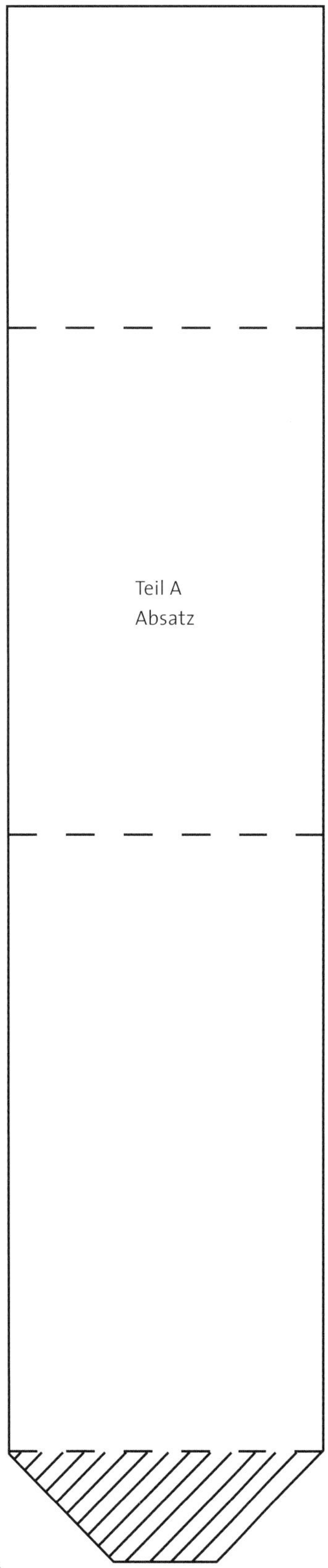

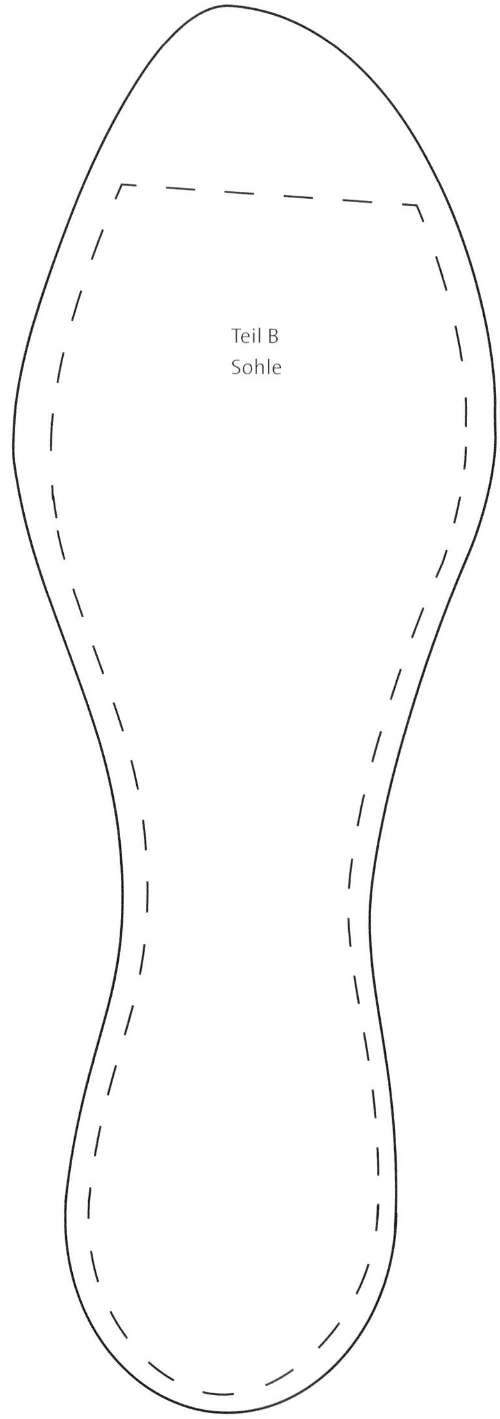

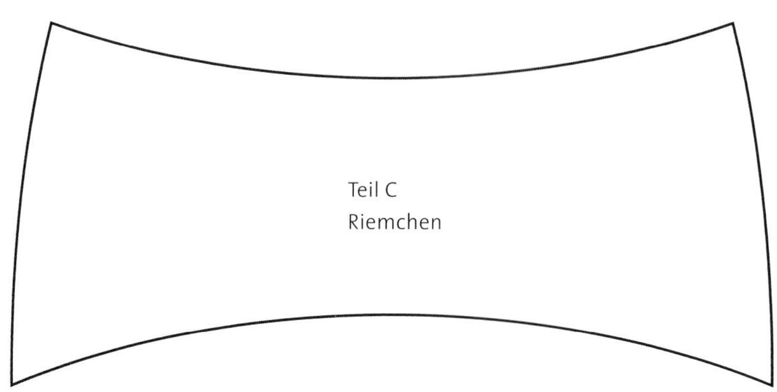

Dies ist die Vorlage für den Stiletto. Die Anleitung zur Herstellung finden Sie ab Seite 100.

Babyschuh Teil B
ab Seite 90

Babyschuh Teil D
ab Seite 90

Babyschuh Teil C
ab Seite 90

Babyschuh Teil E
ab Seite 90

Babyschuh Teil A (Sohle)
ab Seite 90

Schnuller
ab Seite 90

Babyschuh Teil F ab Seite 90

Flügel Elfe
ab Seite 108

Stopschild Crazy Car
ab Seite 132

Tipp: Das Schnittmuster des Babyschuhs kann auch auf die gewünschte Größe kopiert werden. Dann können Sie auch einen größeren Turnschuh herstellen.

Bettina Schliephake-Burchardt

Wer Betty kennengelernt hat und in ihrem süßen Atelier sitzen durfte, weiß, warum ihre Torten genau so aussehen: einfach zuckersüß! Schlägt man ihr ein Thema für eine Torte vor, beginnen ihre Augen zu funkeln und man sieht förmlich, wie eine süße Geschichte in ihrem Kopf entsteht. Und genau das ist es, was Betty's Torten ausmachen: Jede Torte ist eine kleine, in sich schlüssige Geschichte, die mit vielen liebevollen Details umgesetzt wird. Wer ihr schon einmal beim Modellieren zugeschaut hat, weiß, wie mit blitzschnellen Handgriffen ein Bein, ein Gesicht oder gar ein ganzer Frosch entsteht. Diese Fingerfertigkeit ist nicht nur in den vielen tausend Torten begründet, die sie bislang dekoriert hat, sondern auch in dem unermüdlichen Eifer, ihr herrliches Arbeitsmaterial mit neuen Techniken immer wieder neu zu entdecken.

Dabei war der Weg zu ihrer Kunst gar nicht so einfach. Während der Konditorenlehre entdeckte sie einen Artikel in der „Welt", in dem eine fantasievoll dekorierte Torte aus Fondant abgebildet war. Schnell lief sie zu ihren Lehrmeistern mit dem Wunsch, ihr diese Technik beizubringen. Sie erntete jedoch nur Stirnrunzeln und Kopfschütteln, weil Motivtorten aus Fondant damals noch unbekannt waren. Nach ihrer Lehre machte sie sich deshalb selbst ans Werk und besuchte Kurse bei den führenden Torten-Designern in England und Amerika, um die speziellen Techniken zu perfektionieren. Inzwischen entwickelt sie auch selbst Techniken, um ihre Vorstellungen umsetzen zu können. Das Ergebnis kann sich sehen lassen. Mittlerweile sind Betty und die Einzigartigkeit ihrer Torten bei der Presse in aller Munde und es gibt kaum noch ein Magazin, das ihre Kreationen noch nicht gezeigt hat.

Auch in der ersten deutschen Tortensendung „Die Torten-Tuner" ist Betty als Expertin für Tortendekorationen zu sehen.

Auf namenhaften englischen Tortenwettbewerben sahnt sie regelmäßig Preise ab und bekam bei der „Creative World of Sugar" sogar eine Goldmedaille im Bereich ‚Novelty Cakes'.

Danke!

Ohne sechs Personen wäre dieses Buch nicht machbar gewesen, und neben meinem Mann, meinem Sohn und meinen Eltern möchte ich vor allem tintho:media danken! Alle sechs haben an mich geglaubt und gerade die Zeit der Produktion war eine wirkliche Bereicherung in meinem Leben!

Ein dickes „Danke" auch noch an: Jens Oprzondek für die Hilfe bei den Rezepten, Ursula Schröder für die Genehmigung, „Oma Buchholtz' Sachertorte" verwenden zu dürfen und Karin Bormann für das „Immer-da-sein", wenn ich Hilfe brauche.